Michael Gmelch

Wirbeltanz im Wartesaal
der Ewigkeit

Michael Gmelch

Wirbeltanz im Wartesaal der Ewigkeit

Im Dialog mit Rumi und der Sufi-Mystik

echter

Bibliografische Information der Deutschen Nationalbibliothek

Die Deutsche Nationalbibliothek verzeichnet diese Publikation
in der Deutschen Nationalbibliografie; detaillierte bibliografische
Daten sind im Internet über ‹http://dnb.d-nb.de› abrufbar.

1. Auflage 2023
© 2023 Echter Verlag GmbH, Würzburg
www.echter.de

Umschlag: Vogelsang Design, Jens Vogelsang, Aachen
Umschlagbild: © Chung Hao-Lee/Shutterstock
Innengestaltung: Crossmediabureau
Druck und Bindung: CPI books – Clausen & Bosse, Leck

ISBN
978-3-429-05880-7
978-3-429-05286-7
978-3-429-06629-1

Inhalt

Dank

Vielmals danke ich Herrn Abdulhasib Hakim. Er ist Afghane, kommt also aus dem Land, in dem Rumi geboren wurde. Hakim ist Lehrer für Farsi und Arabisch am Bundessprachenamt in Hürth. Neben dem Koran stehen auch Werke von Rumi selbstverständlich in seiner Hausbibliothek. Ebenso danke ich Herrn Oberstleutnant Jörg Meene, damals in Vorbereitung zu seiner jetzigen Verwendung als Militärattaché an der Deutschen Botschaft in Teheran. In unserer kleinen aber effektiven Arbeitsgemeinschaft haben wir zu dritt viele der in diesem Buch verwendeten Texte Rumis aus dem Persischen ins Deutsche übertragen und vor dem Hintergrund seines Gesamtwerks interpretiert. Dr. Alberto Fabio Ambrosio, Spezialist für die Geschichte des ottomanischen Sufismus, Professor an der „School of Religion & Society" in Luxemburg, danke ich für seine freundliche Unterstützung im Blick auf die Konzeption dieses Buches.

Geleitwort

Vor dem Hintergrund vielfältiger Erfahrungen und Begegnungen führt uns Michael Gmelch detailreich, anschaulich und sachkundig in den Sufismus ein. Man kann den Sufismus als die Mystik des Islams bezeichnen. Er ist gleichsam die spirituellste Dimension dieser Religion, die dem Westen so viel Angst macht.

Michael Gmelch geht wesentlich über die formale Darstellung der facettenreichen Architektur des Sufismus hinaus. Er wagt eine intensive Auseinandersetzung mit seiner eigenen spirituellen Tradition. Er interpretiert den Sufismus und insbesondere Rumi (1207–1273), den großen mystischen Dichter des Islam, mit der Absicht, etwas für das Eigene zu lernen und Impulse für ein spirituelles Weiterdenken zu setzen. Er fragt: Wie kann das zentrale Thema der Liebe neu so buchstabiert werden, dass es die Herzen der Menschen im Sinne einer reflektierten Innerlichkeit erreicht und ihr Handeln transformiert? Dies gilt insbesondere für jene Christen und andere Zeitgenossen, die sich zwar universal dünken, aber jeden Tag in Gefahr laufen, sich in falschen Überzeugungen und kleinkarierten Vorurteilen zu verfangen.

Der dazu erforderliche Dialog, den der Autor führt, ist weit davon entfernt, sich nur auf einen rationalen Austausch zu beschränken, bei dem am Ende der Diskussion die Beteiligten wieder auseinandergehen, ohne auch nur im Geringsten etwas an ihrer eigenen Position und Denkweise verändert zu haben. Ein echter Dialog kann sich nicht darauf beschränken, nur die Version der anderen Weltanschauung zur Kenntnis zu nehmen. Und er kann vor allem nicht nur in Konferenzsälen stattfinden. Diese Art von interreligiösem Dialog hat sich schon seit mehreren Jahren als gescheitert erwiesen, denn er hat den Charakter von etwas Künstlichem, das nur für Spezialisten bestimmt ist. Dadurch wird er marginalisiert. Ich bezeichne das als eine „Industrialisierung" der Spiritualität. Die religiösen Gemeinschaften, die Alltagschristen genauso wie die Alltagsmuslime verlangen nach etwas Wahrem und Authentischem. Nur das kann verhindern, dass überall in Europa die Spannungen und Missverständnisse zwischen den Religionsgemeinschaften weiter zunehmen und in kriegerischen Konflikten ausarten.

Michael Gmelch bringt den Mut auf, Rumi, seine Spiritualität und den Sufismus im Allgemeinen als Grundlage für einen intra-religiösen Dialog zu nutzen. Diesen prägnanten und in diesem Zusammenhang sehr aufschlussreichen Begriff verdanken wir dem Theologen und Religionsphilosophen Raimon Pannikar (1918–2010). Der erste Schritt eines solchen Dialogs besteht darin, sich selbst zu verändern. Er gelingt, wenn man nicht davor zurückschreckt, eine andere Religion in einer Art und Weise wertzuschätzen, dass sie einem dabei hilft, die eigene besser zu verstehen und sich zu ihrem ursprünglichen Wesen zu bekehren. Beispiele dafür gibt es viele. Unter anderen ist hier Louis Massignon (1883–1962) zu nennen. Er gehörte zu den bedeutendsten französischen Orientalisten zu Beginn des 20. Jahrhunderts. Er fand deshalb zum christlichen Glauben zurück, weil er während seiner Krankheit im Irak glaubwürdigen Muslimen begegnete. In der Tat: Die interreligiöse Freundschaft kann einen auf dem Weg der eigenen Bekehrung voranbringen. Der Autor des Buches bringt den Sufismus nicht nur mit der christlichen Reflexion ins Gespräch, sondern vertieft darüber hinaus die Mystik mit Erkenntnissen der Neurophysiologie. Er tut das aus der Überzeugung, dass die innere Weisheit, die Spiritualität und das wahre Wohlbefinden sich nur vor dem Hintergrund der Konzeption einer psychosomatischen Ganzheit verwirklichen lassen.

Wie könnte man allerdings über all dem vergessen, dass sich über uns der Himmel wölbt und dass es in diesem Himmel eine Sonne gibt! Es sind ganz einfache Symbolbilder, die Rumi in seiner mystischen Poesie in allen möglichen Varianten verwendet, um zu erklären, was das innere Leben der Liebe bedeutet. Er lehrt uns, dass die Spiritualität heute wieder zu etwas Wesentlichem und Einfachen zurückkehren muss. Dies tut der Autor dieses Buches mit Bescheidenheit und Kompetenz.

Seine Texte werden die Leserinnen und Leser in vielerlei Hinsicht bereichern. Rumi wird dabei ein großartiger Begleiter auf dieser Lesereise sein, ähnlich wie Vergil zum Begleiter von Dante auf dessen Initiationsreise in der „Göttlichen Komödie" wurde. Diese Reise hat einen herausfordernden Charakter, denn: „Rumi hätte relativ leicht in die Koordinaten seiner früheren Lehrtätigkeit und Lebensweise zurückkehren und so die traditionellen bürgerlichen Erwartungen vieler erfüllen können. Hätte er das getan, wäre er längst vergessen!"

Das Buch nimmt die Möglichkeit einer inneren spirituellen Transformation ins Visier, die sich im alltäglichen Handeln beweist. In seinem großen mystischen Lehrwerk Mathnawi, dessen berühmte erste achtzehn Verse Gmelch kommentiert, behauptet Rumi, dass das Hören zur Vision wird. Das ist eine bislang wenig beachtete Einsicht. Intensives inneres Hören verwandelt sich in Sehen. Wenn wir bewusst und anders als gewohnt hören und sehen, wird sich auch unsere Alltagsethik verändern. Rumi ist es in seinem Leben wie in seiner Lehre gelungen, das Hören, also die orientalisch geprägte biblische Spiritualität, mit dem Sehen, also die analytische Reflexion der griechisch-westlichen Welt, zu verbinden. In diesem Sinn ist er ein begnadeter Mentor, der uns für Wesentliches im Leben und für den Elan der Liebe sensibilisieren kann, deren friedensstiftendes Potential in einer von Konflikten und Kriegen geprägten Welt immer notwendiger wird. Dank des Buches von Michael Gmelch kann Rumi letztlich auch ein Inspirator für Christen und andere Sinnsucher werden, die sich den Herausforderungen einer unerlässlichen spirituellen Erneuerung stellen.

Alberto Fabio Ambrosio
Professor an der „School of Religion & Society" in Luxemburg

Die 18 Eingangsverse aus dem Mathnawi

Das klagende Lied der Schilfrohrflöte

Hör zu, wie dieses Schilfrohr sich beklagt,
wie es von seinem Trennungsschmerz erzählt:
„Seit man mich abgeschnitten hat vom Röhricht,
klagt Mann und Frau in meinen Flötentönen.
Ein Herz, zertrümmert von der Trennung, wünsch ich,
damit ich ihm vom Sehnsuchtsschmerz berichte.
Wer immer fern von seinem Ursprung weilt,
sucht nach der Zeit, da er mit ihm noch Eins war.
In alle Kreise trug ich schon mein Klagen,
gesellte mich zu Gut- und Schlechtgestellten;
ein jeder wähnte gleich, mein Freund zu sein,
und suchte nicht in mir drin mein Geheimnis.
Und dieses ist nicht fern von meinem Klagen,
doch Aug und Ohr fehlt es an der Erleuchtung;
Seele und Körper trennen keine Schleier,
doch keiner darf die Seele jemals schauen."
Der Flöte Klang ist Feuer und nicht Atem.
Wer es nicht hat, dies Feuer, schleich sich fort!
Der Liebe Feuer lodert in der Flöte,
der Liebe Gären brodelt in dem Wein.
Wer fern vom Freund ist, ist der Freund der Flöte,
ihr Lied riss uns die Schleier stets entzwei.
Wer sah ein Gift und Gegengift wie sie?
Wer einen sehnsuchtsvollen Freund wie sie?
Von Straßen voller Blut erzählt sie uns
und von dem Liebeswahnsinn des Madschnun.
Nur wer von Sinnen, weiß um diesen Sinn,
die Zunge hat als Kunden nur die Ohren.
In unserm Kummer werden lang die Tage,
sie gehn mit heißem Schmerz im gleichen Schritt.

Vergehn die Tage, sag: „Geht fort, was schert's mich!
Du aber bleib, Du bist so rein wie keiner!"
Jeden ertränkt Sein Wasser, nur den Fisch nicht;
dem sind die Tage lang, dem's täglich Brot fehlt.
Der Rohe kann den Reifen nicht verstehen,
deshalb sei meine Rede kurz. – Salam![1]

Hinführung

Der Verlust des „inneren Pünktleins"

„Vergessen Sie mir die Mystik nicht!" Diesen Satz legte mir ein Philosophieprofessor am Ende meines Studiums ans Herz. Ich war einer seiner wissenschaftlichen Mitarbeiter und reichte bei ihm meine Diplomarbeit über Meister Eckhart ein, bevor ich eine Promotion in Pastoraltheologie begann. Vergessen habe ich die Mystik nicht wirklich. Immer mal wieder habe ich bei Johannes Tauler, Heinrich Seuse, Jabob Böhme, Hildegard von Bingen oder auch bei Charles de Foucauld „reingeschaut". Die Mauern der „Seelenburg" der Teresa von Ávila waren mir im Berufsalltag jedoch viel zu dick und die „Dunkle Nacht" des Johannes vom Kreuz zu undurchdringlich. Mystik erschien mir eher wie ein Luxusthema. Damit ist auch schon das Fatale unserer kirchlichen Pastoral vielerorts, aber auch unseres Lebensstils im Allgemeinen angedeutet. Die Franzosen sprechen hier von „tourner la boutique". Der Laden muss am Laufen gehalten werden mit allerlei Aktivitäten von früh bis spät. Die Verantwortlichen rotieren immer mehr in den aus Personalmangel errichteten XXL-Gemeinden der pastoralen Großräume. Sie teilen damit die berufliche Situation vieler, denen es ähnlich ergeht: in Krankenhäusern, Pflegeeinrichtungen, Handwerksbetrieben oder anderen Institutionen, in denen Arbeitsverdichtung, Leistungsdruck und Personalmangel Hand in Hand gehen. Im Rotieren, im Hamsterrad geht schnell und unmerklich das „innerste Pünktlein" verloren, von dem Mystiker wie Meister Eckhart sprechen. Gemeint ist damit nicht nur das seelische Gleichgewicht, sondern die uns tragende und umfassende göttliche Wirklichkeit. Wo diese abhanden kommt, drehen viele erschöpft, müde, resigniert und ausgebrannt buchstäblich „am Rad", das keine Mitte mehr hat. Dann tourt man nur noch um die vulnerabel gewordene eigene Achse. Man erhöht zwar die Drehzahl, aber ohne wirklich voranzukommen.

Raus aus dem Drehen um sich selbst

Genau diese Diagnose wird der katholischen Kirche seit Jahren gestellt: Sie drehe sich nur noch um sich selbst, vervielfältige Kommissionen und Ausschüsse, verstärke den Papierausstoß und setze zunehmend mehr auf fromme klassische Formate. Erneuerungsversuche blieben aber im Blick auf die breite Masse weitgehend erfolglos. Selbstkritisch wird kirchenamtlich konstatiert, dass das Bedürfnis nach einer pluralen Spiritualität noch nie so groß gewesen sei. Deshalb müsse man gewohnte Grenzen überschreiten und nach neuen Wegen suchen – auch im Sinne des Dialogs mit anderen Formen des Religiösen oder anderen Religionen.[1]

Der Wahrheit der andern einen Schritt näher kommen

Die Aufforderung des Propheten Jesaja: „Mach den Raum deines Zeltes weit" (Jes 54,2)[2] bedeutet heute in theologischer Hinsicht, sich auf die Suche nach der Wahrheit der anderen zu begeben! Und dies in der Absicht, die der deutsch-iranische Schriftsteller und Friedenspreisträger Navid Kermani so beschreibt: „Jeder soll von da, wo er ist, einen Schritt näher kommen."[3] Im Sinne des angesprochenen kirchlichen Narrativs vom „Suchen nach neuen Wegen" wäre es zielführend, lernbereit in das Gespräch mit jenen zu treten, die bereits etwas gefunden haben. Dies erfordert zwei Fähigkeiten, die zu den Schlüsselkompetenzen des 21. Jahrhunderts gehören: religiöse Dialogfähigkeit und interkulturelle Kompetenz. Es gilt, an den Fremden und mit ihnen etwas zu lernen für das Eigene und für das Gemeinsame, das gerade bei Christen und Sufi-Mystikern eine große Schnittmenge aufweist. Dies zu betonen ist mir deswegen ein Anliegen, weil der öffentlich ausgetragene Diskurs zwischen Christentum und Islam, besonders in den sozialen Medien, oft einem Stellungskrieg ohne Landgewinn gleicht. Er wird von Hasspredigern genauso geführt wie von westlichen Polit-Strategen, die den Islam zum Feindbild stilisieren. Wenn man vorankommen will, muss man im Sinne Kermanis über den eigenen Schatten springen und die bisherigen Verteidigungslinien aufgeben.

Warum gerade Rumi und der Sufismus?

Warum beschäftige ich mich als katholischer Theologe gerade mit Rumi und dem Sufismus und nicht etwa mit einem „eigenen" Mystiker? Dies hat eine Reihe von biographischen Motiven. Begegnet bin ich Rumi in englischen Teilübersetzungen seines Werks zum ersten Mal in New Delhi während meiner dreijährigen Zeit als Pfarrer der deutschsprachigen katholischen Gemeinde in Indien. Später folgten Studienreisen, die ich als Dozent für interkulturelle Kompetenz und religiöse Dialogfähigkeit u. a. mit Studierenden der Universität der Bundeswehr in München durchführte. In den Kontakt mit Derwischen und dem Sufismus kamen wir in Istanbul und in Usbekistan. Private Reisen haben mich in Länder mit starker muslimischer Präsenz geführt. Nicht zuletzt spielt meine Auseinandersetzung als Mitglied der Priestergemeinschaft Jesus Caritas mit der Wertschätzung des Islam durch Charles de Foucauld (1858–1916) eine Rolle. Er gilt als einer der „Pioniere" des interreligiösen Dialogs mit dem Islam.[4] Bei seiner Forschungsreise durch Marokko im Auftrag der Geographischen Gesellschaft von Paris war er zutiefst fasziniert vom Glauben der Muslime, insbesondere der Sufi-Mystiker. Es gibt gute Gründe anzunehmen, dass er sein Wissen gerade über die Sufis durch den brieflichen Austausch und die persönlichen Gespräche mit seinem Freund Louis Massignon (1883–1962) vertiefte.[5] Dieser war in den Anfangszeiten der wissenschaftlichen Auseinandersetzung des Westens mit der muslimischen Welt einer der bedeutendsten französischen Arabisten und Islamologen. Er schrieb damals seine Dissertation[6] über den Sufi-Mystiker Al Hallāj (857–922), der in Bagdad als Häretiker hingerichtet wurde. Mit großer Wahrscheinlichkeit wurde Foucaulds Islamverständnis auch von ihm beeinflusst.[7]

15

Der Auftrag zum interreligiösen Dialog

Die tatsächliche Brisanz des Dekretes „Nostra Aetate", dem kürzesten und – für damalige Verhältnisse – mutigsten Dokument des Zweiten Vatikanischen Konzils mit seiner radikalen Kehrtwende anderen Religionen gegenüber, ist mir in multireligiösen Begegnungen vor Ort erst richtig bewusst und wichtig geworden. Es gilt bis heute als die „Magna Charta des katholisch-islamischen Dialogs".[8] Mit „aufrichtigem Ernst" wird all das anerkannt, was in anderen Religionen (insbesondere werden die Muslime (!) genannt) „wahr und heilig" ist. Es geht darum, die „Einheit und Liebe unter den Menschen und damit auch unter den Völkern zu fördern."[9] Der darin enthaltene Auftrag zum interreligiösen Dialog gehört seither nicht mehr nur zur Kür, sondern zur Pflicht eines katholischen Christseins ohne Scheuklappen! Seither treibt mich eine theologische Leidenschaft dazu an, einen Beitrag in jenen Bereichen zu leisten, in denen „wir uns ähnlich sind" (vgl. Konzilsdokument Nostra Aetate 1). Ich teile die Auffassung von Alberto Ambrosio, dass es gerade die sufistische Ausprägung des Islam mit ihren spirituellen, künstlerischen, ästhetischen und sozialen Dimensionen ist, die heute die größten Fähigkeiten besitzt, sich mit den Gläubigen anderer Religionen und der gegenwärtigen Gesellschaft auszutauschen.[10] Diese Verständigung auf den unterschiedlichen Ebenen unserer Gesellschaft ist enorm wichtig. Die Tatsache, dass die Theologische Fakultät Trier seit kurzem einen Masterstudiengang „Interreligiöser Dialog" eingerichtet hat und sich die Akademie der Diözese Rottenburg-Stuttgart schon seit Jahren einen eigenen Fachbereich „Interreligiöser Dialog" zusammen mit dem Projekt „Islam-Beratung" leistet, nenne ich als stellvertretende Beispiele dafür, dass dieses Anliegen inzwischen auch in kirchlichen Aus- und Weiterbildungstätten zusätzlich zu universitären Lehrstühlen für Islamwissenschaft bzw. islamische Theologie angekommen ist.

Mentalität der Überheblichkeit und wechselseitige Feindbilder

Wer sich mit einem islamischen Mystiker beschäftigt, muss sich klar darüber sein, dass er sich auf ein gesellschaftlich wie kirchlich schwieriges Terrain begibt. Das konfliktuelle Beieinander oder Gegeneinander von Christen und Muslimen ist keine neue Erscheinung: Seit es den Islam gibt, wurde er vom Zusammentreffen der beiden Weltreligionen bestimmt. Wohin immer er sich ausbreitete, fast immer waren die Christen schon da oder kamen ebenfalls dorthin. Der Angst vieler Muslime vor der Ansteckung mit einer immer wieder kolportierten westlichen Dekadenz entspricht auf der anderen Seite die Angst vor der Islamisierung Europas. Die zunehmende wechselseitige Durchdringung der islamischen Welt und des Westens im Zeichen von weltweiter Migration, Rückkehr der Geopolitik und ökonomischer Globalisierung macht beide Seiten nervös. Muslime sehen sich als Opfer einer feindseligen Stimmung. Es existieren nicht nur – zum Teil durch muslimischen Terrorismus verursachte – islamophobe Ressentiments, sondern bei vielen noch immer oder wieder neu aufkochend, Gefühle einer (postkolonialen) europäisch-christlichen Überheblichkeit. Gemeint ist damit, dass „wir im Westen" für uns – eben zu Unrecht und aufgrund einer Reihe von einseitigen (historischen, kulturellen, politischen, bildungsmäßigen, theologischen etc.) Argumentationen – eine höhere Ethik, eine entwickeltere Humanität, eine bessere Theologie und Glaubensweise reklamieren. Und dass wir von „den anderen" – eben den Muslimen –, von denen populistische Warnrufer meinen, dass sie „gerade wieder einmal im Vormarsch" seien – im Grunde doch wohl nichts zu lernen hätten.

Das Verhältnis der Europäer gegenüber dem Islam war und ist von starken Ängsten und Vorurteilen bestimmt, die durch jeden terroristischen Anschlag und jede Gewalttat neu befeuert werden. Der Islam fungiert gewissermaßen als Gegenbild aufgeklärter europäischer Werte und wird bzw. wurde entsprechend verteufelt. Und dies nicht erst seit den Anschlägen vom 11. September, sondern schon im Verlauf einer langen Geschichte der europäisch-orientalisch/islamischen Beziehungen, die bis ins frühe Mittelalter zurückreichen.[11] Ein Beispiel dazu bietet die Darstellung des Propheten Mohammed in der Basilika S. Petronio in Bologna. Auf dem berühmten, zu einer Touristenattraktion gewordenen Fresko „Das Jüngste Gericht" von Giovanni da Modena (1415), wird Mohammed – deutlich mit seinem Namen gekennzeichnet – völlig nackt in der Hölle von einem Dämon gequält. Die Hypotheken auf beiden Seiten sind beträchtlich! Hier ist ein gewaltiger historisch-kritischer Aufklärungsbedarf anzumelden. Um potentiellen Verdächtigungen hinsichtlich einer Einstellung von ideologischer Naivität, einer „political correctness" auf dem Hintergrund einer Multi-Kulti-Gesellschaft oder der Romantisierung des Orientalischen vorzubeugen, gilt für mich selbstverständlich, dass auch das Trennende, das Unverständliche, das Irritierende und Nichtakzeptable auf der Basis des gemeinsam anzuerkennenden Rechtsraums des Grundgesetzes und der europäischen Verfassung in den Dialog und die Auseinandersetzung gehören.

Inhaltliche Schnittmengen und persönliche Begegnungen

Das intensive Studium von Rumis Texten und anderer Sufi-Mystiker führte mich zu einer überraschenden Entdeckung: Wie groß ist doch – zumindest auf literarisch-theologischer Ebene – die Schnittmenge unserer Übereinstimmungen! Etwas ganz anderes als akademische Dialoge auf Augenhöhe, die ich bei interreligiösen Tagungen im In- und Ausland erleben konnte, sind persönlich bereichernde Begegnungen, in denen einer den anderen achtet wie sich selbst. Genau solche Erfahrungen habe ich nicht nur mit Angehörigen unterschiedlicher Religionen in Indien gemacht, sondern in besonderer Weise mit muslimischen Freunden in Nordafrika, die als Beduinen meine spirituellen Kameltouren in der Sahara begleiteten. Sie wirkten auf mich wie Fremdpropheten, durch deren Art des Umgangs mit uns wir anders ausgerichtet werden, als durch die heimischen Buch-Gelehrten. Im Spiegel der anderen können wir das Eigene besser sehen. Gerade deshalb übernehme ich mit Absicht Aussagen von christlichen Mystikern und stelle sie neben Zitate von Rumi und anderen Sufi-Theologen. Anhand dieser Querverweise möchte ich im Sinne einer interspirituellen Perspektive zeigen, wie ähnlich sich diese Konzepte sind, bei allen bleibenden Differenzen. Neuere Forschungen verdeutlichen beispielsweise den Zusammenhang zwischen Sufismus und Meister Eckhart oder Johannes vom Kreuz.[12] Aus dem großen Schatz der Poesie christlicher und islamischer Mystik ergeben sich viele Parallelen in den Symbolen, Metaphern, Bildern und allegorischen Darstellungen. Das Bewusstsein für eine Verbundenheit der Mystiker über dogmatische Grenzen hinweg wächst und eröffnet Chancen für weiterführende Gesprächsmöglichkeiten.

Ein Beitrag zum Religionsfrieden

In Europa leben derzeit ca. 50 Millionen Muslime, Tendenz steigend. Eine zahlenmäßig starke muslimische Minderheit wird es in auch Deutschland in Zukunft geben. Daher gibt es zum Dialog zwischen Minderheit und Mehrheitsgesellschaft keine Alternative. Dieser Dialog muss das friedliche Zusammenleben unterschiedlicher Religionen, aber auch mit nichtreligiösen Menschen zum Ziel haben. Heute wird die Mystik verstärkt als Kern der Religionen und als Brücke zwischen ihnen bezeichnet. Schön wäre es, würde dieses Buch einen kleinen Beitrag für den Religionsfrieden leisten, wie ihn Hans Küng in seinem Projekt „Weltethos" beschreibt: „Kein Friede unter den Nationen ohne Frieden unter den Religionen. Kein Friede unter den Religionen ohne Dialog unter den Religionen." Das ist derzeit auf dem Hintergrund der politischen und gesellschaftlichen Verhältnisse keine leichte Aufgabe und wird es auch in Zukunft nicht sein.

Etwas von sich selbst wiederfinden

Ich lege in diesem Buch vor, was mich seit vielen Jahren in Anspruch genommen und fasziniert hat: die Mystik, Rumi, der Sufismus und der Orient. Sich über Rumi und seine mystische Poesie bzw. seine poetische Mystik zu äußern, führt in ein riesiges Labyrinth aus Ansichten, Fragen und einander widersprechenden Antwortversuchen. Ich halte es hier mit Annemarie Schimmel, der „Grande Dame" der Orientalistik: „Über den Sufismus oder die islamische Mystik zu schreiben, ist fast unmöglich. Beim ersten Schritt erscheint einem eine ausgedehnte Bergkette vor Augen, und je länger man den Pfad verfolgt, desto schwieriger scheint es, überhaupt irgendein Ziel zu erreichen."[13] Das Mystische ist das Eine, ohne das im Leben und im Glauben so vieles unbedeutend und unverständlich bliebe. Darüber verfügen können wir nicht. Was es im Letzten ist, wie wir es aufnehmen und zu vermitteln versuchen, das ist in epistemischer Eindeutigkeit kaum darzustellen. Wer sich daran versucht, macht sich angreifbar. Vermeintliche Gewissheiten gib es nicht und die Suchbewegungen werden weitergehen. In diesem Zusammenhang verweise ich auf eine sich selbst bescheidende Lebensweisheit des Apostels Paulus, die ich für mich in Anspruch nehme: „Ich bilde mir nicht ein, dass ich es schon ergriffen hätte" (Phil 3,13).

„Zeige dich, wie du bist, oder sei, wie du dich zeigst" – Absichten des Buches

Dieses Zitat Rumis auf einer Holztafel in Konya bedeutet für mich, meine Absichten klar zu machen. Dies gilt um so mehr, wenn ich als katholischer Theologe in einen Dialog mit Rumi trete, der als einer der exponiertesten muslimischen Dichter und Mystiker des Sufismus gilt. Es geht mir bei diesem Unterfangen nicht primär um meine Kirche, selbst wenn ich von diesem hermeneutischen Stand- und Startpunkt aus meine eigene real existierende ekklesiale Realität sowie deren theo-

logische wie spirituelle Tradition in kritischer Perspektive
stets mitbedenke und am Ende dorthin zurückkehre. Wie bei
einem großen Bühnenstück tauchen aus dem kirchlichen Hintergrund, manchmal auch eher von der Seite her, gewisse
Themen in Form von Protagonisten auf, von denen ich den
einen oder anderen stärker beleuchte, andere belasse ich im
Dunkeln. Dialog bedeutet, in gegenseitiger Verschränkung
Argumente und Gegenargumente einzubringen und am Ende
die gewonnenen Erkenntnisse weiterführend auf das Eigene
zurückzuspiegeln. Es muss einen konstruktiven Output geben. Ansonsten wäre alles zwar freundlich und interessant
gewesen, in gewisser Weise dann aber auch beliebig und
bliebe im Schöngeistigen hängen. Von da aus versteht sich
auch der Aufbau meines Buches. Eine Anmerkung möchte
ich zur induktiven Vorgehensweise machen, die mir als Pas-
toraltheologe eigen ist und die sich in der Gliederung wider-
spiegelt. Im Sinne einer explorativen Theologie habe ich mich
mit gewissen Vorkenntnissen auf die Reise begeben und mich
mit zunehmendem Wissen und Erfahrungen auf weitere Orte
und Begegnungen eingelassen. Erst dann und auf der Basis
dieser Erkenntnisse habe ich mich intensiver mit der Person
und Biographie Rumis, mit seinem Werk, seiner Geschichte
und den historischen Zusammenhängen des Sufismus beschäftigt.

Beitrag zum 750. Todestag Rumis (17.12.1273)

Grundsätzlich habe ich die Absicht, den für viele weitgehend
unbekannten Sufismus vertrauter zu machen und den theologischen Horizont zu weiten. Durch die inhaltliche Nähe zwischen christlichen und sufistischen Mystikern möchte ich dazu
beitragen, Berührungsängste auf beiden Seiten zu reduzieren
und zu dialogischen Begegnungen ermutigen. Überlegungen
zum interreligiösen Dialog sind dazu unerlässlich! Das Buch
richtet sich an religiös suchende und offene Menschen jedwe-
der Denomination, an Interessierte am muslimisch-christli-

chen Dialog, an kirchliche wie nichtkirchliche Christen, an Muslime und Sufis, an Rumi-Liebhaber, an Freunde des Sufismus und der Mystik. Schließlich ist es ein Beitrag zum 750. Todesjahr Rumis (1207–1273), dessen hoch angesehenes dichterisches Werk zum Weltkulturerbe gehört, aber in theologischer Perspektive zumindest im deutschen Sprachraum bislang relativ wenig beachtet wurde. Das Bedeutsame der folgenden Texte wird nicht so sehr das sein, was ich an bestmöglichem Wissen und Erfahrungen hineinlege, sondern weit mehr das, was Leserinnen und Leser darin von sich selbst wiederfinden und als Inspiration zu persönlichem Weiterdenken und Weitergehen nutzen können.

Hinweise zur Lektüre

Aufgrund der einfacheren Lesbarkeit verzichte ich in der Regel auf Gendersternchen, auf geschlechtsbezogene Suffixe oder Doppelungen. Ich unterstütze das Recht auf sexuelle Selbstbestimmung und includiere stets (m/w/d), ohne die Begriffe linguistisch zu markieren.

Soweit die Fundorte von Zitaten quellenmäßig belegt sind, zeige ich sie an. Sehr viele Stellen sind im Internet oder in der Sekundärliteratur ohne Belege aufgeführt. Oft sind es Rückübersetzungen ins Deutsche, die vielfach auf Übersetzungen aus dem Persischen ins Englisch oder Französische beruhen. Es war mir unmöglich, mich in den Zigtausenden von Rumis Versen – noch dazu in unterschiedlichen Übersetzungsvarianten – auf die Suche nach dem richtigen Fundort zu begeben und diese dann in der Originalsprache zu überprüfen.

Begriffe aus dem Persischen, Arabischen oder Türkischen werden in der deutschen Literatur in unterschiedlich möglichen Transkriptionen dargestellt, die ich als solche übernehme. Das bedeutet, dass ein und dasselbe Wort anders geschrieben werden kann, wie z. B. Mathnawi, Masnawi, Mesnevi, Mas̱nawī, manchmal mit und manchmal ohne das Makron (diakritisches Zeichen zur Kennzeichnung der besonderen Betonung eines Vokals) oder weiteren Vokalphonemen. Die geschätzten Orientalisten, Iranisten und Arabisten bitte ich um geflissentliche Nachsicht.

„Wir haben gehört, Gott ist mit euch" – Gott suchen mit anderen: ein Ortswechsel

Neuland betreten und Lust auf Innovation?

„Gott selbst ist es, der unsere Verhältnisse gründlich aufmischt, um uns auf Neuland zu locken"[1]. Diesen Satz formulierten die deutschen Bischöfe im Jahr 2004. Das ist jetzt fast zwei Jahrzehnte her. Die Umbruchszeit wurde als eine „Gnadenzeit" betitelt, die „Lust zur Innovation" machen sollte. Abschied also vom Gewohnten – Aufbruch ins Neuland! Wo aber liegt dieses? Jedenfalls nicht in den bisherigen binnenkirchlichen Gefilden! Der Euphemismus hat angesichts der erdrutschartigen Kirchenaustritte nicht funktioniert. Die Datenlage ist von den Soziologen ausgiebig erforscht, aber das praktische Kirchenleben geht weiter, als gebe es die desaströsen Entwicklungen nicht. Außer Maßnahmen zu flächendeckenden Restrukturierungen „im alten Land" ist nicht viel passiert. Da kann ein Restaurantbesitzer die Außenfassade noch so hübsch aufstylen. Wenn drinnen die Küche nicht stimmt, gehen die Leute eben anderswo zum Essen. Inzwischen ist längst eingetreten, was die Bischöfe vor zwei Jahrzehnten befürchteten: „Wir sind dabei, unser kostbarstes Erbe zu verschleudern: Gott zu kennen"[2]. Der weitgehende Plausibilitätsverlust der Wirklichkeit Gottes wird allenthalben konstatiert. Die Gottesfrage ist für viele obsolet geworden.

„Alles hängt davon ab" – Mystische Erfahrungen machen

Auf einem Studientag zur Zukunft der Kirche formulieren die Bischöfe im Jahr 2021: „Alles hängt davon ab, ob heute und morgen der Christ eine solche ‚mystische' Erfahrung macht und ob diese im kirchlichen Leben und in den christlichen Gemeinschaften ermöglicht und von ihnen getragen wird."[3] Dass „alles davon abhängt" ist eine starke Aussage! In ihr schwingt so etwas mit wie der Mut der Verzweiflung, nach dem Motto: Jetzt oder nie! Es ist eine richtige Erkenntnis, allerdings bislang ohne Umsetzung. Schon vor über fünfzig Jahren hat der Neutestamentler Hans-Josef Klauck auf die Misere hingewiesen, dass sich die Trennung von Theologie und Mystik zu einem sich ausschließenden Gegensatz ausgeweitet hat, der letztendlich dazu führte, dass die Mystik ganz versiegte und nur noch in einigen Trümmern in frömmelnder Erbauungsliteratur ein kümmerliches Dasein fristete. Diese Entwicklung sei „für die Kirche eine echte Verarmung"[4]. Dabei sollte sie doch Geburtshelfer der „Gottesgeburt im Menschen" sein, wie es Meister Eckhart ausdrückte. Inzwischen ist es jedoch so, dass amtliche Vertreter und Vertreterinnen der Kirchen zunehmend keine derartigen Erfahrungen mehr zugänglich machen können, weil sie selber keine haben. Zitatensammlungen von Mystikern in Predigten, Lektürekreise, universitäre Vorlesungen oder Akademietagungen über deren Texte bewegen sich auf der Meta-Ebene. Genau das hat Meister Eckhart moniert: „Der Mensch soll sich nicht genügen lassen an einem gedachten Gott; denn wenn der Gedanke vergeht, so vergeht auch der Gott"[5].

„Lass den, der bei Gott sitzen will, bei den Sufis sitzen" (Rumi)

Es ist längst an der Zeit, einen ressourcenorientierten interspirituellen Ansatz im Verbund mit anderen Religionen zu forcieren. Das bedeutet, tatsächlich einen Ortswechsel vorzunehmen, „Neuländer" zu betreten und zu fragen: Wie können wir uns im Blick auf mystische Erfahrungen gegenseitig stärken? Wo können wir an den Erkenntnissen „der anderen" partizipieren? Sind wir mutig und frei genug, uns mit Menschen anderer mystischer Traditionen in Kontakt zu bringen, die uns mit ihren inneren Schätzen Gott bezeugen können? Sich damit zu begnügen, eine mystisch interessierte Klientel wie bisher in schön renovierte Exerzitienhäuser zum Meditieren zu schicken reicht nicht, wenn man tatsächlich ernst nimmt, dass „alles davon abhängt"! Das obige Zitat Rumis bringt es auf den Punkt: Er warnt „die Suchenden vor Lehrern, denen es nur auf den Wortlaut der Schriften ankommt, denen also die Hülse ausreicht, wo es doch auf den Kern ankäme."[6] Ein Sufi hingegen ist ein Mystiker, also ein Eingeweihter, der eigene Erfahrungen mit dem „inneren" Islam gemacht hat. Er unterscheidet sich von theologisch gebildeten Vorbetern beim Freitagsgebet in der Moschee oder von Erstellern von Rechtsgutachten. Im Gegensatz zu ihnen wird er lebendige Zugänge zu Gotteserfahrungen erschließen können.[7] Erst eine biographisch verankerte, erfahrungsgesättigte Spiritualität wird jene Faszination erzeugen können, von der der Prophet Sacharja (um 520 v. Chr.) angesichts des Wiederaufbaus der Ruinen des Jerusalemer Tempels spricht: Dass Menschen kommen werden und sagen: „Wir wollen mit euch gehen; denn wir haben gehört: Gott ist mit euch" (Sach 8,23).

Vor der Begegnung mit dem Sufismus: Theologie an einem „Anders-Ort"

Bevor wir uns dem Kosmos von Rumi, des Sufismus und der tanzenden Derwische zuwenden, ist eine Reflexionsschleife hinsichtlich des damit verbundenen theologischen wie tatsächlichen Ortswechsels einzulegen. Diese Überlegungen sind deshalb notwendig, um nicht naiv, unvorbereitet und unbedacht ins Fremde, ins „Neuland" hineinzustolpern. Ein Symbol für eine solche bedarfsfreie Haltung sind die bei Touristen beliebten „Hop-on-hop-off-Busse" in vielen Städten dieser Welt. Sie sind ein typisches Phänomen für die Nicht-Begegnung mit dem Anderen an fremden Orten. Im bequemen Vorbeifahren schießt man ein paar Fotos, die irgendwann einmal als Erinnerungsstütze herhalten müssen, damit man später noch weiß, dass man überhaupt dort gewesen ist. Weil man sich nicht die Mühe macht, sich intensiver darauf einzulassen und damit auseinanderzusetzen, bleibt das Andere bestenfalls ein ästhetisches oder exotisches Objekt in der privaten Sammlung. Man begibt sich der Chance, dass das Fremde eine Dynamik entfaltet, die einem etwas sagen, möglicherweise verändern und innerlich weiterbringen kann. Die hier dargelegten Gedanken verstehe ich als Vorzeichen vor der Klammer, mit der ich die folgenden Kapitel eröffne und sie am Ende des Buches schließe.

Warum es theologisch nicht reicht, nur im Eigenen zu bleiben

In einer nachchristentümlichen Zeit, in der aktive Christinnen und Christen längst eine gesellschaftliche Minderheit darstellen, lautet eine entscheidende Frage: Wie hältst du's theologisch mit der kirchlichen Außengrenze, dem Außen der anderen Religionen und Weltanschauungen? Stellt sie für dich eher eine dogmatische Schmerzgrenze dar, eine No-go-Area, ein Tabu, ein möglicherweise zwar interessantes, aber letztendlich entbehrliches Betätigungsfeld oder eine Reizschwelle für ein neues interspirituelles Lernen? Schließlich gibt es doch noch ganz andere Orte, an denen Gott zur Sprache gebracht wird, als in unseren Kirchen! Gleichzeitig ist es ja nicht so, dass die Anderen uns so sehr bräuchten, sondern vielmehr wir die anderen. Der andere wird nach der paradigmatischen Wende des letzten Konzils zu einem konstitutiven Element der Theologie. Er fehlt im eigenen System und macht damit einen Mangel deutlich. Aufgabe der Theologie ist es, sich auf den Weg zu diesem anderen zu machen. Und zwar um des Christseins und ihrer selbst willen, und nicht etwa, um ihn als Betreuungsobjekt kirchlicher Praxis erreichen zu wollen. Die anderen mit ihren kulturellen Traditionen, mit ihren Religionen und auch mit ihren Gotteserfahrungen können dabei helfen, den eigenen Glauben zu klären, zu vertiefen und zu stärken. Jürgen Habermas spricht von „beißenden" Fragen im Sinne einer „bewusst machenden und rettenden Kritik". Die Bereitschaft, sich selbst zum anderen hin zu transzendieren, gehört jedenfalls zu den Fähigkeiten einer genuinen Mystik, denn wir alle empfangen uns selbst entscheidend von anderen und vom Anderen her.

„Anders-Orte"

In diesem Zusammenhang hat sich der Begriff des „Anders-Orts" unter anderem im fundamtentaltheologischen[1] und pastoraltheologischen Diskurs eingebürgert.[2] Mit „Anders-Orten"[3] („Heterotopien") beschreibt der französische Philosoph Michel Foucault (1926–1984) Orte, die es als soziale, gesellschaftliche, religiöse oder kulturelle Tatsachen inmitten der Realitäten des Gewohnten gibt und an denen zugleich eine andere Ordnung der Dinge herrscht. „Anders-Orte" sind gleichsam „Gegenplatzierungen" zu unseren Alltags-Orten. Sie haben vor allem eines gemeinsam: Sie sind für uns emotionsbasiert und verunmöglichen deshalb ein abstraktes Räsonnement. Da gibt es nicht einfach nur „Geburt" und „Tod", sondern den Kreißsaal mit den Presswehen einer Gebärenden und das Bett im Hospiz, in dem ein Mensch seine letzten Atemzüge macht. Da gibt es nicht „Neuropathie" und „Strafvollzug", sondern Patienten und Patientinnen in der geschlossenen Abteilung eines psychiatrischen Krankenhauses und den zu lebenslänglicher Haft verurteilten Mörder in seiner Zelle. Da gibt es nicht „Allah" und „den Islam", sondern konkrete gläubige Menschen beim Beten in einer Moschee und Sufi-Derwische, die sich im Rundtanz drehen. Weil kein Ort und keine Gelegenheit Gott fremd sind, ist auch dort die Möglichkeit der Erfahrung von Transzendenz gegeben. Dies gilt um so mehr, wenn es sich um religiöse „Anders-Orte" handelt: wo Menschen mit elementaren und existentiellen Fragen konfrontiert werden und den Sinn und das Glück ihres Lebens finden. Sie bieten Metaphern, Riten und Praktiken, die für die Lebensbewältigung grundlegend sind.

Einseitige ekklesiale Codierungen des Glaubens überschreiten

Eine Theologie, die sich am „Anders-Ort" weiterentwickelt, braucht das Fremde und das unbekannte Gegenüber, um etwas Neues über ihre eigene sich je und je neu konstituierende Identität zu erfahren. Das Fremde begegnet uns u. a. in einer anderen Kultur, Mentalität oder Religion. Oder auch an unserer „Peripherie" (Papst Franziskus). Einzig die persönliche Begegnung gibt der Faszination oder auch der Ungewissheit, die das Fremde in uns auslösen können, einen Ort. Sie macht jedoch auch neugierig auf jene Anteile, die das Fremde für uns als Gegenüber in unserer Ergänzungsbedürftigkeit bereithält. Es gilt, die Wirklichkeit Gottes aus mehr als einer Perspektive zu betrachten und ihn am „locus alienus theologicus"[4] tatsächlich als „den ganz anderen" zu entdecken. Das setzt voraus, dass man den Wandel einer einseitigen ekklesialen Codierung des Glaubens zu einer Vielzahl von Orten – eben auch in anderen Religionen – anerkennt.

Explorative Theologie auf unbekanntem Terrain

Viele haben nicht selten das Gefühl, dass sie die Präsenz Gottes im herkömmlichen kirchlichen Routinebetrieb vermissen. Die Rede von ihm ist zunehmend bedroht und in Gefahr, zu einer leeren Hülse zu verkommen. Dies mag uns einen Anlass dazu geben, die Gottes-Suche über die etablierten Orte und Räume hinaus auszuweiten. Wer eine Theologie am „Anders-Ort" betreiben will, muss sich im Sinne einer explorativen Recherche ins wirkliche Leben von andern trauen. Das kann mühsam sein und herausfordernd! Denn wer aus der angestammten Ekklesiosphäre hinaustritt, wagt sich auf unbekanntes Terrain. Und zwar dorthin, wo im „Horizont des Unbekannten" (Karl Rahner) zwar Gott, aber nicht die Kirche ist. Er muss sich auf die religiösen Sprachspiele (z. B. in Poesie und Mystik) der anderen einlassen. Aufzugeben ist dabei eine epistemisch-klerikalistische Einstellung, ein „olympischer Metastandpunkt" (Jürgen Habermas) sowie eine hegemonial-theologische Milieuabschottung (im Sinne von: „Wir sind ja im Besitz der vollen Wahrheit und brauchen deshalb die anderen nicht") zugunsten von religionssensiblen pluriformen Redeversuchen von Gott. Die Zukunft der Theologie wird sich daran entscheiden, ob sie eine kontextsensible, offene und selbstkritische Reflexion betreibt, die den Diskus prinzipiell nach außen hin offen hält. Erkenntnistheoretisch bedeutet dies eine Selbstverpflichtung auf jene theologiekonstitutiven Anders-Orte, ohne die die Rede von Gott nicht nur ärmer, sondern auch gar nicht sie selbst wäre.[5]

Spirituelle Herausforderung: Fremde Orte Gottes im Heute

Wer sich „Anders-Orten" in theologischer Neugier aussetzen will, braucht dafür eine spirituelle Kraft. Denn im Außen von anderen begegnen wir Gott nur, wenn wir ihn im eigenen Innern glauben. Dies ist die soziologische Implikation des Augustinischen Satzes: „Deus interior intimo meo" (Gott ist mir innerlicher als ich mir selbst). Wer auf ihn treffen will, muss sich also auch zu jenen Menschen hinbegeben, die anders an Gott glauben. Sie sind im Sinne der „Zeichen der Zeit" des Zweiten Vatikanischen Konzils „Orte Gottes im Heute". Wer sich auf sie einlässt, dem kann möglicherweise die überraschende Erfahrung Jakobs zuteil werden, der nach einem Traum irgendwo in der Wüste aufwachte, den Stein, auf dem er schlief salbte und sagte: „Wirklich, der Herr ist an diesem Ort, und ich wusste es nicht. (…) Wie ehrfurchtgebietend ist doch dieser Ort! Er ist nichts anderes als das Haus Gottes und das Tor des Himmels." (Gen 28,16f).

Der „dritte Raum": Jenseits von richtig oder falsch

In diesem Sinn möchte ich die „Anders-Orte" des Sufismus verstehen, die ich in verschiedenen Ländern besucht habe und die ich im Folgenden beschreibe. Sie bildeten für mich eine weitere, mir bislang unbekannte Dimension theologischer Wirklichkeit. Wichtig geworden ist mir dabei eine Haltung, die ich theologisch als ein „Aus-sich-Heraustreten" benenne. Diese Bewegung jenseits der Selbstbestätigung einer sich exklusiv wähnenden Kirche hat weitreichende Folgen. Es gilt herauszutreten aus schultheologisch gelernten Dualitätskonstruktionen von „richtig oder falsch", von Glauben oder Nicht-Glauben, von „drinnen" oder „draußen", von „passenden" oder „unpassenden" Gottesbildern hinein in einen dritten Raum. Rumi hat ihn so beschrieben: „Jenseits von richtig und falsch liegt ein Ort. Dort treffen wir uns." Man würde Rumi und andere Mystiker falsch verstehen, wenn man meint, ein solches Treffen sollte unterschiedliche Überzeugungen synkretistisch im Sinne eines religiösen Patchworks verschleiern. Rumi blieb überzeugter Moslem bis zum Schluss. Es geht nicht darum, das Ringen um „richtig oder falsch" vom Tisch zu wischen. Vielmehr sind unterschiedliche Positionen in ihrer Komplexität zu benennen und sich gegenseitig zuzumuten. Den „dritten Raum" zu definieren heißt, die

Normen, Werte und das religionsbezogene Wirklichkeitsverständnis der jeweiligen Kultur und Religion anzuerkennen. Die dazu erforderliche Ambiguitätstoleranz ist die Fähigkeit, das Spannungsverhältnis zwischen Gegensätzen und Mehrdeutigkeiten aushalten zu können. Der dritte Raum ist wie ein Treppenhaus: Die Treppe ist ein Grenzgebiet. Es stellt nicht nur einen Zwischenraum, einen „third space"[6] dar, sondern es verbindet auch. Es ist gerade kein Symbol dafür, dass es unverrückbare Grenzen gibt, wo das Eigene endet und das fremde Andere beginnt. Vielmehr ist es ein potentiell produktiver Zwischenraum, an dem sich Menschen treffen, um aus verschiedenen Blickwinkeln auf sich und die anderen zu blicken und voneinander zu lernen. Neue Räume entstehen dadurch, dass wir eintreten!

Konstruktneutralität[7] als Kern religiösen Verstehens der anderen

Durch kulturelle Prägungen, Erziehung und Sozialisation haben wir apriori bestimmte Annahmen darüber, was (für uns) wahr, richtig und falsch ist. Wir können hier auch von einer inneren Landkarte sprechen, die unser Handeln und unsere Wahrnehmungen maßgeblich prägt. Durch die Begegnung mit Stellvertretern anderer Kulturen und Religionen werden diese Grundannahmen angefragt, womöglich erschüttert. Erst durch den Kontakt mit dem Anderen als dem für uns Fremden werden auch die eigenen Selbstverständlichkeiten schärfer sichtbar und Fragen stellen sich neu. Konstruktneutralität als eine wertungsfreie Betrachtungsweise beruht auf der Erkenntnis, dass nicht einzig und allein eine Sicht der Dinge gilt, sondern dass unterschiedliche Personen unterschiedliche innere Landkarten haben. Die Offenheit gegenüber dem Weltbild des anderen, ohne dieses notwendigerweise für richtig zu erklären oder für sich selbst zu übernehmen, ist der Kern des interreligiösen Verstehens und Lernens. Erst wenn Unterschiede sichtbar werden, ist auch der Raum da, über Gemeinsamkeiten zu reden. Dieses Verbindende kann an die Oberfläche kommen und wir können den sich eröffnenden Raum jenseits von richtig und falsch betreten. Hier wohnt für mich die Hoffnung, zusammen mit andern einen weiteren Baustein für eine Brücke beizutragen, die Religionen verbinden kann.

Rumi und der Sufismus

Popularität und Aktualität von Dschalāl ad-Dīn Muhammad Rūmī

„Poetisch-mystischer Gigant"[1]

Goethe bezeichnete Rumi (1207–1273), der seinerseits als „Persiens Goethe" tituliert wird, als einen der bedeutendsten mystischen Dichter der Welt. Erasmus von Rotterdam übersetzte viele seiner Gedichte. Rembrandt porträtiere ihn. Beethoven ließ sich von der Musik der Derwische inspirieren. Luther interessierte sich für ihn und Erich Fromm zitierte ihn ausführlich in seinem Buch über die „Kunst des Liebens". Seine Anhänger bezeichnen ihn oft mit dem Ehrentitel liebevoll als „Maulana"[2] (auch Mevlana) – unser Meister. Ohne seinen Einfluss ist kaum ein Werk der türkischen und der persischen Literatur denkbar. Er formulierte seine Erfahrungen nicht nur auf den Wolken der mystischen Kontemplation. Ganz im Gegenteil! Wie kein anderer persisch schreibender Dichter hat er dem Volk so aufs Maul geschaut – so die renommierte Orientalistin und Rumi-Expertin Annemarie Schimmel (1922–2003). Sein Wissen erschöpft sich nicht in Theologie und Philosophie. Vielmehr liefert er tiefsinnige Betrachtungen zu alltäglichen Lebensproblemen. Genau das macht es aus, dass er auch jenseits der sonst üblichen akademischen Kreise einer Bildungselite gelesen wird. Und dies nicht nur von Literaturfreunden, sondern auch von denen, die sonst kaum Gedichte zur Hand nehmen. Er wird rezitiert, gesungen, vertont und als Inspiration für Romane, Gedichte, Musik, Filme, YouTube-Videos und Tweets verwendet. Er „gehört, wie der Dalai-Lama, längst zum geistigen Hausstand der um ‚Spiritualität' ringenden obersten Kaste des Showgeschäfts", so Samir H. Köck.[3] Bei Geburtstagen, Hochzeiten und Beerdigungen werden seine Verse zitiert. Sein

Konterfei wurde abgebildet auf afghanischen Briefmarken und auf den 5.000-Lira-Banknoten der Türkei. Ein Parfum trägt seinen Namen.[4] „Warm-würzig" sei sein Hauptakkord. Selbst orientalische Teppichhäuser[5] vermarkten ihn. Sein Name sei für sie „nicht Programm, aber Verpflichtung", sagen sie, was immer das auch bedeuten mag. Im Wachsmuseum von Madam Tussaud in Istanbul ist er ebenfalls vertreten. Werke von ihm wurden in 40 Sprachen übersetzt und seine Aphorismen werden tausendfach auf den sozialen Medien geteilt. Seine Follower in den zahlreichen Facebook-Gruppen werden von Tag zu Tag mehr. Allerdings gibt es auch – ironisch und zutreffend formuliert – eine Art von „Konfekt-Sufismus"[6] innerhalb der Esoterikszene, die sich auf Kalenderblattniveau das Beste und Süße heraussucht, ohne in die Tiefe zu gehen.

Bestseller Autor

Wenn man seine Popularität in spirituell orientierten Subkulturen mitbedenkt, ist er nicht nur „the most read poet in America today"[7], sondern einer der meistgelesenen Dichter und Mystiker im Orient wie im Okzident. Das wichtigste dichterische Lehrwerk Rumis ist das mehr als 26.000 Doppelverse umfassende „Mathnawi" (auch Mesnevi oder Masnavi). Es wurde als „Koran in persischer Zunge"[8] bezeichnet und ist nach ihm das meistgelesene Buch im Islam. Es wird „von vielen Kommentatoren sowohl innerhalb als auch außerhalb der Sufi-Tradition als das größte mystische Gedicht beurteilt, das jemals geschrieben wurde."[9] In den 1990er Jahren avancierte Rumi in den USA zu den höchsten Verkaufszahlen: „The Essential Rumi"[10] erreichte eine Auflage von 250.000 Exemplaren. Inzwischen sind es Millionen von Veröffentlichungen weltweit, die seinen Namen tragen.[11] Kein Lyrikband im englischsprachigen Raum legte in den letzten Jahrzehnten eine ähnliche Performance an den Tag. Auch in Amerika schreibt man als Dichter keine Bestseller. Ein paar Tausend Exemplare gelten als Spitzenleistung. Eine Ironie der Geschichte ganz eigener

Art ist es, dass der in Balkh Geborene, das ist eine Stadt in der Nähe der ehemaligen Al-Qaida-Hochburg Mazar-i-Sharif in Afghanistan, ausgerechnet im September 2001 – eine Woche nach den Anschlägen auf das WTC in New York – mit „The Soul of Rumi"[12] eine weitere Renaissance erlebte.

Drehritual Sema: Immaterielles Weltkulturerbe

Auf Vorschlag der Länder Türkei, Ägypten und Afghanistan ernannte die UNESCO das Jahr 2007, aus Anlass von Rumis 800. Geburtstags, zum „Mevlana-Jahr". Es diente einem der wichtigsten Anliegen der Vereinten Nationen: dem friedlichen Dialog der Kulturen. In seiner Heimat Konya – dem Mekka der Derwische – wo im Jahr 2023 zu seinem 750. Todestag Millionen von Pilger erwartet werden, wird er bis heute wie ein Heiliger mit Kultstatus verehrt. Das Tanzritual der auf ihn zurückgehenden Mevlevi-Derwische wurde im Jahr 2008 unter den Schutz der UNESCO gestellt und zum „geistigen und kulturellen Meisterwerk der Weltkultur"[13] erklärt. Vielen ist er auch dadurch im Westen bekannt geworden.

Die Verbindung von Ekstase, Hingabe und Lyrik

Wie kommt es, dass Rumi, der bis Mitte des zwanzigsten Jahrhunderts im Westen allein Orientalisten und anderen Fachleuten bekannt war, ein solch atemberaubendes Comeback erlebt? Um dies zu verstehen, muss man sich klar machen, dass Rumi nicht nur ein Mystiker, Gottsucher und Ekstatiker war, sondern gleichsam auch ein „Coach" für gelingendes Leben. Seine eingängige und blumige Dichtung spricht spirituell Interessierte jeglicher Provenienz an. In vielerlei Hinsicht ist er als provokativer und institutionskritischer Dichter eine Symbolfigur für unsere Zeit, in der wir uns neu mit dem Verständnis von Mystik, Hingabe und der Macht der Poesie auseinandersetzen. „Über alle Zeiten, Orte und Kulturen hinweg bringen

Rumis Gedichte zum Ausdruck, wie es sich anfühlt, lebendig zu sein", sagt Lee Briccetti, Geschäftsführerin von Poets House, Mitveranstalterin einer Bibliotheksreihe in den USA, die Rumi zum Thema hat. „Und sie helfen uns, unsere eigene Suche nach Liebe und dem Ekstatischen in der Hektik des Alltags zu verstehen."[14] Rumi war ein experimenteller Erneuerer unter den persischen Dichtern", so die Einschätzung des afghanischen Rumiforschers Jawid Mojaddedi.[15]" Gerade diese Kombination aus mystischem Reichtum und kühnen Adaptionen poetischer Formen sei der Schlüssel zu seiner heutigen Popularität. Man hat den Eindruck, dass viele Menschen, die auf der Suche nach einem Sinn in ihrem Leben sind, hier etwas finden, was beispielsweise dem Christentum, wie es sich heute institutionell darstellt, abhanden gekommen ist, obwohl es zum Kern seiner Botschaft gehört. Die Sehnsucht nach einer sinnenhaften Erlebnisqualität treibt viele zu anderen Religionen oder Weltanschauungen, weil ihnen die eigene zu kalt geworden ist. Die lyrische Feier von Schöpfer und Schöpfung wurzelt in einer spirituell grundierten Liebesphilosophie. Rumi und die Liebe gelten in der weltweiten Popularrezeption praktisch als synonym. Die für das mystische Narrativ charakteristische orientalische Vieldeutigkeit begünstigt das Interesse über weltanschauliche Grenzen hinweg.

Was versteht man unter Sufismus?

Zum Begriff

Etymologisch ist unklar, woher das Wort Sufi stammt. Eine Theorie nimmt Bezug zum Arabischen „ṣūf" (Schurwolle), das auf die einfachen weißen, grob gesponnenen Woll-Gewänder der damaligen Sufis und Asketen im Iran, Ägypten und Persien hinweist. Es sollte die innere Haltung der Demut und Bescheidenheit zum Ausdruck bringen und war ihr Erkennungsmerkmal. In eben einem solchen Gewand begab sich auch Franz von Assisi – ein Zeitgenosse Rumis – im Jahr 1219 am Rande des fünften Kreuzzugs zu Friedensgesprächen nach Damietta in Ägypten zum Sultan al-Malik-al-Kamil, der ihn freundlich aufnahm. Ägypten war damals ein Zentrum des aufblühenden Sufismus. Der Sufi, Ibn'Arabi, der Rumi beeinflusste, kam öfters an den Nil. Der Sultan hatte den hoch angesehenen Sufi-Mystiker namens Fakr-al Dín Farisíals als seinen religiösen Berater. Er verehrte die Sufis und nahm an, dass auch Franziskus und sein Begleiter aufgrund ihrer Kleidung in dieser Linie stünden. Franziskus hegte trotz der allgemeinen antimuslimischen Hetze keine Vorbehalte gegen den vermeintlichen Feind, sondern versuchte, den Kreuzzug zu beenden und Frieden zu stiften. Dies ist ihm zwar nicht gelungen, die Begegnung ist aber ein frühes Beispiel des Kulturdialogs, in dem Respekt und der Wille zum Frieden im Vordergrund standen. Bis zum heutigen Tag verehren ihn deshalb viele Sufis.[1]

„Du bist ein Sufi" – so ein traditionelles Diktum – „wenn dein Herz so weich und warm ist wie Wolle." Hier trifft sich der Sufismus mit der jüdisch-christlichen Spiritualität, in der es darum geht, das harte und verstockte Herz (Ps 17,10) von Gott erweichen zu lassen. Nicht hartherzig (Dtn 15,7) zu sein ist eine oft und oft wiederholte Mahnung der Propheten und wurde schließlich von Jesus selbst gebraucht, der ein emphatisches Herz im Sinne der Barmherzigkeit anstelle von Opfern predigte.

Das Wort kann sich auch auf „ṣafā" (rein sein) beziehen. Rein meint in diesem Zusammenhang gereinigt von Unkenntnis und Egoismus im Sinne von Selbstbezogenheit. Vor allem westliche Vertreter eines universellen Sufismus brachten das Wort mit dem griechischen Wort „sophia" (Weisheit) oder mit dem hebräischen Wort aus der Kabbala „En Sof" (es hat kein Ende) in Verbindung. Andere sahen in den Sufis Nachfolger der „ahl as suffa", also jener Leute, die „fromm und bescheiden in der Vorhalle des Propheten lebten"[2].

„Sufismus ist die Tiefenarchäologie des Islam"

Einst fragte ein Schüler seinen Sufi-Meister, wer eigentlich ein Sufi sei. Darauf habe dieser geantwortet: „Ein Sufi fragt nicht, wer ein Sufi ist." Es ist nicht einfach, den Sufismus zu definieren. Der erst 1821 vom deutschen Theologen August Tholuck (1799–1877) im Sinne einer pantheistischen Theosophie geprägte Begriff[3] bezeichnet heute unterschiedliche Gruppierungen, Bruderschaften, Ordensgemeinschaften und Strömungen im Islam mit mystischen Traditionen, Riten und Praktiken. Wikipedia listet allein 51 Sufi-Orden bzw. Verzweigungen auf. Es ist kein klar definiertes durchgängiges ideologisches System, das auf einen Nenner zu bringen ist – ähnlich der komplexen Wirklichkeit katholischer Orden. Das Verbindende des mit dem arabischen Begriff „Tasawwuf" Bezeichneten ist ein Weg („tarīqa"), der eine spirituelle Ernsthaftigkeit erfordert. Er verlangt das Bemühen, ähnlich wie eine Honigbiene, die ständig vom Bienenstock zur Blume und wieder zurück fliegt, ausdauernd um die Erkenntnis Gottes zu ringen. „Der Sufismus ist die Tiefenarchäologie der islamischen Religion" sagt der türkische Islamwissenschaftler Erol Kılıç.[4] Die deutsche Orientalistin Annemarie Schimmel spricht von der „inneren Dimension"[5] oder auch von der „mystischen Dimension" des Islam.[6] Der italienische Sufismusexperte Alberto F. Ambrosio bezeichnet ihn als die „Quintessenz des Islam"[7]. Andere charakte-

39

risieren ihn als eine religiöse Bewegung, der es vor allem darum geht, sich existentiell in der personalen Mitte ergreifen zu lassen. Damit treffen alle einen zentralen Punkt, denn die Sufis aller Denominationen wollen zum spirituellen Kern der islamischen Tradition vordringen.

Von der Schale zum Kern jenseits des Dogmas[8]

Dafür bedienen sie sich der Walnuss-Metapher: Die äußeren rituellen Formen, Dogmen, Gesetze und Gebote sind wie eine Schale, die das Innere der Nuss beschützt. Wer nur an der äußeren Schicht anhaftet und nicht zum Kern vordringt, verfehlt das Ziel. Alle Sufi-Praktiken wollen Gott im eigenen Inneren näher kommen, denn „wer sich selbst kennt, kennt seinen Herrn." Das Göttliche wird oft als Meer symbolisiert, in dem das individuelle Selbst aufgeht wie ein Tropfen. „Du bist kein Tropfen im Ozean, Du bist ein gesamter Ozean in einem Tropfen", lautet ein bekannter Spruch von Rumi. Um dorthin zu gelangen gibt es verschiedene Methoden und Stufen („maqāmāt"), die unterschiedlich kombiniert werden können. Dazu gehören die Reue, das Abwenden von der Welt im Sinne eines materiellen Selbstzwecks und den Begierden; das Vertrauen auf Gott und die Hingabe an ihn; die Freiheit vom Streben nach nutzlosem Besitz; die Geduld, Glück wie Unglück anzunehmen; die Dankbarkeit; die Zufriedenheit; die Furcht vor Gott und die Hoffnung auf Gnade; die Erkenntnis; die Liebe, die Vernichtung des in sich selbst verhafteten Egos in Gott im Sinne eines Ent-Werdens, und letztlich das Bleiben in Gott. Auf dieser Reise ist ein spiritueller Führer („muršid", „pīr" oder „šaiḫ", „sheik") von großer Bedeutung. Er ist den Weg schon gegangen und kann so den Schüler („murīd") begleiten. Er vermittelt mehr als reines Wissen oder Methoden theologischen Denkens. Vielmehr will er dazu verhelfen, den Geist seines Schülers zu öffnen.

Entwicklung und Verbreitung

Die Sufi-Bewegung entstand im 8. und 9. Jahrhundert im südlichen Zweistromland und breitete sich schnell über den heutigen Irak, Iran, Arabien und Ägypten aus. Seither ist sie aus der gesamten islamischen Welt nicht mehr wegzudenken. Die ersten, die ab 700 (in Khorassan, im heutigen Nordost-Iran) auftauchten, waren vor allem Einzelgänger und Wanderderwische, die sich in die bereits erwähnten einfachen wollenen Gewänder kleideten. In dieser Frühzeit des Islam konzentrierten sich die Mystiker auf die Askese, das Gebet und die Ethik. Sie verstanden sich als kritische Gegenbewegung zum steigenden Reichtum der Kalifen und der zunehmenden Diesseits-Bezogenheit, die mit der Ausdehnung des Reiches einhergingen. Ähnlich wie die Bewegung der Wüstenväter seit dem 3. Jahrhundert waren sie von der Sorge getragen, die ursprünglichen religiösen Ideale zu verlieren. Einer dieser ersten Asketen und Symbolfigur für die weitere Entwicklung des Sufismus war Hasan von Basra (642–728). Er predigte in den frühen Tagen des Kalifats der Umayyaden gegen Weltlichkeit und Materialismus, wobei seine leidenschaftlichen Predigten einen tiefen Eindruck auf seine Zeitgenossen hinterließen. Seine engen Beziehungen zu einigen der bekanntesten Gefährten des Propheten Muhammad stärkten sein Ansehen als Gelehrter der islamischen Wissenschaften. Vom 10. Jahrhundert an entwickelte der Sufismus, der sich von Bagdad rasch bis nach Nordafrika und Zentralasien ausgebreitet hatte und zu einer bedeutenden Bewegung geworden war, feste Organisationsformen. Muslimische Kaufleute, die oft selbst einem sufischen Orden angehörten, sowie sufische Wanderprediger, Dichter und Sänger verbreiteten die Lehre von der göttlichen Liebe und des sufischen Islam bis in die entlegensten Winkel Afrikas und Asiens. Die überregionalen, globalen Netzwerke, die geschaffen wurden, kamen dem Austausch von Waren ebenso zugute wie dem von Ideen, religiösen Praktiken und künstlerischen Ausdrucksformen. So erklärt sich ferner, warum wir überall entlang der sogenannten Seidenstraße Poesie und Musik antreffen, die von der Spiritualität des sufischen Islams beeinflusst sind.

Männer schlossen sich jenseits familiärer und oft auch beruflicher Bindungen zu Orden zusammen, wobei diese nicht mit der Struktur der christlichen Orden vergleichbar sind. Sie waren überwiegend verheiratet, übten einen weltlichen Beruf aus und verweilten nur zeitweise in sogenannten Konventen. Die Türken beispielsweise nennen sie „Tekke" (Herberge), die Iraner „Khankah" (Haus/Herberge), die Inder „Dargah" (Pforte). Dort versammelten sie sich zu gemeinsamer Andacht und Meditation, rituellem Gesang, Tanz, Lehrvorträgen und gemeinsamen Essen. Sie betrachteten allerdings, ähnlich wie die christlichen Mönche, eine sittlich gute Lebensführung als oberstes Ziel. Die Epoche zwischen dem 9./10. und 13. Jahrhundert wird als klassische Phase bezeichnet. Die islamische Mystik etablierte sich, weil zahlreiche bedeutende Sufi-Theologen die theoretischen Grundlagen legten. Großartige literarische, vor allem poetische Werke auf Arabisch, Persisch, Türkisch und in verschiedenen südasiatischen Sprachen entstanden, die den gesamten Orient prägten. Anleihen und Einflüsse aus dem Gedankengut der spätantiken Philosophie, von Gnosis, Christentum, Manichäismus, Zoroastrismus, Neuplatonismus und Buddhismus sind offenbar.

Ein wesentlicher Grund dafür, dass der Sufismus heute vom Senegal bis nach Indonesien, von Indien und Pakistan über den Iran, die Türkei und Ägypten bis nach Südarabien ca. 15 Millionen Anhänger[9] zählt, ist seine Funktion als Rückgrat der Volksfrömmigkeit. Länder wie Marokko oder Jemen sind von einem Netz von hoch verehrten Heiligengräbern überzogen. Der Arabist und Orientalist Arnold Hottinger resümiert: „Was in anderen Zivilisationen eine auf Außenseiter, Asketen, Mönche, Nonnen und Geistliche beschränkte Aktivität bleiben sollte, hat tiefe Wurzeln in den Massen der gewöhnlichen Muslime geschlagen und wurde tatsächlich zum wichtigsten sozialen Band, das die muslimische Gesellschaft jahrhundertelang zusammengehalten hat."[10] In Deutschland leben ca. 10.000 Sufis. Die weltoffene Auslegung des Korans durch die Derwische, verbunden mit Tanz und Musik, ließ die Bewegung auch im Westen zunehmend Anhänger finden.

Sufi-Meisterinnen und Derwisch-Tänzerinnen

Wenn man aus der Ferne auf den Islam und die Sufi-Bruderschaften blickt, denkt man vor allem an Männer mit Bärten und Turbanen. Dass auch Frauen eine leitende Position einnehmen können, verblüfft zunächst. Der türkische Sufi-Orden Rifa'iyya wird von einer Frau geleitet und hat Hunderttausende von Anhängern weltweit. Als im Jahr 1925 alle Derwisch-Orden geschlossen wurden, hat der letzte Sufimeister und Ordensgründer Kenan Rifai (1867–1950)[11] im türkisch-osmanischen Reich, der unter anderem einige Jahre in Plovdiv (Bulgarien) verbrachte, seinen Anhängern aufgetragen, den Sufismus in Zukunft auf dem Bildungsweg zu lehren. Diesen Rat haben die Rifa'iyya unter der Führung von Frau Cemalnur Sargut befolgt und sich in der Türkei als Bildungsverein eintragen lassen. So kann der Orden nicht nur Vorträge halten und Schriften veröffentlichen. Er hat auch einen Lehrstuhl für Sufismus an einer staatlichen Universität in Istanbul gegründet, an dem Sargut einen Master-Studiengang für Sufismus unterrichtet. Weitere Lehrstühle hat sie in den USA, Japan und China mitbegründet. Die außergewöhnlich starke Rolle von Frauen bei der türkischen Rifa'iyya geht auf Kenan Rifai zurück, der eine Frau als seine Nachfolgerin benannte. Cemalnur Sargut übernahm von ihm die Leitung und besitzt eine internationale Reputation.[12] Rifai ist es zu verdanken, dass er die Dimension der Frau und des Weiblichen „als Spiegel der göttlichen Wirklichkeit"[13] nach vorne brachte. Ein anderes Beispiel ist Hayat Nur Artıran, Sufi-Meisterin in der Mevelevi-Tradition und Präsidentin der „Şefik Can International Mevlana Education and Culture Foundation" in Istanbul. Selbst wenn es inzwischen auch weibliche Derwische gibt, die das Sema-Ritual zelebrieren, sind diese emanzipatorischen Ansätze noch immer die Ausnahme. Es herrscht eine strukturelle und diskriminierende Benachteiligung von Frauen in einer von Männern dominierten Religion, wie z. B. auch in der katholischen Kirche. Vom staatlichen Religionsamt werden die Rifa'iyya wie andere Orden mit Argwohn betrachtet. Doch zumindest offene Konflikte sind bisher ausgeblieben. Der Sufismus ist seit dem Mittelalter in Anatolien verwurzelt – zu tief, als dass ihn eine Staatsmacht beseitigen könnte.

Kritik und Verfolgung

Kritik am Sufismus wird größtenteils von muslimisch-fundamentalistischer Seite geübt, weil die Sufis eine rigoristische Auslegung der Scharia ablehnen. Fundamentalisten sind stets darauf aus, die äußerlich-formalen Aspekte ihrer Religion zu betonen sowie ihre religiösen Schriften möglichst wortwörtlich, uninterpretiert und nicht historisch-kontextuell zu verstehen. Muslimische Mystiker werden von den Anhängern der islamistischen Ideologie als „Abfällige vom Islam", eingestuft. Sie sollten sich zum „wahren" Islam bekehren.

Die Sufis hingegen sehen in formalen Rechtssatzungen allerdings nur die Ausgangsebene für den spirituellen Weg. Eines von vielen Beispielen dazu ist der Umgang mit dem Hidschāb (Schleier, Kopftuch). Maryam Balke, Mitglied der Sufi-Schule MTO Shahmaghsoudi in Deutschland, betont den spirituellen Wert dessen, was ein Hidschāb zum Ausdruck bringen soll. Es geht um einen inneren Maßstab, der das äußere Verhalten prägt, also um eine Gesinnungs- und Verhaltensethik. Deshalb sei er – wenn er getragen wird – kein Symbol für eine besonders hervorgehobene Frömmigkeit. Und wenn er nicht getragen werde, sei auch nicht das Gegenteil der Fall. Des weiteren kritisieren Gegner die Nutzung von Musik, weil sie nicht mit der islamischen Lehre vereinbar sei und durch zu viel Sinnlichkeit die Gläubigen vom rechten Pfad abbringe. Musik und Tanz seien kein Teufelszeug, hielt Rumi den Vertretern des ortho-doxen Islam entgegen: „Weise Menschen haben gesagt: Diese wunderschönen Töne, diese Melodie haben wir vom Himmel genommen. Die Musikinstrumente, die das Volk spielt und die lieblichen Lieder, die es singt, entspringen der Drehung der Himmelssphäre. Wir waren alle Teile von Adam. Wir haben diese Melodien im Paradies gehört." Vor allem der Tanz und ihm ähnliche gemeinschaftliche Formen des Gottesgedenkens („Dhikr") seien heidnischen Ursprungs und daher verwerf-lich. Sufis wiederum argumentieren, der Prophet Mohammed sei bei dem Einzug in Medina mit Musik vom Volk empfan-gen worden, und auf die Frage, ob die Musik beendet wer-den solle, habe der Prophet geantwortet, dass die Menschen Zeiten der Fröhlichkeit mit Musik feiern sollen. Für die Su-fis dagegen ist die Musik Ausdruck der Freude in der Gegen-wart Gottes. In einer der dunkelsten Perioden seines Leben – das war nach der Ermordung seines Freundes Shams – vergaß Rumi nicht, was ihn getröstet hatte: die Musik. Auf seinem Weg zurück ins Leben hatten ihn der Klang von Laute, Harfe und Flöte mit neuer Zuversicht erfüllt. Denn der Gesang und die leidenschaftlichen Tonfolgen der Instrumente waren es ge-wesen, die ihm den Geliebten wieder vors innere Auge zurück-gerufen hatten. „Ich sah den Freund; er schritt ums Haus im Kreise, auf seiner Laute schlug er eine Weise. Mit feuerglei-chem Schlag, ein süßes Lied spielt' er, vom Wein der Nacht berauscht, durchglüht."

Sufis geraten seit Jahren ins Visier salafistisch-dschihadis-tischer Organisationen. Die geschieht besonders in Pakistan, Iran, in Ägypten, Mali und Somalia, sowie im wahabitisch ge-prägten Saudi-Arabien. Dort wird die Unterwerfung unter die Obrigkeit gefordert und die Religion zum politischen Macht-erhalt instrumentalisiert.

Der Religionswissenschaftler William Chittick, einer der re-nommiertesten Kenner der islamischen Mystik, bringt ihre Be-deutung in diesem Kontext so auf den Punkt: „Wo der Geist (des Sufismus) blüht, ist der Islam in seinen eigenen geistigen und moralischen Ideen lebendig, aber in dem Maße, in dem dieser verkümmert, wird der Islam vertrocknet und steril, wenn er überhaupt überleben kann."[14] Als langfristig wirkmächtiges Gegengewicht im Bezug auf den orthodoxen Rigorismus und Formen von fanatischer Militanz ist er heute mehr denn je von einer gewissen, wenn auch bescheidenen (gesellschafts-)politischen Relevanz und Reichweite.

Begegnungen mit dem Sufismus in Deutschland, Indien, Türkei, Usbekistan und Bulgarien

Nürnberg – tanzende Derwische in einem Sufi-Konvent

Erste Kontakte

Zum ersten Mal bin ich den Sufis in Nürnberg begegnet. Im Umfeld der Großmetropole habe ich die ersten 20 Jahre meines Lebens verbracht und später dort als Seelsorger gearbeitet. Damals wusste ich nach 12 Jahren Studium an vier Universitäten im In-und Ausland zwar sehr viel von katholischer Theologie, aber von Rumi und dem Sufismus recht wenig. Mir war bekannt, dass jemenitische Sufi-Mönche den Kaffee als belebendes Getränk anno 1450 für sich entdeckten, um nächtelang wach zu bleiben, um tanzen und meditieren zu können. Pilger trugen den Genuss in die Welt: erst nach Mekka, dann nach Kairo, Damaskus und Istanbul. Ich wusste auch, dass der Sufi-Orden der Naqschbandi mit dem Persönlichkeitsmodell des „Enneagramm"[1] in Verbindung gebracht wurde, das in der Seelsorge ab den 1990er Jahren eine größere Bedeutung erlangte. Derwische kannte ich nur durch die Lektüre von Karl May.

Zwischen grauen Häusern im Hinterhof eines Vorstadtviertels, einige Kilometer von der Altstadt entfernt, befindet sich seit 1991 ein Derwischkonvent. Es ist der Sitz des Mevlânâ Vereins.[2] Eine Küche ist da, ein Tanzraum und ein Gebets- und Versammlungsraum. Dort treffen sich wöchentlich die Mitglieder aus der Stadt und der Umgebung und in bestimmten Abständen aus der ganzen Bundesrepublik. Während der Zusammenkünfte finden Lehrgespräche, Ritualübungen, Gebete, Initiationen und der Sema, der charakteristische Drehtanz, statt. Kerzen brennen, still und konzentriert sind die Derwische. Einige stammen aus der Türkei, die meisten jedoch aus der sogenannten deutschen Sinnsucherecke. Ingenieure, Hausfrauen, Werbeprofis oder Studenten der Religionswissenschaft fasziniert das alte Ritual. Die wenigsten sind Muslime. Frauen und Männer tanzen gemeinsam. Auf dem Kopf tragen sie den zylinderförmigen konischen Filzhut, „Sikke" genannt.[3] Im stillen Hinterhof herrscht eine dichte religiöse Atmosphäre. Nichts ist zu spüren von einem rigorosen fundamentalistischen Islam. Die „Dherga" – das Derwischkloster – steht Menschen aller Religionen und Bekenntnisse offen. „Wer die Nähe zu Gott sucht, ist hier auch willkommen", betont Scheich Süleyman Bahn.[4] Diese Offenheit ist nicht das Einzige, was den Orden in den Augen orthodox geprägter Muslime suspekt, für andere dagegen so anziehend macht. Sie lehnen die Sufis ab, weil sie beten, wo und wann es sie danach verlangt, ohne auf die vorgeschriebenen fünf Gebetszeiten Rücksicht zu nehmen. Und sie werfen ihnen Ketzerei und Frevel vor, weil sie ihre Gottesliebe auch durch Musik und Tanz zum Ausdruck bringen. Sie betrachten ihre unkonventionelle Lebensweise als Affront und betrachten ihre Popularität mit Argusaugen. Der Mevlevi-Sufismus sei überkonfessionell, heißt es. Wenn er richtig begriffen werde, weiteten sich die Grenzen zwischen den Religionen. Als Derwisch lernt man Anstand, Liebe und Respekt gegenüber allen Geschöpfen und wird von einer großen Sehnsucht nach Gott ergriffen. Im Mittelpunkt steht für die Anhänger Rumis der individuelle Mensch. „Als Geschöpf Gottes", so Bahn, „ist der Weg zu mir der Weg, um mich Gott verbunden zu fühlen".

Das Mukabele-Ritual

Das traditionelle Mukabele-Ritual besteht aus einem präzisen zeremoniellen Ablauf von Musik, Prozession, Gebet sowie dem Drehtanz, verbunden mit einer zunächst verwirrenden Welt von Symbolen. Das Ziel ist ein konzentrierter seelischer

Zustand, der neben Mantren und Meditation vor allem durch den Drehtanz, dem sogenannten Sema, erreicht werden soll. Vor dem Ritual vollzieht der Derwisch eine rituelle Waschung. Weiße fließende Gewänder, hohe Filzhüte, Schuhwerk mit weicher Ledersohle gehören zu seiner Ausstattung. Dazu kommen eine kurze Jacke („destegiil"), eine weiße Hose und ein Gürtel („elii nemed"). Die Farbe weiß steht für Mohammed und das göttliche Licht. Am Ritual sind neben dem Scheich, der als Ordensoberhaupt und Vertreter Rumis gilt, auch der „Semazenbaschi" beteiligt, der die Bewegung der „Semazen" überwacht, sowie der „Dede", der für die Verwaltung des Tanzsaals sowie den Ritual-Ablauf zuständig ist. Das Ritual wurde ursprünglich in der „Semahane", einem abgetrennten runden oder achteckigen Tanzsaal eines Mevlevi-Klosters durchgeführt. Vom sogenannten Post, dem roten Sitzfell, welches die höchste geistige Instanz bedeutet, leitet der Scheich sitzend oder kniend das Ritual.

Fast schwebend drehen sich die Tanzenden („semazen") im Kreis zum Klang der Ney-Flöte und des Orchesters, bestehend aus Trommeln, Streich- und Zupfinstrumenten. Sie haben ihren angestammte Platz in der „Mutribhane", auch Ort der Erregung genannt, in der Nähe des Eingangs. Die Augen sind geschlossen, die Füße finden traumwandlerisch ihren Weg. Eine imaginierte Linie teilt den Raum in zwei Hälften, die geistige und die materielle Sphäre. In beiden zugleich versucht der Derwisch zu leben. Am Ende des Raumes, genau in der Mitte zwischen diesen Welten, steht der Scheich, würdevoll und unbeweglich in heiligem Ernst. Tief in sich versunken knien die Derwische am Rand der Tanzfläche und küssen den Boden als Zeichen der Liebe und des Respekts – ähnlich wie in der alt-indischen Tanztradition, wo zu Beginn die Künstler den sie tragenden Boden und auch ihren Guru ehren. In der Schlichtheit des Moments lebt die Größe des Rituals. Mit einem Loblied auf den Propheten Mohammed und Mevlana Rumi beginnt der Sema. „O du von Gott Geliebter, der Bote des einzigen Schöpfers bist du". Ein Trommelschlag, und alle werfen sich zu Boden – Symbol des Erwachens aus dem Schlaf der Welt. Orientalische Klänge dringen aus der Laute Oud, dem Rebab genannten Monocord und der persischen Rohrflöte Ney – dem Symbol des reinen Menschen, durch den der Atem Gottes strömt. In der Musik drückt sich die Sehnsucht nach der Wiedervereinigung mit der göttlichen Liebe aus.

Höre!

„Hör auf die Flöte – wie sie erzählt, wie sie klagt über Trennung und spricht: Wer weit entfernt von seinem Ursprung ist, der sehnt sich zurück nach der Zeit der Einheit." Mit diesen Versen beginnt das „Mesnevi", das 25.618 Doppelverse umfassende Haupt-Epos von Rumi. Sowohl hier wie auch im „Schma Israel", dem zentralen Gebet des Judentums und dessen wichtigstem Bekenntnis, ist das erste Wort: Höre! „Höre, Israel! Der Herr, unser Gott, der Herr ist einzig. Darum sollst du den Herrn, deinen Gott, lieben mit ganzem Herzen, mit ganzer Seele und mit ganzer Kraft." (Dtn 5,1). Ähnlich sagt es Jesus: „Ich stehe an der Tür und klopfe an. Wer meine Stimme hört und die Tür öffnet, bei dem werde ich eintreten" (Offb 3,20). Der jüdische Religionsphilosoph Martin Buber betonte immer wieder – und das gilt in gleichem Maße für Juden, Sufi-Moslems und Christen: „Wir hören nicht auf das Wort. Wir hören auf die Stimme."[5] Rumi ergänzt: „Da gibt es eine Stimme, die keine Worte benutzt. Höre ihr zu." Wer sich darauf einlässt, kommt notgedrungen in Berührung mit sich selbst und in engen Kontakt mit (s)einer inneren Stimme. Hören ist etwas anderes als Zuhören! Das In-sich-versunkene Tanzen der Derwische erleichtert nicht nur diesen spirituellen Akt, sondern macht sie zugleich zu einer Hörgemeinschaft. In Wirklichkeit ist der Sema kein Tanz, sondern der choreographische Ausdruck eines inneren Hörens, das sie als Gebet verstehen. Er ist die verkörperte und in kodifizierte Bewegungsabläufe gebrachte Praxis des Gottesgedenkens („dhikr"). Während die Sufis tanzen, wiederholen sie ohne Stimme flüsternd unaufhörlich den Namen Gottes, Koranverse oder Texte aus mystischen Poesien. Dem Tanzritual im Außen korrespondiert eine Gestimmtheit im Innen, mit Gott als „innerem Pünktlein" in der Mitte.

Festgelegte verinnerlichte Rituale und Symbole[6]

Das Ritual ist in vier Tanz-Sequenzen („selam") unterteilt. Die erste versinnbildlicht die Geburt des Menschen sowie die Bewusstwerdung der Existenz Gottes als Schöpfer. Mit der zweiten werden die Allmacht Gottes sowie die Herrlichkeit des Kosmos gepriesen. Die dritte repräsentiert das Umarmen des göttlichen Geheimnisses und die vierte beschreibt die Konzentration auf die höchste Wahrheit, das Eins-Sein mit Gott. Dreimal umschreiten die Derwische die Tanzfläche. Dreifach – so heißt es – erkennt der Derwisch Gott: im Studium der Schriften, in der Natur und in der Liebe. Dann werfen sie den bodenlangen schwarzen Umhang („khirka") von sich. Er steht für das Grab und die Vergänglichkeit der irdischen Welt. Darunter tragen sie die „Tennure". Es ist ein langes weißes, ärmelloses Gewand, gleichsam das Leichentuch des Egos und Symbol der Auferstehung zugleich. Wie Planeten beginnen sie, sich um ihre eigene Achse zu drehen und dabei im Kreis durch den Raum zu wandern, den Kopf leicht nach rechts geneigt, die Augen halb geschlossen, der rechte Arm zum Himmel geöffnet, der linke zur Erde. Von Gott nimmt der Sufi, der Erde gibt er. Die gesamte Schöpfung, Planeten und Sterne, alle Lebewesen, kreisen umeinander. Drehend offenbart sich Gott, drehend erkennt ihn der Derwisch. Möglicherweise war Rumi bei der Vorstellung der Kreisbewegung des Universums sogar vom heliozentrischen Weltbild der antiken Astronomen Aristarch von Samos (ca. 310–230 v. Chr.) und Hekataios von Milet (ca. 560 bis 480 v. Chr.) beeinflusst. Der Kreis ist nicht nur ein Symbol für das Grenzenlose (ohne Anfang und ohne Ende, weder Richtung noch Orientierung) und das Ewig-Absolute, sondern auch eines psychischreligiösen Zentrierungsprozesses. Insgesamt werden die Derwische den Raum siebenmal umschreiten, vergleichbar mit den sieben Umrundungen der Kaaba in Mekka. Gegen Ende verlässt der Scheich seine unbewegliche Position und dreht sich in die Mitte des Kreises. Dort öffnet er sein Gewand („khirka") und gibt den Blick zum Herzen frei als Symbol der Einheit. Mit einem Schlussgebet des persischen Sufidichters Hafis (1320–1390) endet die Zeremonie: „Jedes Kind hat Gott gekannt. Nicht den Gott der Namen, nicht den Gott der Verbote, nicht den Gott, der so viele seltsame Dinge tut. Nein, den Gott, der nur vier Worte kennt und diese immer und immer wiederholt: Komm, tanz' mit mir! Komm, tanz' mit mir! Komm, tanz' mit mir!"

Rumi hat den Sema-Tanz in einem Ausbruch spontaner Inspiration geschaffen, als er eines Tages, während er in den Straßen von Konya spazierte, den rhythmischen Gesang des „Dhikr" hörte – „la elaha ella'llah" – „es gibt keinen Gott außer den einen Gott". Von ekstatischer Freude erfüllt, streckte er seine Arme aus: die rechte Handfläche nach oben, zum Himmel, als ob sie die göttliche Energie der Liebe empfangen würde, und die andere nach unten, zum Boden gerichtet, als ob er sie weitergeben würde. In dieser Stellung begann er sich zu drehen. Und so drehen sie sich noch heute. Während ein Derwisch sich dreht, lässt er die Aktivität des Intellekts zurück. Er öffnet sich für jene feinen Sinnesempfindungen, die dem tief sitzenden instinktiven „Gedächtnis"[7] entspringen. Sein Bewusstsein erhebt sich, er tritt in Einklang mit der Schönheit und der Intelligenz der Seele. Im Sema hat Rumi einen Weg eröffnet, der Verstand, Herz und Körper zusammenbringt. Das Verschwinden des Selbst in der All-Einheit, wie es die Mystiker aller Weltreligionen beschrieben haben, ist das Ziel. „Beim Tanz nimmt man nichts mehr wahr", heißt es. „Nicht du selbst bist es, der sich dreht". In der immer gleichen Wiederholung derselben Drehbewegung, gesteigert durch den monotonen Rhythmus der Musik, geht es darum, in der Mitte zu bleiben. Nur so funktioniert das Drehen. Dazu braucht es viel Übung.

Ekstase – Trance – Flow?

In der Mitte zu bleiben bedeutet auch, dass die Sich-Drehenden eben gerade nicht in jene ausgeflippte Ekstase geraten, wie manche meinen, sondern sich in einen konzentrierten meditativen Zustand hineinbegeben, der das Alltagserleben von Raum und Zeit verändert. Die Ekstase, wie sie im Westen verstanden wird, ist etwas grundlegend anderes, denn sie würde den Weg zu Gott erschweren. Der Semazen tritt nicht aus sich heraus, sondern kehrt tief in sich hinein, um sich vor den Ablenkungen der Umwelt zu verschließen und um Gott näher zu kommen. Es entstehen – wie z. B. auch durch die rituelle Musik und andere sakrale Praktiken, die zum Teil mit rhythmischen Bewegungen und besonderen Atemtechniken verbunden sind – veränderte Bewusstseinszustände („ahwāl"). In der Neurophänomenologie werden sie als „Non-Ordinary States of Consciousness" (NOSC) bezeichnet.[8] Dadurch kommt es zu einem dynamischen, temporären Status „vorübergehender Hypofrontalität"[9]. Während der motorische Cortex hochgefahren wird, kommt der präfrontale Cortex zur Ruhe. Dieses Phänomen ist das neurophysiologische Äquivalent zu jenem „Flow", von dem Extremsportler erzählen, wenn sie beim Laufen den Kopf so richtig „frei" bekommen haben und zeitweise, wie in Trance, nichts mehr denken können. Für die tanzenden Derwische fühlt es sich so an, als ob ihr analytischer Verstand nicht länger durch die diskursiven Aktionen des Ichs geblendet ist. Durch das „Vakuum" im Kopf stehen die Pforten einer Wahrnehmung der anderen Art offen. Diese kann unter anderem ein vorübergehendes Empfinden von Einheit erzeugen. Der Psychologe und Sufi-Lehrer Llewellyn Vaughan-Lee[10] vergleicht es mit einem Blick hinter den Vorhang „jenseits der Bühne". In dieser „dynamischen Dunkelheit, die uns umfängt, gibt es keinen Schauspieler und kein Ich-Gefühl, auf das der Scheinwerfer des Bewusstseins fällt. Ohne den Schauspieler gibt es keine Worte zu hören, keine Geschichte zu erzählen, nur das überwältigende Gefühl von etwas Ursprünglichem und Machtvollem. Hier ist die ungeschaffene Leere, grenzenlos und ewig. Und der Reisende muss mit dem erwachenden Bewusstsein dieses anderen Reichs leben – ein Bewusstsein, in dem man nicht ist: ‚Es gibt keinen Derwisch, oder wenn es einen Derwisch gibt, dann ist er nicht da‘."[11] Tatsächlich ist es im Lauf unseres Lebens so, dass wir – wenn wir achtsam genug sind und der Kairos da ist –, einen kleinen Einblick darüber erhalten, dass das, was wir „Ich" nennen, nur ein Schauspieler auf einer kleinen Bühne im Universum ist. Die Jahre unseres Individuationsprozesses haben dem Ich ermöglicht, seine Rolle voll auszuspielen und seinen Auftritt im Leben zu haben. Doch es gibt gelegentliche Momente – und die Sufi-Tänzer mögen sie dann und wann erleben –, da erkennen wir die Begrenzungen dieser Bühne und angesichts des Wirklichen die Enge unserer Ich-Welt.

Annäherung an Gott

Erst wer dieses Tanz-Ritual beherrscht, wird auch von ihm geschützt, sodass er die Eigenkontrolle loslassen kann. Die Annäherung an Gott funktioniert nicht in Selbstkontrolle. Das Ziel ist die Erkenntnis der Einheit Gottes mit der Welt. Gleichzeitig gilt aber auch, dass Gotteserkenntnis immer nur ein Weg, kein Ziel sein kann, so viele Runden man auch dreht: „Den Knoten löst du niemals auf, / Sinn weder im Leben noch im Tod. / Das weiß ich nur, soviel ich mich auch drehe, drehe, drehe, / dass ich nichts weiß, / nichts weiß, nichts weiß. / Und wenn ich alles weiß, ich wüsste dennoch nichts", so der persische Poet und Mystiker Faruddin Attar (ca. 1136–1220), dem der junge Rumi begegnete und der ihn in seine Lehren einweihte. „Siehst du, Momo, sie drehen sich um sich selbst, sie drehen sich um ihr Herz, um den Ort, wo Gott wohnt." So erklärt Monsieur Ibrahim im Roman „Monsieur Ibrahim und die Blumen des Koran" von Éric-Emmanuel Schmitt seinem jungen Freund das Tanzen der Derwische.

Ein Faszinosum

Der Derwischtanz ist für viele Beobachtende ein Faszinosum. Scheich Sülyeman Bahn erklärt: „Islam heißt Hingabe. Und für uns hat der Sema sehr viel mit Hingabe zu tun." Dieses Drehtanz-Ritual praktizierten sie in der Nürnberger Öffentlichkeit bei der Gebetsstunde der Religionen in verschiedenen Kirchen. Auf den ersten Blick erscheint alles fremd. Auf den zweiten Blick gibt es Gemeinsamkeiten mit dem Christentum und auch mit dem Judentum. Diese Gemeinsamkeiten ruhen im Wurzelgrund der Mystik der drei großen monotheistischen Weltreligionen.

Ich habe den Eindruck, dass viele Menschen, die auf der Suche nach einem Sinn in ihrem Leben sind, hier etwas finden, das dem kirchlich verfassten Christentum abhanden gekommen ist. Die Sehnsucht nach einer sinnenhaft erfahrbaren Spiritualität und religiösen Tiefe macht für sie eine andere Religion attraktiv, weil ihnen die eigene fremd geworden ist. Die Derwische machen Ernst mit der Mystik. Sie haben keine Scheu, ihre religiöse Ergriffenheit zu zeigen. Für Menschen, die aus der christlichen Tradition kommen und nach ihren Wurzeln suchen, bieten sie eine religiöse Heimat an, die ihnen Freiheit lässt und sie nicht vereinnahmt. Das macht sie für viele so anziehend. Der Eindruck, dass auch ein Schuss Geheimnisvolles und Exotisches mitspielt, ist sicherlich nicht unberechtigt. Dennoch: Man findet bei den Derwischen im Nürnberger Hinterhof viel Sympathisches und das Suchen nach einer ursprünglichen religiösen Erfahrung. Wer ein paar Tage lang die Atmosphäre und religiöse Dichte in der Nürnberger Dherga miterlebt hat, wird auch bei allem kritischen Hinblick die Frage nicht los, warum Menschen gerade an diesem Ort den ersten und letzten Fragen ihres Lebens nachgehen und nicht im Dunstkreis der zahlreichen christlichen Kirchen der traditionsreichen Stadt. Sie ist eine berechtigte Frage hoher Brisanz an das Christentum. Aber es ist auch eine Frage nach der Aktualität von Religion überhaupt – nicht nur in Deutschland, nicht nur in Europa; es ist eine globale Frage.

New Delhi – Ein Abend in der Dargah von Nizamuddin Auliya

Sufismus in Indien

Im südasiatischen Raum spielt der Sufismus seit knapp tausend Jahren eine große Rolle. Zusammen mit den islamischen Eroberern – den Moguln – aus der Türkei, Persien und Zentralasien wurde auch der Sufismus nach Indien gebracht. Die ersten Sufis erreichten im 11. Jahrhundert den Nordwesten Indiens. Einer der ältesten indischen Sufi-Orden ist der Chishtiyya-Orden. Er wurde zu Beginn des 13. Jahrhunderts durch Chwaja Mu'in ad-Din Chishti (ca. 1142–1236) gegründet, der in Ajmer begraben ist. Die Chishtiyya betonten Gemeinschaft als Weg zum spirituellen Fortschritt und lebten in klosterähnlichen Konventen. Sie waren Asketen, unterhielten Armenküchen und waren caritativ tätig. Zudem pflegten sie Musik und Poesie. Gerade ihre spirituelle Musik trug zur Verbreitung ihrer Lehren bei. Später versuchte der Orden auch hinduistische Elemente in den Islam zu integrieren. Motivierend für freiwillige Konversionen war für viele die Ablehnung von Diskriminierung aufgrund von Kaste oder Stand. Ob Reiche oder Arme, Freie oder Sklaven, alle galten ihnen gleichermaßen als Geschöpfe Gottes. Später wurden auch die Großmogul stark vom Sufismus beeinflusst. Der letzte Mogulkaiser, Bahadur Shah Zafar (1775–1862), war sogar selber ein berühmter Sufimeister und Dichter. Die Sufi-Schreine sind bis heute ein absoluter Hotspot für Pilger und Gläubige. Zur Haji Ali Dargah auf einer kleinen Befestigung im Arabischen Meer in Mumbai beispielsweise kommen wöchentlich rund 100.000 Menschen aus allen Religionen und Schichten.

Qawwali-Musik

Nirgendwo ist dieses Erbe spürbarer und auch hörbarer als im Stadtteil Nizamuddin der Hauptstadt New Delhi. Der Sufismus will die Menschen nicht ehrfürchtig auf Abstand halten, sondern sie mitnehmen, ihnen Zugänge zum Göttlichen und Heiligen eröffnen. Das gilt natürlich erst recht für die Musik, die eine besondere Rolle spielt.[1] Die Sufis nennen Musik „Giza-i-Ruh", das heißt Nahrung der Seele und des Geistes. Jeden Abend finden am Mausoleum – der „Dargah" – Qawwali-Aufführungen statt. Damit wird ein zum Sufismus gehörender devotionaler Gesangsstil bezeichnet, dessen Heimat in der ehemaligen Provinz Punjab im heutigen Pakistan und Nordindien liegt. Der Stil geht auf persische Gesänge zurück, wobei die arabische Wortwurzel sich auf „das Gesagte", insbesondere auf das Wort Gottes als einer der Bezeichnungen des Korans bezieht. Die ekstatische Qualität der Musik wurde um 1300 am Hofe des nordindischen Delhi-Sultanats eingeführt. Es besteht aus rhythmischem Händeklatschen, einstimmigem Gesang, Trommeln und einem Harmonium, das als melodische Ergänzung von englischen Missionaren eingeführt wurde. In den 1930er Jahren kam die Tastenzither als begleitendes Melodie-Instrument hinzu. Die einzelnen Gesänge sind Improvisationen, dauern annähernd 30 Minuten und verwenden als Grundlage klassische Sufi-Texte. Die Sufis sind davon überzeugt, Musik sei das beste Mittel, die Seele zu erwecken. Musik sei der kürzeste und direkteste Weg zu Gott, sie wirke wie ein Türöffner. Von Rumi wird dieser Ausspruch überliefert: „Einstmals sprach unser Herr Dschelaladdin dieses: Die Musik ist das Knarren der Pforten des Paradieses. Darauf sprach einer von den dumm-dreisten Narren: Nicht gefällt mir von Pforten das Knarren! Sprach unser Herr Dschelaladdin drauf: Ich höre die Pforten, sie tun sich auf – aber wie die Türen sich tun zu, das hörst du!"[2] Musik und Gesang gelten als „Echo des göttlichen Urklanges" und haben deshalb eine zentrale Bedeutung. „Musik lässt im Herzen nichts erwachen, was nicht schon dort ist", sagt der persische Philosoph und Mystiker Schihab ad-Din Yahya Suhrawardi (1154–1191). Es geht darum, mit Sehnsucht und Ehrfurcht die Gegenwart Gottes im eigenen Inneren zu erlauschen. Für die Sufi-Mystiker sind die Musik und die Erfahrung des Gesangs wichtiger als dogmatische Notenblätter. Psychisch-religiöse Ausnahmezustände werden durch diese Art von Musik als „als klingende Brücke zwischen den Welten" ermöglicht.

„Mystic in motion" – Da geht echt was ab!

Ganz besonders beliebt sind die Donnerstagabende, „Jummeraat" genannt, zu denen immer sehr viele Zuhörer, religiöse Pilger aus ganz Indien, Touristen und Musikliebhaber kommen. Es ist schon dunkel. Der Muezzin ruft zum Abendgebet. Die Menschen ziehen ihre Schuhe aus und schieben sich dicht gedrängt durch die engen, verwinkelten Gassen. Vorbei an Verkaufsständen mit duftenden Rosenblättern, leuchtend orangefarbenen Blumengirlanden und Süßigkeiten. Alle haben nur ein Ziel. Sie wollen zum Schrein des großen Sufi-Heiligen Hazrat Nizamuddin Auliya (1258–1325), einem der bekanntesten Sufis auf dem indischen Subkontinent. Er war es, der den Sufismus vor rund 700 Jahren aus dem Wüstenstaat Rajasthan in die heutige indische Hauptstadt New Delhi brachte. Er betonte, dass Gott nur durch die Liebe erfahrbar werde. Er steht für die Liebe zur Menschheit, für die Offenheit und Toleranz und die Vielfalt der Religionen.

Nach dem Abendgebet setzen sich immer mehr Menschen erwartungsvoll auf den weißen Marmorboden der Grabstätte. Muslime. Hindus. Christen. Auch ein paar Sikhs. Und westliche Touristen. Der Sufi-Schrein ist ein Schmelztiegel der Religionen und Konfessionen. Die Menschen pilgern hierher bei Krankheit, Streit oder unerfülltem Kinderwunsch, vor Beginn der Aussaat, eines Hausbaus oder einer riskanten Reise. Vom Heiligen erhoffen sie sich Segen („baraka"), zugleich Schutz, Heilung und Erleuchtung. Im Mausoleum schieben sich Menschentrauben um das prächtige, gold-weiß verzierte Grabmal. Nur eine Ecke weiter verweilen Hunderte von Pilgern auf Teppichen und hören den Qawwali-Musikern zu. Die Musiker singen mit geschlossenen Augen und wiegen sich je nach Rhythmus sanft oder heftig vor und zurück. Ihre Musik verbindet persische und arabische mit südasiatischen Klängen – genauso wie im indischen Sufismus muslimische Traditionen mit hinduistischen verschmolzen sind. Vater, Großvater, Urgroßvater, Ur-Ur-Großvater ... alle waren Qawwali-Sänger. Sie stammen aus einer Familie, die hier seit 700 Jahren ihre Gesänge darbietet. Die Sänger und Musiker werden vom Publikum lautstark begrüßt. Durch die leidenschaftliche Beteiligung der Zuhörer, die allgegenwärtigen Gerüche der Blumen und Räucherstäbchen und die gesamte Stimmung einer „ganz besonderen Art" fühlt man sich in eine Zeit vor vielen Jahrhunderten zurückversetzt.

Die perfekte Verschmelzung von Text, Rhythmus und Gesang im Qawwali ruft bei den Zuhörern ekstatische Zustände hervor. Letztendliches Ziel ist eine Transzendenzerfahrung. Was da abgeht, kann man kaum mit Worten beschreiben. Das groovt. Das fixt einen an! Man muss es erleben, sich reinfallen und mittragen lassen. Einer der bekanntesten Vertreter in neuerer Zeit, der auch mit verschiedenen westlichen Künstlern zusammenarbeitete, war der aus Pakistan stammende Ausnahmemusiker Nusrat Fateh Ali Khan (1948–1997). Er wurde wegen seines gewaltigen Œuvres auch „King of Qawwali" genannt: „Sowie ich anfange zu singen, versinke ich in meiner Musik, und nichts bleibt übrig als diese Versunkenheit", sagt er von sich selbst. Ein Inder erzählt mir: Der Qawwali sei eine spirituelle Nahrung für seinen Geist und seine Seele. Genauso wie wir essen, damit unser Körper überlebt. Die gesungenen Worte seien voller „Magie": „Ich bin keine Stimme / ich bin das singende Feuer / Was du hörst, ist das Knistern in dir" (Rumi) ist ein solcher Vers, der oft und oft wiederholt wird, während der Chorus dazu rhythmisch das Gesungene wiederholt, ähnlich wie in der Gospelmusik nach dem „Call-and-response"-Prinzip.

Die Sänger loben Gott, den Propheten und die Liebe zu Gott. Und die Zuhörer empfinden tiefen Frieden, Trost und innere Erleichterung dabei. Die Sufi-Musik beruht auf dem so genannten Makam-System. Es sind neuntönig mikrotonal ausgerichtete Tonskalen, die mit spezifischen Klangstrukturen auf einem bestimmten Grundton aufbauen. Insgesamt gibt es dabei über 500 Arten von Melodie-Linien. Jeder Makam hat seinen eigenen Gefühlsinhalt. So können Gefühle wie Freude, Traurigkeit oder Schmerz ausgedrückt und mit Poesie verbunden werden. Diese Art von Musik hilft dabei, dass sich der Mensch selbst vergisst und sich in das Gedenken an seinen Herrn versenkt. Wenn ein Qawwali-Sänger vor einem Sufi-Meister singt, dann sei er in Verbindung mit diesem Sufi-Meister gleichsam ein Medium, um mit Gott zu sprechen und die Anliegen der Zuhörer vor ihn zu tragen. Die Geschwindigkeit der Musik zieht an. Die Besucher klatschen, viele wiegen sich im Takt, summen Melodien mit. Mit seiner komplexen Rhythmik, einem virtuosen und zuweilen impulsiven Gesang und ausgeprägter Leidenschaft, ist Qawwali eine ritualisierte Form von Musik, die Musiker und Zuhörer in ekstatische Zustände bringt und damit das Göttliche individuell erfahrbar macht. Schnelle Lieder wechseln sich ab mit ruhigen Sologesängen. Insgesamt aber steigert sich die Intensität, immer lauter wird der Gesang, bis das „La ilaha illa-allah" allmählich in ein „Allah, Allah" übergeht – und schließlich nur noch der Atem bleibt. Was sie auslöst, ist grandios und nur schwer in Worte zu fassen. Etwas Besonderes hängt in der Luft. Eine Energie, die ich nur selten zuvor gespürt habe. Selbst den Trommlern, die seit Jahrzehnten jeden Donnerstag hier spielen, ist die Begeisterung anzusehen. Die Zuschauer singen die alten mystischen Verse mit, die Musiker spielen sich die Finger wund. Keine Barrikaden gibt es, keine Tribüne. Die Zuschauer sind ebenfalls Teil dieses Spektakels, werden allesamt mitgenommen. Und alles verschmilzt zu einer einzigen Performance. Kein Akteur wirkt wichtiger als der andere. Jeder steuert einen kleinen Teil bei, alle machen mit, alle sind eins. Alles scheint zu vibrieren, ist erfüllt von Rausch, Erregung und überströmender Emotion, ein Reigen von Körpern in Bewegung, Farben, Klängen. Ein Abend, der Gottes würdig gewesen ist.

Die Sufi-Musik überwindet die Vorurteile und Grenzen der gesellschaftlichen Schichten und Konventionen ebenso leicht wie jene andere, größere Grenze, die zu überschreiten ihre Mission ist: die Grenze zwischen Schöpfer und Schöpfung.

Dank ihrer klingenden Spiritualität findet sie selbst unter jenen westlichen Gästen begeisterte Zuhörer, die sich als säkulare Agnostiker betrachten. Ein Zitat von Rumi sagt: „Wenn wir tot sind, sucht nicht unsere Gräber auf der Erde, sondern findet sie in den Herzen der Menschen." Doch hier am Grabmal Nizamuddin Auliyas, einem Zeitgenossen von Rumi, habe ich den Eindruck: Die irdischen Gräber tragen stark dazu bei, dass die Heiligen in den Herzen der Menschen lebendig in Erinnerung bleiben und sie zu ihrem eigenen Leben stimulieren. Die Gläubigen sind fest davon überzeugt, dass der Heilige eine wunderbare Kraft auf sie ausstrahlt.

Istanbul – Derwischtanz und Sufi-Musik an einem „Anders-Ort"

Die Endhaltestelle des Orientexpress[1]

In Istanbul erlebe ich das Wirbeln der Sufis in einem ganz eigenen Ambiente: im historischen Wartesaal des Sirkeci-Bahnhofes (1890) aus der spätosmanischen Epoche. Es ist die Endhaltestelle des legendären Orientexpress'. In dieser Zeit errichtete man den Wartenden noch richtige Paläste: mit Stuckschmuck, Türmchen und Erkern, bekrönt von Kuppeln, eröffnet von opulenten Portalen und verziert mit Terrakotten. Gebaut wurde er vom preußischen Baubeamten August Jasmund, der dort osmanische Architektur studieren sollte. Das gesamte Bauwerk vermittelt etwas unverkennbar Sakrales. Ich habe den Eindruck, ich sei in einer orientalischen Kathedrale, mit rundbögigen Rosettenfenstern, Holzvertäfelungen und vielen romantisierenden Jugendstilelementen. Hier haben ein Jahrhundert lang Orientreisende auf den Luxuszug gewartet, der sie zurück nach Wien, München oder Paris bringen sollte. Er war der König der Züge und der Zug der Könige. Berühmtheiten, Politiker, Diplomaten, Ganoven und Fürsten aus vielen europäischen Staaten wählten ihn als Transportmittel in die Hauptstadt des riesigen Osmanischen Reichs oder zur Weiterfahrt in das ferne Asien.

Mystik im Wartesaal

Sufi-Mystik im Wartesaal eines Bahnhofs, in einem „Anders-Ort" also. Was in einem nicht-sakralen Raum zunächst seltsam anmutet, entwickelt mit der Zeit eine eigendynamische Stimmigkeit. Und der Ort passt seinerseits gut zu einer Erkenntnis eines Sufi-Meisters, denn auf die Frage, welches unser größter Fehler sei, antwortete er: „Zu glauben, daß wir leben, wo wir doch lediglich im Wartesaal des Lebens eingeschlafen sind." Ablauf und Choreographie sind ähnlich wie in Nürnberg. Die Wiederholung von Bewegungsabläufen in Verbindung mit ritualisierten Variationen verselbstständigen das Ganze und ermöglichen so den Grenzgang zum ekstatischen Versinken in sich selbst. Was in dieser großen Halle jedoch deutlich zur Resonanz kommt, sind die durch die gemeinsamen Bewegungen entstehenden Schwingungen, die von der Musik getragen und durch sie inspiriert werden.

Ein Universum aus Schwingungen

Was alte Mythologien wussten, belegen grundlegende Erkenntnisse der Quantenphysik[2]: Materie ist Schwingung, Schwingung ist Klang. Versucht man die Atome in noch kleinere Strukturen zu zerlegen, scheint alles Feste zu verschwimmen. Elektronen sind wie kleine Planeten, die um kleine Sonnen (Atomkerne) kreisen. Aus ihnen ist das Universum in seinen großen wie kleinen Strukturen aufgebaut. Es gibt nur Energie, die sich in verschiedenartigen Schwingungsmustern und in einem bestimmten Rhythmus manifestiert. Jedes Elektron, jede Zelle, jedes Lebewesen und ganze Planeten schwingen individuell. Diese Muster können einander durchdringen, miteinander kommunizieren und in Resonanz treten. Dies bedeutet: Das Primäre sind die Beziehungen, also miteinander in Resonanz tretende Schwingungsmuster. In der Sprache der Musik ist die Welt wie ein gewaltiges kosmisches Konzert, das vielstimmig komponiert ist. Genau genommen ist das Universum Musik. So wundert es nicht, dass alte religiöse Traditionen die Weltschöpfung aus Klang und Tanz herleiten.

Die Welt ist Klang

Die Schöpfungsmythen der großen Religionen erzählen im Blick auf den Ursprung der Welt fast immer von einem akustisch-vernehmbaren Geschehen (Aushauchen, Rufen, Singen, Sprechen, Donnern). Im Anfang war demnach der Schall, der Klang oder das heilige Wort, kurzum: die Schwingung eines Tons. Dadurch wird auch das Verhältnis von Leib und Seele zum Ausdruck gebracht. Der persische Mystiker Hafis (auch Hafiz/Hafez; 1315/1325–1390), der in seiner Ausbildung mit den Schriften Rumis vertraut wurde, formulierte diese Vorstellung so: Gott machte eine Statue aus Ton und formte sie nach seinem Bild. Er wollte, dass die Seele in dieses Gebilde eingeht. Die aber wollte nicht gefangen sein. Denn in ihrer Natur lag es, dass sie frei und ungebunden ist. Deshalb wollte sie das Gefängnis des Körpers nicht betreten. Da bat Gott seine Engel, Musik zu spielen. Als sie anfingen zu musizierten, wurde die Seele ekstatisch bewegt. Um die Musik noch klarer und unmittelbarer erfahren zu können, betrat sie den Körper.[3] Am Rande sei bemerkt: An diesen Dichter erinnert das Hafis-Goethe-Denkmal, das seit dem Internationalen Jahr des Dialogs der Kulturen im Jahr 2000 in Weimar steht.

Gott wohnt in musikalischen Spähren

Musik ist für viele Sufi-Orden enorm wichtig.[4] Anatolien war von alters her für seine musikalische Tradition bekannt. Schon im klassischen Altertum war die phrygische Flöte berühmt – und das Gebiet von Konya grenzt ja an Phrygien. Als Rumis Vater Bahauddin Walad nach Konya berufen wurde, errichtete man in Divrigi an der nordöstlichen Grenze des Seldschukenreiches neben einer gewaltigen und mit reicher Steinornamentik geschmückten Moschee ein Asyl. Dort wurden Geisteskranke durch den melodischen Klang von Wassertropfen, die man geschickt in ein Becken leitete, von ihrer Melancholie geheilt oder zumindest eine Weile aufgeheitert. Der Einsatz von Musik als Therapie war den islamischen Ärzten des Mittelalters vertraut. Rumi beschreibt die Liebe als ein Haus, in dem stets die Stimme von Harfe und Laute ertönt und dessen Fenster und Dach ganz aus Liedern und Gesang bestehen. Musik ist nicht nur ein kulturell-ästhetisches Produkt der Kunst, sondern sie findet sich für die Mystiker überall: im eigenen Körper, in den Sphären des Weltalls und auch in der Natur. Im Fließen des Wassers, im Rauschen des Windes, im Zwitschern der Vögel, in den Wellen des Ozeans oder im Klopfen von Regentropfen. Musik durchdringt die gesamte Schöpfung Gottes. Sie drückt große Gefühle der Menschen aus wie Freude und Trauer, Schmerzen, Verlust und Glück. Ihre spirituelle Kraft verleiht denen, die sich auf sie einstimmen, eine besondere Art von Leichtigkeit, die sie näher zu Gott bringt. Musik spricht Herzen und Seelen unmittelbar an, weil sie religiöse und andere Grenzen überschreitet. „Große Musik ... verweist auf das große ‚Dahinter‘, auf einen Raum jenseits der Worte. In diesem Raum herrscht keine ‚Leere‘, sondern ein unendliches Strömen, Werden und Vergehen von Formen, vereint in einer Grundschwingung von Liebe."[5]

Der richtige Dreh

Die Sufi-Tänzer nehmen im Tanzritual willentlich an dieser andauernden Drehbewegung der Schöpfung teil. Sie wollen sich auf sie einlassen und wissen sich auf diese Weise mit allem verbunden. Gleichzeitig versuchen sie, hinter allem Geschaffenen den göttlichen Klang wahrzunehmen. Sie vollziehen die Drehung entgegen dem Uhrzeigersinn – eben in derselben Rotationsrichtung, wie sich die Himmelskörper bewegen. Indem sie sich von rechts nach links um ihr Herz herum drehen, ehren sie den Schöpfer und die gesamte Menschheit. Die Tanzenden bewegen sich in den Raum hinein, füllen ihn aus und ziehen sich in die innere Versenkung zurück, wobei sich das Licht der kristallenen Leuchter auf ihren Gesichtern spiegelt. Während die Männer um die eigene Achse wirbeln, blähen sich ihre Röcke langsam auf. Ganz so, als sammelten sie Luft an, um bald darauf davonzuschweben. Der Sema erfordert Disziplin, Ausdauer und die Bereitschaft, Schmerzen zu ertragen. Traditionell wurde er mit Hilfe eines Holzbretts erlernt. Aus dessen Mitte ragte ein Metallstift, den man sich zwischen die Zehen schieben musste. Wer sich ohne Unterbrechung 1001-mal um den Stift drehen konnte, durfte am Sema-Ritual teilnehmen. Am Anfang sei Sema ein Kampf. Manche müssten sich übergeben, so schwindelig werde es ihnen. Nur wer regelmäßig trainiert, erreicht Anmut und Leichtigkeit in der Bewegung. Und wenn dann noch die Seele bereit ist, Gott in sich zu entdecken, wird der Tanz zum Gebet. Die gesamte Spiritualität eines Sufis beruht auf dem Prinzip des Wiederholens. Indem er die Rituale beharrlich übt und dabei immer präziser wird, vervollkommnet er sich auch innerlich. Die äußere Perfektion vertieft die spirituelle Dimension. Indem er sich von der Bewegung des Sema tragen lässt und sein Herz mit hineingibt, werden die äußeren Schritte und geflüsterten Gottesnamen mit einer je größeren inneren Disposition vollzogen.

Die Ney-Flöte: der Sound der Seele

Das Ensemble spielt auf mit der Kamantsche (einer persischen Stachelgeige), der Baglama (türkische Langhalslaute) und der Oud (Kurzhalslaute). Und natürlich mit der orientalischen Längsflöte Ney aus Bambus. Die Ney ist ein uraltes Blasinstrument, das im Orient schon vor rund 4.000 Jahren überwiegend bei religiösen Ritualen gespielt wurde. Im Japanischen Buddhismus gilt die ihr ähnliche Zenflöte Shakuhachi als Instrument der Erleuchtung. Ich erfahre: eine Ney zu spielen sei nicht einfach. Viele Interessierte geben auf, wenn sie auch nach wochenlangem Üben keinen einzigen klaren Ton aus ihr heraus bekommen. Als würde jemand klagen oder weinen – so kann sie klingen. „Die Ney ist der menschlichen Seele sehr nahe", erzählt Ali Erol, ein Flötenmacher aus Konya, der auch selbst ein hervorragender Musiker („Neyzen") ist. Seit Jahrhunderten wird die Geschichte erzählt, dass dies an der Art der Herstellung liege. Eine Ney wird aus einem Bambus-Rohrstock herausgeschnitten. Das Schneiden führt zu diesem klagenden Ton, denn die Flöte beschwert sich, weil sie aus ihrem natürlichen Umfeld herausgerissen wurde und sucht unaufhörlich die Verbindung zu ihrer Wurzel. Im 13. Jahrhundert wurde sie zum Symbol der islamisch-spirituellen Kunst. Rumi pries dieses Instrument, weil es die menschliche Seele zum göttlichen Prinzip der Liebe erhebe. Sufismus ist ohne die Ney undenkbar. Sie klingt gefühlvoll, erzeugt eine meditative Stimmung und eine respektvolle religiöse Haltung. „Die Ney ist eine so direkte Verlängerung des Atems", erzählt mir später bei einer Tagung zum interreligiösen Dialog in Stuttgart der Neyspieler Max Bilal H., „dass jede noch so kleine Gefühlslage und jeder Herzschlag unmittelbar wahrnehmbar wird". Aber auch hier kommt die Symbolik Rumis noch einmal voll zum Tragen, denn: dieses Blasinstrument ist letztlich ein jeder Mensch. „Dein Herz hat genug Löcher, um eine Ney zu werden", sagt er und meint damit, dass wir selbst eine solche Flöte sind, die nur dann harmonisch tönen kann, wenn sie von den Lippen des göttlichen Spielers berührt und mit seinem Atem erfüllt wird. „Ich bin wie ein lebloses Stück Schilfrohr", schreibt Rumi, „immer stumm, wenn deine Lippen nicht hier sind. Aber wenn du mich wie eine Ney spielst, verwandelt mich dein Atem in göttliche Melodien."[6] Ohne den göttlichen Virtuosen gäbe und gibt es kein Leben und keine individuelle Lebensmelodie, die ein jeder aktiv und erfinderisch in seinem Leben zu spielen hat. Nur in diesem Kontext und nicht mit dem Anspruch, nur das eigene Wohlgefühl zu befriedigen, haben die vielen Mutmach-Sprüche Rumis auf Kalenderblättern oder in Büchlein mit Lebensweisheiten ihre Berechtigung. Solche lauten etwa: „Geh, wohin dein Herz dich führt". „Geh und finde Dich selbst – so kannst Du auch mich finden." Oder: „Verbringe nicht die Hälfte deines Lebens damit, den Erwartungen anderer zu genügen."

Schlaf nicht im Wartesaal der Ewigkeit!

Als die Vorstellung zu Ende ist, schließt sich für mich auf überraschende Weise mit einem stillen Zukunftsimpuls der Tanz der Derwische an diesem „Anders-Ort" gerade im Wartesaal eines Bahnhofs, denn: Wartesäle sind kein Dauerzustand, sondern ein Intermezzo. Sie sind nicht das Finale, sondern die Ouvertüre für einen neuen Aufbruch, für den Beginn der nächsten Reiseetappe und für das Signal, aufzustehen und das Warten zu beenden. In einem Hadith Mohammeds wird dieses Thema als ein Grundimpuls für das Leben formuliert: „Bewege dich in dieser Welt wie ein Reisender, ein Vorbeiziehender, mit deinen Kleidern und Schuhen voller Staub. Sei immer ein Vorbeiziehender, denn diese Welt ist nicht dein Zuhause."[7] Die Sufis würden sagen: Obwohl es ihnen nicht bewusst ist, säßen viele Zeitgenossen im Wartesaal des Lebens, zappelten ungeduldig auf ihren Stühlen herum und warteten gelangweilt darauf, dass es endlich mal los geht. Und genau in dieser Haltung würden sie das Entscheidende verpassen. Parallelen finden sich im Christentum: Es sei die Stunde gekommen, vom Schlaf aufzustehen, forderte bereits Apostel Paulus (Röm 13,11) und ermuntert an anderer Stelle: „Darum wollen wir nicht schlafen wie die anderen, sondern wach und nüchtern sein." (1 Thess 5,7). Wachsein („nigâh dâsht") gehört zu den elf Prinzipien des Naqshbandiwegs.[8] „Schlaft nicht. Schlaft nicht, denn es ist kein Friede auf der Erde!", rief Teresa von Ávila Schwestern zu, während sie ihr Gelübde ablegten. Der einzige gerechte Grund jedoch – so Sufis und Christen –, weswegen wir in diesem Leben dann und wann wie in einem Wartesaal verweilen, sei es, doch den Zustand der eigenen schläfrigen Unbewusstheit zu erkennen und ihn aufzulösen. Das geträumte Leben sei es, das uns dort gefangen nehme und davon abhalte, uns auf die Reise zu unserem eigentlichen Ziel zu machen. Obwohl wir mit der Fähigkeit ausgestattet sind, uns selbst und unsere tiefste Bestimmung zu entdecken und sie zu verwirklichen, ziehen manche es vor, lieber ihren Bedenken, Ängsten oder Bequemlichkeiten zu trauen. Es werde jedoch kein Bahnhofswärter kommen, um sie aufzurufen – es sei denn, sie selbst tun es und sie stehen tatsächlich auf zum unendlichen Leben, das bereits in dieser Endlichkeit beginnt. Genau dieses Thema, das sich offensichtlich in jedem Menschenleben wiederholt, hat Walter Andreas Schwarz – später von Hannes Wader recovert – im Eurovisionskontest 1956 in Lugano besungen: „Im Wartesaal zum großen Glück. Da warten viele, viele Leute. Die warten seit gestern auf das Glück von morgen. Und leben mit Wünschen von übermorgen. Und vergessen, es ist ja noch heute."

Tritt fest auf und lebe dein Leben!

Die tanzenden Derwische treten mit beiden Füßen fest auf der Bühne des Lebens auf. Ihre Botschaft lautet: Ein Leben im Hier und Jetzt voller ekstatischer Gottesnähe ist den Auffassungen jener vorzuziehen, die meinen, ein auf fragwürdigen religiösen Begründungen fußendes Dasein ohne Reiz und Vitalität sei die beste Bedingung dafür, dass es später einmal besser wird. Deshalb begehren sie auf gegen eine das Leben lähmende Orthodoxie und gegen eine religiös eingeübte Langeweile, die davon absieht, die Welt neu zu deuten und sie zu verändern. Wer zeitlose Werte angesichts der Ewigkeit erkennt – und darum geht es den Sufis immer –, wird die begrenzten Genüsse, vergänglichen Erfolge und endlichen Güter relativieren und sich nicht so stark an sie hinhängen. Das ist die Voraussetzung dafür, immer mehr aus einem Prozess des „Innenbestimmt-Seins" zu leben anstatt sich vom „Außengelenkt" konditionieren zu lassen. Die Sufis nennen dies eine Reise von einer Welt der Illusion zu einer Welt der Wirklichkeit. Von Rumi wird dieses Zitat überliefert, das diese Überzeugung auf den Punkt bringt: „Du wurdest mit Potential geboren. Du wurdest mit Güte und Vertrauen geboren. Du wurdest mit Idealen und Träumen geboren. Du wurdest mit Größe geboren. Du wurdest mit Flügeln geboren. Du bist nicht zum Krabbeln bestimmt, also lass es. Du hast Flügel. Lerne, sie zu benutzen und zu fliegen". Mit einer ähnlichen Vision war Jesus unterwegs, als er von den uns anvertrauten Talenten sprach, mit denen wir zu wuchern hätten (Mt 25,14–30) und dass seine Mission es sei, uns das Leben in Fülle beizubringen (Joh 10,10).

Buchara – Ursprung der „Schweigenden Derwische"

An der alten Seidenstraße in Usbekistan

Das heilige Buchara – es gilt als das „Mekka Zentralasiens" – ist eine antike Stadt, durch die einst die Seidenstraße verlief. Auf diesen Wegen wurden damals nicht nur Waren, sondern auch geistige Inhalte befördert und ausgetauscht. Im Mittelalter war die Stadt neben Samarkand und Taschkent ein wichtiges Zentrum der islamischen Theologie und Kultur und ein Schmelztiegel für Ethnien, Philosophien und Religionen. Zehn Kilometer vom Zentrum entfernt befindet sich ein Nationaldenkmal Usbekistans: das prächtige Mausoleum von Bahauddin Naqshband (1318–1389). Um dieses Gebäude herum ließen die Emire in den folgenden Jahrhunderten eine Derwischherberge, die Moscheen – darunter eine Frauenmoschee –, einen Meditationsraum und andere Gebäude errichten. Geboren in der Familie eines Webers, hatte er nach seinen Studien später einen unschätzbaren Einfluss in Zentralasien. Er gilt als Stifter und Namensgeber der Naqschbandīya-Bruderschaft, die zu einem der bedeutendsten Sufi-Orden der Welt wurde. Die Verehrung, die ihm bis heute zuteil wird, zeigt sich am nicht abreißenden Strom von Pilgern, die sein Grab besuchen. Trotz der Sprachbarrieren ist es einfach, hier mit Menschen in Kontakt zu kommen, die einem freundlich und gerne bedeuten, was sie mit Bahauddin verbindet.

Herz bei Gott und die Hände bei der Arbeit

Naqshbandi bestritt eine nach außen zur Schau gestellte Askese und war aktiv an wirtschaftlichen Aktivitäten beteiligt. Er rief seine Anhänger auf, eifrige Bauern, Handwerker und Händler zu sein und öffentliche Ämter zu bekleiden. Er lehnte es ab, auf

Kosten anderer – z. B. von Spenden – zu leben. Seine Anhänger betrachteten nur jene Gelder als rein („hallal"), die sie selber im Schweiß ihres Angesichtes mit ihrer Hände Arbeit verdienten. Naqshbandi berühmtes Motto lautet: „Das Herz bei Gott, die Hände bei der Arbeit." Es erinnert an den Wahlspruch Benedikts von Nursia: „Ora et labora." Die Naqshbandi zeigten sich mit ihrer Tendenz zur religiösen Durchdringung des Alltags als weltzugewandte Gemeinschaft, die in vielen Gebieten politischen, wirtschaftlichen und kulturellen Einfluss gewann.

Schweigendes Gottesgedenken

Ein markanter Bestandteil der Spiritualität ist das *schweigende* Gottesgedenken („Dhikr"), das dem *lauten* Dhikr entgegengesetzt ist. Es ist – wie beim christlichen Herzensgebet – mit dem bewusstem Aus-und Einatmen verbunden sowie mit der regelmäßigen Rechenschaft über die eigenen Taten. Die Konzentration auf das Gottesgedenken soll auch das Alltagsleben durchdringen und schließlich zur „Einsamkeit in der Menge" und zur inneren „Reise zurück in die eigentliche Heimat" führen. Es geht zurück auf eine Begebenheit des Propheten Muhammad, als dieser auf der Flucht vor seinen Verfolgern in einer Höhle Zuflucht sucht. Um sich nicht durch laute Stimmen zu verraten, weist der Prophet seinen Begleiter Abu Bakr in die Praktik des *stillen Dhikr* ein.

Spiritueller Begleiter

Das in jedem Menschen schlummernde gute Potential muss entwickelt und geschult werden, und weniger gute Eigenschaften müssen im Idealfall zurückgelassen werden. So begeben sich Sufis auf einen lebenslangen Lernweg. Um diesen gehen zu können, braucht es einen Mentor. Ohne dessen Vorbild, der religiöses Wissen mit der richtigen Lebenskunst im Alltag praktiziert, kann der Weg nicht gegangen werden. Ein Sprichwort sagt: „Wenn du keinen Sheikh hast, dann ist der Schaitan (dt. Satan) dein Sheikh." Deshalb ist die intime spirituelle Unterhaltung („Suhbat") zwischen dem Scheich und seinem Schüler integraler Bestandteil der Spiritualität. „Ohne einen Führer", sagt Rumi, „wirst du dich verirren. Sogar auf einem Weg, den du viele Male beschritten hast. Wandere nicht alleine auf einem Weg, den du nie gesehen hast; wende dich nicht von dem Führer ab." Es gilt, den „Spiegel seiner Seele zu polieren" und Eigenschaften wie Liebe, Mitgefühl, Toleranz und Geduld zu entwickeln. Dadurch soll das eigene Wesen gereinigt werden, sodass die göttliche Gegenwart mehr und mehr erspürt werden kann.

Bleibe wachsam!

Die bereits oben beschriebene Haltung der Wachsamkeit („nigâh dâsht") ist eine zentrale Haltung der elf Prinzipien des Naqshbandi-Pfades.[1] Sie gilt als Voraussetzung dafür, sich auf das innere Gottesgedenken zu konzentrieren und sich dabei von nichts anderem stören zu lassen. Es geht darum, sich wahrzunehmen, zu sich selbst zu kommen und sich abzugrenzen gegen Ablenkungen von innen und außen. Menschen, die meditieren, benennen dieses aus dem Buddhismus stammende Konzept mit dem Begriff der Achtsamkeit. Sie bedeutet, voll und ganz im Hier und Jetzt zu sein, ohne den Moment zu bewerten. Die Sufis wissen sehr wohl, wie schwer dies ist und dass dies zuweilen einem inneren Ringen mit unerwünschten oder schlechten Gedanken gleichkommt. In der Naqshbandiyya räumt man ein, dass es für einen Sucher bereits eine große Leistung ist, sein Herz für eine Viertelstunde vor solchen Einströmungen zu bewahren, die die Aufmerksamkeit woanders hinleiten und das Herz davon abhalten, sich mit dem Göttlichen zu verbinden. „Nigâh" bedeutet „Sicht, Sehvermögen" und beschreibt eine spirituelle „Taktik". Kaum einer werde es schaffen, für die Zeit des stillen Gottesgedenkens irgendwelche störenden Gedanken zu vermeiden. Vielmehr solle man sie anschauen. Sie können mit Strohhalmen verglichen werden, die auf einen Fluss gefallen sind. Und doch können sie das Wasser nicht von seinem weiteren Dahinfließen abbringen. Khwâja 'Ala'uddîn al'Attar – ein Lehrer Rumis gesteht: „Die Gedanken zu besiegen ist schwierig, wenn nicht unmöglich. Ich habe mein Herz zwanzig Jahre lang vor Gedanken bewahrt, wobei sie immer noch kommen, aber sie finden dort keinen Halt."[2]

Aufforderung zum Dialog

In Usbekistan hat das historische Erbe der Naqshbandi nach dem Ende der Sowjetunion eine bedeutende Aufwertung erfahren. Ihre Ethik wird von offizieller Seite als zentrales Element der nationalen Kultur und als einheimisches Gegengewicht zu internationalen islamistischen Strömungen herausgestellt. Weltweit hat der Orden ca. 1 Million Anhänger, in Deutschland sind es ca. 5.000. Hier ist das Sufi-Zentrum Rabbaniyya[3] (European Center for Sufism and Interreligious Encounters) eines der bekanntesten und wird derzeit von Sheikh Ashraf Effendi geleitet, der aus der Türkei stammt. Bekannt geworden sind die Naqshbandis einer größeren internationalen – darunter auch muslimischen wie christlichen – Öffentlichkeit zuletzt durch die Umarmung von Sheik Nazim (1922–2014) mit Papst Benedikt XVI. in Nikosia im Jahr 2010. Die Begegnung mit diesen hochbetagten Religionsführern war mit dem Aufruf verbunden, durch Dialog die Last der Geschichte zu überwinden.

Plovdiv: Der Weg zu Gott führt durch die Küche

Die alte Mevlevihane

Die 8.000 Jahre alte ehemalige Hauptstadt Bulgariens ist seit 2019 eine der Kulturhauptstädte Europas. In der Zeit des Osmanischen Reiches (seit 1364) wurde auf den gepflasterten Hügeln der Altstadt eine Mevlevihane (Konvent der Derwische des Mevlevi-Ordens) gegründet. Sie geht auf das 16. Jahrhundert zurück, als Derwische aus Ungarn hierher übersiedelten. Sie wurde bis Ende des 19. Jahrhunderts sowohl als Moschee als auch als „Madrasa" (Ort des Studiums) genutzt. Beim großen Erdbeben im Jahr 1928 verlor sie ihr Minarett. Heute ist sie ein Restaurant mit persischer Küche. Wandmalereien mit Motiven tanzender Derwische versetzen die Gäste zurück in das Leben der Sufis.

Besser als mit einem Restaurant gerade an diesem ehrwürdigen Ort könnte man den überaus wichtigen spirituellen Sinn einer Küche im Blick auf die Ausbildung und Initiation eines Derwisch-Aspiranten nicht verdeutlichen! Bevor er in Arabisch und Persisch, Theologie, Gesang, Kalligraphie oder in das Spielen eines Instruments eingewiesen wurde, ging er erstmal in die Küche. Sie ist ein Schlüssel zum Verständnis dessen, was im Blick auf seinen inneren Weg auf ihn warten sollte. Mystik fällt nicht vom Himmel, sondern fängt ziemlich stark geerdet von unten an!

Der Weg zu Gott führt durch die Küche

Essen und Trinken spielt in den meisten Religionen eine wesentlich wichtigere Rolle als nur Nahrungsaufnahme. Es ist ein spirituelles Kulturgut. In der Sufi-Tradition legt man Wert darauf, wie die Zutaten angebaut, geerntet und verarbeitet werden. Ein bekanntes Zitat Rumis illustriert den spirituellen Prozess, der mit dem Kochen in Verbindung gebracht wird: „Ich war roh,

dann wurde ich gekocht und schließlich verbrannt." „Ham-
dim, yandim, pischdim" heißen die diesbezüglichen türkischen
Lautmalereien. In ihnen fasste Rumi seine mystische Lebenser-
fahrung zusammen. Die erste Stufe bezeichnete er als äußeres
Wissen (roher Zustand). Die zweite Stufe ist die Öffnung des
Herzens zur göttlichen Wahrheit (gekochter Zustand) und die
letzte die Einigung mit Gott (verbrannter Zustand). Bei der Vielfalt an Metaphern über Nahrung in den Schriften Rumis über-
rascht es nicht, dass die Wertschätzung des Chefkochs („Stert-
abbah") direkt nach dem Sheikh rangierte. Starb er, folgte ihm
oft der Koch nach. Er hatte die Verantwortung für die Schüler,
die in ihrer Ausbildung („Tschile") 1001 Tage und Nächte im
Dienst der Gemeinschaft arbeiteten. Bereits diese Anzahl von
Tagen trägt in sich eine archaische Bedeutung: Sie steht für einen Neuanfang und die persönliche Weiterentwicklung.[1] Es ist
eine Zeitspanne, in der es darauf ankommt, allen Mut zusam-
menzunehmen und neue Schritte zu wagen. Sie symbolisiert spirituelles Erwachen, innere Weisheit, Wachstum, Entschlossen-
heit, harte Arbeit, Optimismus und Erfolg. Während der Tschile
muss der Schüler, wenn er die Mevlevihane zu einem bestimmten Zweck verlassen darf, vor Sonnenuntergang zurückgekehrt
sein. Bleibt er nach Sonnenuntergang fort, so gilt die Tschile als
gebrochen und er muss sie von Neuem beginnen. Geduld, Bescheidenheit und Willensstärke des Anwärters sollten von ihm
selbst und der Gemeinschaft geprüft werden. Erst dann erhält
er seinen Ordensmantel und die konische Derwischmütze aus
der Hand des Sheiks. 1992 entstand im südlichen Brandenburg
die Trebbuser Mevlevihane. Auf dem weitläufigen Gelände eines
ehemaligen Gutshofes ist auch das Sufi-Archiv Deutschland un-
tergebracht. Hier wird die Möglichkeit der erwähnten „Tschile"
in der Tradition der Rumi-Derwische angeboten.[2]

Theologie, die aus der Küche kommt

Möglicherweise überraschend für viele von uns ist die Tatsache:
Nicht nur die Probezeit, sondern ein Großteil der Ausbildung

wurde in der Küche verbracht. Es ist gleichsam eine „Theologie, die aus der Küche kommt"[3], wie es der Liturgiewissenschaftler Guido Fuchs einmal formulierte. Die Küche war nicht nur funktionaler Ort zur Speisenzubereitung, sondern gleichzeitig Lebensraum mit Feuer und Wärme. Es handelte sich hier nicht um ein enges, finsteres und verrußtes Loch, sondern der Raum hatte seine eigene Ästhetik und Würde. Aus Respekt vor der Küche verbeugte sich der Derwisch vor deren Tür, wenn er an ihr vorbeiging. Rumi verstand die Küche als eine Werkstatt, in der man das „Sterben vor dem Sterben" übt, weil man das eigene Ego – oder die „Schatten", wie C. G. Jung sie genannt hat – besser erkennt und bereit wird, es verwandeln zu lassen. Das Gegenteil wäre, weiterhin nur im eigenen Saft zu schmoren, sich nur mit sich selbst zu beschäftigen und nichts mehr Neues an sich heranzulassen. In der Küche wird deshalb nicht nur das Essen zubereitet, sondern auch der Mensch. Er wird geknetet wie ein Teig, geformt wie ein Brot, reif gemacht und gebacken im Ofen oder gekocht wie rohes Gemüse im Topf. Es ist ein Transformationprozess, bei dem man darauf achtet, bei allen Tätigkeiten so weit wie möglich in Gottes Gegenwart zu bleiben: „Wenn wir zum Beispiel mit dem Gottesgedenken („dhikr") kochen, geben wir seine Liebe zu uns in das Essen."[4] Gutes Kochen benötigt – wie ein spiritueller Prozess auch – Zeit, Geduld, Fingerspitzengefühl, Leidenschaft und Genussfähigkeit. Darüber hinaus gehört die Akzeptanz dessen dazu, dass manchmal das eine oder andere Gericht trotz ehrlichen Bemühens doch nicht so gut schmeckt wie erwartet.

Küchenmanagement

In der Küche der Sufis herrschte eine disziplinierte Verteilung der Aufgaben. In der Küchen-Phase diente ein Derwisch-Schüler beispielsweise u. a. als „Kesselmeister", „Tischdecker", „Kafferöster", „Polierer der Essbestecke", „Lichtmeister zur Reinigung der Öllampen und Kerzenständer", „Getränkemeister", „Einkäufer im Bazar", „Laufbursche" oder als „Wasserträger". Als Küchenhelfer zu arbeiten war damals wie heute ein Knochenjob: scharfe Messer, heißes Öl, langes Stehen, rutschige Böden, dampfige Luft, qualmende Töpfe, tränende Augen, Geschirr spülen, Ordnung schaffen, Stress aushalten, sich die Finger verbrennen. Man lernte die individuellen Eigenheiten der Speisezutaten kennen, die Gerüche und den Geschmack der vielfältigen orientalischen Gewürze, die man zunächst einmal mit einer Mühle zerkleinern musste. Auch sie steht für den Weg des Derwischs vom Groben zum stets sich Verfeinernden. Rumi erklärt: „Wisst ihr, was die Mühle erzählt? Ich bin das Gleichnis des Derwischs, sagt sie, ich empfange Grobes und gebe Feines zurück."

Man musste Ungeziefer beseitigen, geschlachtete Tiere ausnehmen und die Reihenfolge von Kochabläufen trainieren. Darüber hinaus galt es, Tischrituale zu verstehen, die besonders für die Tugend der Gastfreundschaft wichtig waren. „Lerne am Herd die Würde des Gastes"[5] – so geht das! Und nicht am Ehrenplatz im Speisesaal! Unter Aufsicht des Küchenleiters wurden darüber hinaus verschiedene asketische Übungen durchgeführt und der Derwischtanz um einen Nagel im Küchenboden einstudiert. Bei alledem sollte ein Schüler verinnerlichen, dass alles, was er tut oder später tun wird, Dienst und nicht Herrschaft ist. Es konnte auch bedeuten, ganz bewusst die Suppe gegen den Uhrzeigersinn zu rühren, denn in diese Richtung drehten sich auch die Derwische beim Tanz. Eine wichtige Übung war die Reinigung des Hauses und der Toiletten. Damit wurde dem Aspiranten vor Augen geführt, dass das Leben des Derwischs ein unablässiger Weg der Reinigung ist und dass er dabei niemals ausgelernt haben wird. Wer sich in Küche und Toilette buchstäblich „die Hände dreckig macht", entwickelt in Verbindung mit dem Wirbeltanz eine geerdete und bodenständige Frömmigkeit. Hier trifft sich die Spiritualität der Sufis mit jener der christlichen Mystikerin Teresa von Ávila, die sagte: „Christus ist auch in der Küche mitten zwischen den Kochtöpfen". Es geht hier um ein geistliches Wissen, das sich verkörpert und das durch Üben und Praktizieren erworben wird. Man kann also nicht nur in „Teufels Küche geraten", sondern auch in die von Gott und darin gleichsam Geschmacksproben des Göttlichen erhalten. Gottes passagère Gegenwart ist von der gleichen flüchtigen Art wie die Duftmoleküle eines Parfums. Man kann ihrer nicht habhaft werden, aber sie mit feinen Sinnen wahrnehmen. Der Apostel Paulus weist darauf hin, dass sich die Erkenntnis Gottes „wie ein wohlriechender Duft überallhin ausbreitet" (2 Kor 2,5). Mohamed wird später vom „Parfüm Gottes reden"[6]. Die Küche ist deshalb auch ein Ort, um die Sinne für diese Art von Feinsinnigkeit zu schärfen.

Küche als theologischer „Anders-Ort"

Wie kommen wir in unserem täglichen Leben zu einem tieferen Verständnis von der Schöpfung und von Gott? Am besten dadurch, dass man die Komfortzone des nebenbei verspeisten vorgefertigten Fastfood verlässt und in die Küche geht. Sie ist einer jener „Anders-Orte" für das Erlernen einer geerdeten Spiritualität. Die vier klassischen Elemente Feuer, Wasser, Luft und Erde lehren uns, was die Natur uns liefert, in schmackhaftes Essen und Trinken zu verwandeln. Der springende Punkt ist hier die erstaunliche Alchemie und der Verwandlungsprozess von Nahrung in andere Aggregatzustände. Gleichzeitig geht es um eine „Alchemie des Herzens", also um eine innere Verwandlung. Die Köche nehmen wie die Sheiks eine besondere Position zwischen Natur und Kultur bzw. Religion ein. Das Kochen verbindet uns mit Pflanzen und Tieren, mit der Erde und den Bauern, mit unserer Geschichte und Tradition und mit den Menschen als Tischgenossen. Unter diesen Vorzeichen öffnet das Kochen die Tür zu einem reicheren spirituellen Leben: Gab es doch schon im alten Griechenland für Koch, Metzger und Priester ein gemeinsames Wort: „mageiros". In diesem Horizont ist Kochen nicht nur eine notgedrungene Kulinarpraktik, weil man sich irgendwie ernähren muss, sondern für die einen eine „implizite Religion"[7], für die andern ein sinnstiftender schöpferischer Akt, der sie in die

Nähe des Schöpfers führt. Einen sehr guten Eindruck, wie es in einer Derwischküche zur Zeit Rumis zuging, vermittelt das Mevlana-Museum in Konya.

Küche bedeutet: Gott werktags „in allen Dingen"

Die Küche ist ein geeigneter Anders-Ort („locus theologicus"), um theologisch jenen Aspekt zu radikalisieren, den die Sufis im Verbund mit christlichen Mystikern als eine Spiritualität des Alltags bezeichnen. Wenn Geistliche am Sonntag vom Alltag predigen, hat es oft den Anschein, als ob dieses Unspektakuläre etwas ist, aus dem unten schon wieder das Fromme und Salbungsvolle heraustropft. So, als ob das Basale dessen, was ein „Otto-Normal-Benziner" alltäglich lebt und tut, letztlich doch nicht mit dem Spirituellen kompatibel wäre. Als ob es immer noch etwas jenseits all dessen bräuchte, um Gott nahe zu kommen. Noch „schlimmer" wird es, wenn von Mystik geredet oder geschrieben wird. Die Assoziationskette ist hier überaus bildreich: Ein Kreuzgang mit viel grüner Natur rund herum. Stille. Ein Stein, der ins Wasser fällt und Kreise zieht. Ein Ordensbruder mit weißem Rauschebart, der gemessenen Schrittes vor sich hin geht. Meditierende tibetische Mönche. Japanische Kiesgärten mit einem blühenden Kirschzweig. Ein einsames Kirchlein auf einer Bergkuppe im Abendlicht. Ein lächelnder Buddha. Ein Labyrinth zum Barfußlaufen. Ein altes Kloster, komfortabel umgebaut zur Retreat. Eine Anderswelt voll Stille, Langsamkeit und Bedeutung. Geregelte Tagesabläufe. Strenge. Feste Rituale. Heilige Zeiten. Enthaltsamkeit, Disziplin und Konzentration. Mystik wird projiziert auf einige wenige Idealorte, an die man mit Zeit, Geld und Bildungsinteresse hinreisen und dort erstmal langsam „ankommen" muss.

Rumi hat damit wenig im Sinn. Er schreibt: „Mach keine Stadtbesichtigung. Die wirkliche Reise ist hier. Der große Ausflug beginnt genau dort, wo du bist. Du bist die Welt. Du hast alles, was du brauchst. Du bist das Geheimnis. Du bist weit offen. Suche nicht außerhalb von dir selbst nach der Arznei."[8] Besondere so genannte spirituelle „Wohlfühlorte" mögen ihre Berechtigung im Sinne einer gewissen Sensibilisierung der Sinne für das Göttliche haben, mehr aber nicht! Denn jeder Boden, auf dem wir stehen, „ist heiliger Boden" (Ex 3,4). Im Koran heißt es: „Wo ihr euch hinwendet, ist das Antlitz Gottes" (Sure 50,16). Der Jesuit Alfred Delp schrieb im Nazi-Gefängnis: „Die Welt ist Gottes so voll. Aus allen Poren der Dinge quillt er gleichsam uns entgegen. Wir aber sind oft blind." Ignatius von Loyola hat es noch knapper ausgedrückt: „Gott umarmt uns durch die Wirklichkeit."

Wenn die Sufis die Sehnsucht haben, Gott so nahe wie möglich zu kommen, bedeutet das auf diesem Hintergrund vor allem eines: geh mit aufmerksamen Sinnen und einer achtsamen Wahrnehmung durch deinen Alltag. Das von den Mystikern beschriebene „Ent-Werden" oder das „Auslöschen des Egos" und das „Eins-Sein" kann nicht nur, sondern muss immer und überall geschehen. Wenn Gott aus allen Poren der Dinge quillt, dann eben auch aus dem Abwaschwasser beim Geschirr spülen, in der Warteschlange am Supermarkt, beim Kochen, beim Autoreifen montieren oder beim Wechseln der stinkenden Windel eines Babys. Bei der Arbeit am PC, beim Engagement in einem Verein oder beim Aperitif mit Freunden. Natürlich auch in einer Kirche, Moschee, Synagoge oder im Tanzsaal der Derwische. Allerdings sind die sakralen Sonderorte für Rumi ambivalent. Das „Eigentliche" findet dort nicht statt in dem Sinn, dass alles andere dann das „Uneigentliche" wäre. Das Eigentliche ist immer und überall. Obwohl er mit seinen Eltern die Hadsch nach Mekka unternommen hatte, schreibt er: „Die hin zur Kaaba pilgern gehn, / wenn nun an ihrem Ziel sie stehn, / in einem Tale ohne Saat / ein altes Haus von Stein sie sehn. / Sie gingen hin, um Gott zu schaun, / und nun ums Haus im Kreis sich drehn. / Wenn sie so lange sich gedreht, / so hören sie die Stimme wehn: / Was, Toren, ruft ihr an den Stein? / Wer wird vom Steine Brot erflehn? / Wenn ihr den Tempel Gottes sucht: / in euren Herzen tragt ihr den! / Wohl dem, der bei sich selbst kehrt ein, / statt pilgernd Wüsten durchzugehn!"[9]

Die Derwische glauben, dass Allah ständig nicht nur im menschlichen Herzen präsent ist, sondern im „Darin-und-Darüberhinaus" zu finden ist. Sie nehmen ihn als eine alles und jedes durchdringende Wirklichkeit wahr. Die katholische Philosophin und Mystikerin Edith Stein (1891–1942) drückt diese gemeinsame Überzeugung so aus: „Du bist der Raum, der rund mein Sein umschließt und in sich birgt. Aus dir entlassen sänke es in den Abgrund des Nichts, aus dem Du es zum Sein erhobst. Du, näher als ich mir selbst und innerlicher als mein Innerstes und doch unbegreifbar und unfaßbar."[10] Worauf es ankäme, ist ein sensibilisiertes Bewusstsein, um sich für die Gegenwart Gottes Im „Überall" zu öffnen und nicht vordergründig am Gegenständlichen hängen zu bleiben. Das hier anzulegende Kriterium wäre nach C. G Jung (1875–1961) die alles entscheidende Frage: „Bist du auf Unendliches bezogen oder nicht?"[11] Rumi weiß darum und sagt: „Wenn du nur für einen einzigen Augenblick die Tür öffnen könntest, würdest du alles und jeden in deinem Haus als einen Freund sehen. In diesem Augenblick würde der Mundschenk der Einheit den herrlichen Wein Gottes einschenken."[12] Die Spiritualität des Alltäglichen – also „Gott werktags", die beispielsweise die Arbeiterpriester[13] oder Charles de Foucauld unter dem Stichwort „Nazareth"[14] zu leben versuch(t)en – blieb lange im Schatten des kirchlichen und theologischen Bewusstseins. Den klerikalen Mainstream, das gehobene Bildungsbürgertum der etablierten Kirchen oder esoterische Sinnsucher in alltagsfernen Sonderwelten haben diese Ansätze im Grunde bis heute niemals wirklich erreicht. Wer sich nur auf die exklusive Perspektive einer Weihrauch geschwängerten, hochamtlich-feierlichen Ästhetik des „Gott sonntags" konditionieren lässt, wird möglicherweise schwerlich auf die Idee kommen, ihn jenseits dieses kirchlichen Rahmens „inklusiv" im Alltag entdecken zu wollen.

Konya – Rumi und der Tod als Hochzeitsnacht

Nach Konya in der Türkei fahre ich nicht nur, um die Stadt zu sehen, in der Rumi gelebt und gelehrt hat, sondern insbesondere, um sein Grab zu besuchen. Die großen Religionen haben alle ihre Meister und sie verehren Orte, an denen sie gelebt und gewirkt haben. Es sind Orte mit einer eigenen Ausstrahlung, mit einer Aura, deren man sich über alle geschichtlichen Verkrustungen und modernen Verzerrungen hinweg schwerlich entziehen kann. Sie üben eine ungebrochene Faszination aus. Millionen von Pilgern sind seit Jahrhunderten hierher gekommen, mit ihren Anliegen und Bitt-Gebeten („dua"), mit ihrer Verehrung und Bewunderung. Ich möchte die Eigenart des Mausoleums spüren, die Atmosphäre in mich aufnehmen und die Menschen sehen, die mit mir in diesem Augenblick da sind. Und mich auch mit der Frage beschäftigen: Was sagt Rumi zum Tod, zu seinem eigenen Sterben und zu dem, was danach kommt? An seiner Grabstätte geht es anders zu, als sonst wo: keine wirbelnden Drehtänze und keine ekstatischen Gesänge.

Konya heute

Ohne hier in historische Details zu gehen, muss festgehalten werden: Schon 7000 v. Chr. hatten sich Menschen in dieser Gegend niedergelassen, weshalb Konya als Wiege mehrerer Zivilisationen gilt. In antiker Zeit hieß es Ikonion, bei den Römern Iconium. Konya – die achtgrößte Stadt der Türkei mit rund zwei Millionen Einwohnern – ist auch heute noch eines der wichtigsten mystisch-religiösen Zentren des Islam. Die Stadt liegt im zentralanatolischen Hochland auf rund tausend Metern Meereshöhe, umgeben von Bergen, am Fuße schlafender Vulkane. Unendlich scheint sich die karge Hochebene zu erstrecken. Die Landschaft ist trist und die Farben sind fahl. Das

Grau-Braun bestimmt auch den Tenor dieser relativ unaufgeregten Stadt. Die meisten Menschen arbeiten im Maschinenbau und in der Landwirtschaft. Wenn der Wind schlecht steht, liegt der Geruch von Melasse aus den Zuckerfabriken über der Stadt. Mitten im Zentrum sticht jedoch ein Kegeldach in satten türkis-grünen Farben ins Auge. Ein echter Hingucker! In den Nächten erstrahlt es so schön wie Istanbuls Blaue Moschee unter den bunten Scheinwerfern. Es ist das Wahrzeichen der Metropole. Das Gebäude stammt aus der Zeit der Seldschuken und ziert die Grabstätte von Rumi, der bis heute mit dem Titel „Maulana" („unser Meister") geehrt wird. An die zwei Millionen Menschen zieht es Jahr für Jahr hierher. Das sind neben der Hagia Sophia und dem Topkapi-Palast in Istanbul die meisten Besucher in der gesamten Türkei. Dies unterstreicht die Bedeutung, die Rumi noch heute besitzt. Denn ein Abstecher ins abgelegene Konya gehört nicht unbedingt zum Standardprogramm einer Türkei-Reise.

Eine Stadt mit langer christlicher Präsenz

Wichtig für das Verständnis des Denkens Rumis gerade an diesem Ort erscheint mir die gleichzeitige Präsenz von christlichem und muslimischem Gedankengut, das sich damals gegenseitig befruchtete. Annemarie Schimmel notiert hierzu: „Mystische Gedanken dürften geradezu in der Luft gelegen haben."[1] Zu Rumis Lebzeiten galt Konya nicht nur als Zentrum islamischer Religiosität, Kultur und Gelehrsamkeit, sondern die Stadt besaß weiterhin eine bedeutende christliche Traditionslinie: war sie doch eine wichtige Stätte des frühen Christentums. Der Apostel Paulus hat sich hier mehrfach aufgehalten (Apg 14,1–5; 20). Seine Schülerin Thekla – von katholischen wie orthodoxen Christen als Heilige bzw. als Apostelgleiche verehrt – wurde hier geboren.[2] Die kleine Pauluskirche hält die Erinnerung an ihn lebendig. Viele bedeutende christliche Theologen wie Basilius der Große oder Gregor von Nyssa, die einen großen Einfluss auf die Mystik dieser Region hatten, lebten nur einige Tagesreisen von hier entfernt. Auch die Klostersiedlungen in Kappadokien befanden sich in dieser geographischen Zone. Alle sieben in Ost und West gemeinsam anerkannten Ökumenischen Konzilien fanden ebenfalls auf heute türkischem Boden statt. Dadurch wurde von hier aus das gesamte Christentum des ersten Jahrtausends maßgeblich mitgeprägt.

Hauptstadt der Seldschuken: Sultan Alaaddin Keykubat

Ab dem Jahr 1018 strömten die ersten türkischen Rum-Seldschuken – benannt nach der Region „Rum" (Ost-Rom, d. h. Byzanz) – nach Anatolien. Doch erst mit ihrem Sieg über die Byzantiner 1071 standen ihnen die Tore hierher weit offen. 1077 entrissen sie ihnen Ikonium und gründeten ein unabhängiges Sultanat. Rund 20 Jahre später wurde Ikonium dessen blühende Hauptstadt. Die herausragendste Figur der seldschukischen Herrscher war ohne Zweifel der mächtige Sultan Alaaddin Keykubat (1190–1237; er regierte 1219–1236). Unter seiner Herrschaft erlebte das Reich eine Blütezeit. Er war ein Freund von Philosophen und Gelehrten und ein Mäzen von Künstlern. Er galt als fromm und gelehrt und sprach mehrere Sprachen, darunter Arabisch und Persisch. Nach ihm benannt ist u. a. die Alanya Alaaddin Keykubat Universität. Seine Reiterstatue ist die erste Sehenswürdigkeit auf dem Weg vom Flughafen Alanya in die Stadt. Er war es, der Rumis Vater hierher einlud und ihm eine Medrese anvertraute. Er ritt ihm höchstpersönlich mit seiner Truppe entgegen. „Als er ihn von weitem erblickte, stieg er aus Höflichkeit von seinem Pferd und lief auf ihn zu, um ihn im Namen seiner Stadt mit größter Freude willkommen zu heißen."[3] Die seldschukischen Herrscher erzielten durch internationalen Handel einen gewaltigen wirtschaftlichen Aufschwung, bauten viele Karawansereien, sicherten die Handelswege ab und errichteten eine Stadtmauer mit 108 Türmen. Die Stadt, die teilweise noch christlich war, zog viele Flüchtlinge aus dem ostpersischen Raum an, der seit 1220 unter Dschingis Khan und dessen Nachfolgern brutal verheert wurde. Zahlreiche Medresen und Moscheen wurden errichtet. Einige von ihnen sind heute noch zu bewundern, so z. B. die Ince Minareli Medrese (erbaut 1260–65), deren Fassade mit monumentalen Inschriften in Thuluth-Kalligraphie ornamentiert ist. Sie ist ein stiltypisches Beispiel für die eigenständige harmonische Formensprache der seldschukischen Architektur.

Rumis Tod

Als seine Schüler den Meister auf dem Sterbebett sahen, beteten sie aus tiefstem Herzen um seine Genesung. „Dieser Ort ist ein Traum. Nur ein Schläfer hält ihn für real. Dann kommt der Tod wie die Morgendämmerung, und du wachst auf und lachst über das, was du für deinen Kummer gehalten hast", sagte er ihnen. Gelassen richtete er sich dann auf und sprach: „Die Genesung, um die ihr betet, ist für euch. Für so viele Jahre war dieser Körper zwischen Gott und der Seele gewesen, und während meiner Arbeitsstunden konnte ich nur wenig Zeit finden, um mich über den Körper zu erheben. Nun wird endlich dieser Körper abgelegt, und ich kehre zu Gott zurück. So betet bitte nicht um mein weiteres Verweilen."[4] Anfang Dezember 1273 bebte in Konya die Erde. „Die Erde ist hungrig", sagte Rumi. „Bald wird sie einen fetten Brocken bekommen und Ruhe geben." Am 17. Dezember, kurz nachdem er sein Mesnevi vollendet hatte, verließ er diese Welt für immer. Die Trauerfeier dauerte drei Tage bei Musik und Wirbeltanz. Das Besondere dabei war: Weil er als ein Heiliger galt, der jedem Frieden und Segen wünschte und sich weitherzig gegen jedermann zeigte, trauerten Muslime, Juden und Christen miteinander um ihn. Trotz des muslimischen Begräbnisses sollen sie weinend aus dem alten und neuen Testament rezitiert haben und ihn als ebenbürtig mit Moses und Jesus beschrieben haben. Die ganze Stadtbevölkerung begleitete ihn zu seinem Grab – heute ist es ein prächtiges Mausoleum im Rosengarten des alten Seldschukenpalastes und ein Museum. Jedes Jahr feiern seine Anhänger seinen Todestag. Sie nennen ihn Sheb-I Arus: das Hochzeitsfest mit seinem Ewigen Geliebten. Und so steht auf seinem Sarkophag geschrieben: „Wenn aus meinem Staube Weizen sprießt – bäckst du Brot daraus und es wächst die Trunkenheit! Teig und Bäcker werden ganz besessen, selbst der Ofen singt berauschte Verse. Kommst du meine Grabstätte besuchen, scheint vor dir der (Grab-)Hügel selbst zu tanzen. Komm zu meinem Grab nicht ohne Trommel, denn bei Gottes Fest ziemt sich kein Kummer. Ich bin Rausch, der Liebeswein mein Ursprung. Sag, was außer Trunkenheit könnte von mir kommen?"

Das Mausoleum

Das aus Walnussholz gebaute Kenotaph Rumis ist mit meisterlichen Schnitzereien versehen und im seldschukischen Stil dekoriert. Brokatstoffe mit goldenen Koranstickereien bedecken den Sarkophag. Auf einer der Gravuren ist lesen: „Hier ruht Rumi, Sultan der Weisen, strahlendes Licht Gottes, das die Dunkelheit erhellt, ein Imam, Sohn eines Imams, Stütze des Islams, ein Führer der Menschen, der sie in Gottes glorreiche Gegenwart führt." Das Grabmal steht unter der 25 Meter hohen Grünen Kuppel („Kubbe-i Hadra"). Ihre Innenschale ist mit Sternen bemalt. Sie ruht auf vier massiven Säulen, die in Anlehnung an das Masnawī-Gedicht Rumis vom „Elefanten im dunklen Haus" als „Elefantenbeine" bezeichnet werden. Stückwerk ist unser Erkennen aus unterschiedlicher religiöser Perspektive – das ist die Quintessenz dieser Geschichte. Gerade an diesem Ort wird mir die gemeinsame Überzeugung von Sufis und Christen bedeutsam, die Paulus – damals von Ephesus aus, also der anatolischen Metropole des römischen Reiches – so formuliert: „Denn Stückwerk ist unser Erkennen, Stückwerk unser prophetisches Reden; wenn aber das Vollendete kommt, vergeht alles Stückwerk. Jetzt schauen wir in einen Spiegel und sehen nur rätselhafte Umrisse, dann aber schauen wir von Angesicht zu Angesicht" (1 Kor 13 ff.). Beim Anschauen des Mausoleums gehen einem die Augen über. Es ist überaus prachtvoll. Ausgeschmückt mit Silber und Gold, Kacheln, schweren Kristall-Leuchtern, verziert mit osmanischen Kalligraphien. Ein wunderschöner und erhabener Ort zum Staunen und stillen Verweilen. Ein Raum, der einem Gefühle von Ehrfurcht, Respekt und Demut und eine Ahnung von Ewigkeit vermittelt. Viele Besucher beten vor dem Sarkophag und noch mehr von ihnen küssen die Vitrine, in der sich – so die fromme Legende – eine Perlmuttschatulle mit einem Barthaar des Propheten Mohammed befindet.

Die Feier des Todestages als Hochzeitsnacht

Der Todestag – verstanden als Hochzeitsnacht („Şeb-i Arûs") – ist kein Trauertag. Vielmehr denkt man an den Gottesfreund, der jetzt in paradiesischer Seligkeit weilt. Es ist das „Wiedersehen mit dem Schöpfer". Deshalb hat das Begängnis des Todestages einen fröhlich-festiven Charakter. Es gibt nicht nur Gebete, Lehrworte und Musik, sondern vieles mehr: Das Heiligtum wird mit Duftwässern besprüht, Kerzen und Lichter werden entzündet, Speisen und vor allem Süßigkeiten werden verteilt, sie bringen Segen. Wo eine offene Küche dabei ist, werden Arme und Pilger gespeist. Sehr oft werden neue Decken für den Kenotaph gespendet oder man wirft getrocknete Blumen oder Rosenblätter darauf. Daneben werden auch Geschäfte gemacht und es wird gehandelt. Man vergnügt sich eher wie auf einem frommen Volksfest. Solche Feste am Grab eines Heiligen sind ein wichtiger Bestandteil der Sufimystik und kontrastieren in ihrer Farbigkeit stark mit der Nüchternheit des „offiziellen" Islam.

Diesen gelösten Charakter mit dem Blick auf den Tod beschreibt Rumi so:

„Wenn sie am Tage des Todes / tief in die Erde mich senken, / dass dann mein Herz noch auf Erden weile, darfst du nicht denken. / Siehst meine Bahre du ziehen, lass das Wort ‚Trennung' nicht hören, / weil mir dann ewig ersehntes Treffen und Finden gehören. / Klage nicht: ‚Abschied, ach Abschied' / wenn man ins Grab mich geleitet: / Ist mir doch selige Ankunft hinter dem Vorhang bereitet. / Hast du das Sinken gesehen, sieh auch das Auferstehen! / Schadet es denn, wenn die Sonne, / Sterne und Mond untergehen?! / Scheinen sie auch zu sinken, / ist's doch in Wahrheit ein Aufgang. / Scheint dir ein Kerker das Grab auch, / ist's doch zur Freiheit der Ausgang. / Fiel je ein Korn in die Erde, / das sich nicht köstlich entfaltet? / Glaubst du denn, dass sich das Korn des Menschen anders gestaltet? / Jeglichen Krug, der sinket, hebst du gefüllt aus der Quelle. / Sieh, auch dem Josef der Seele / strahlt in der Grube die Helle! / Schließe den Mund jetzt im Diesseits, / öffne im Jenseits ihn wieder, / dass in der Welt, da kein Ort ist – / ewig ertönen die Lieder." Die Botschaft und damit die Glaubensüberzeugung lauten: Wir müssen den Tod nicht fürchten. Er ist nichts anderes als das letzte Tor, durch das wir gehen, um das höchste Ziel unseres Lebens zu erreichen. „Besuchst du mein Grab", heißt es im „Diwan", „so wirst du sehen, dass mein Erdhügel tanzt. Gott schuf mich aus dem Liebeswein. Selbst wenn der Tod meinen Leib verwesen lässt, bin ich doch immer noch diese Liebe."

Das Hochzeitsmahl als jüdisch-christlicher eschatologischer Topos

Die Frage nach dem Ob und Wie eines Fortlebens nach dem Tod gehört zu den Kernfragen der Menschheitsgeschichte. Der Glaube an ein Leben nach dem Tod ist ein zentraler Inhalt des Christentums und des Islams. Was Rumi als Hochzeitsnacht bezeichnet, verdeutlicht Jesus mit dem Gleichnis des königlichen Hochzeitsmahls (Mt 22,1–14). Hier zeigt sich die Nähe zwischen Sufi-Mystik und der Glaubensüberzeugung von Christen. Denn es ist ein Unterschied, ob man annimmt, dass es dann irgendwie schon weitergehe, oder ob man, so wie Rumi, zuinnerst weiß, wohin man im Augenblick des Todes geht. Bereits der Prophet Jesaja erzählt von einem Festmahl, das Gott bereitet (Jes 25,6). Dieses Bild hat Jesus wiederholt aufgegriffen (vgl. Mt 8,11; 16,29; Lk 12,37; 14,15–24; 22,30). Mehrmals redet er jedoch nicht nur von einem Festmahl, sondern von einem Hochzeitsmahl (vgl. Mk 2,19). Angesichts seines bevorstehenden Todes kündigt er beim letzten Abendmahl seinen Jüngern an, dass er keinen Wein mehr trinken wird, bis er dies im Reich seines Vaters wieder mit ihnen tun werde (Mt 26,29). Es ist ein Hoffnungsbild, das in der Offenbarung des Johannes so formuliert wird: „Selig, wer zum Hochzeitsmahl des Lammes eingeladen ist" (Offb 19,9). Das Fest findet auf jeden Fall statt! Die Einladung ist ausgesprochen und sie kennt keine Religionsgrenzen. Es bleibt die biblische Aufforderung: „Seid also wachsam!", die bei den Sufis mit der Metapher des Wartesaals beschrieben wird. Es ist eine spirituelle Einstellung für eine bewusste Lebensführung im Alltag, die Christen und Sufis im Blick auf das gemeinsam erwartete Fest in der Ewigkeit teilen.

Sufismus zwischen Tradition, Folklorisierung und Musealisierung[5]

Das von Atatürk 1925 erlassene Verbot der Sufi-Orden, einer der drastischen Schritte der erzwungenen Säkularisierung, welche die türkische laizistische Republik begründen sollten, steht bis heute in der Verfassung. Im Gesetz Nr. 677 wurden alle osmanischen Sufi-Orden („tarikat"), ihre Zeremonialstätten („tekke", „dergâh") und Heiligengräber („türbe") geschlossen. Rituelle Praktiken wurden verboten. Dabei war der Sufismus im Osmanischen Reich für Großteile der Bevölkerung ein wichtiger Orientierungspunkt, der auch das Profane des Alltags durchdrang: In den zahlreichen Sufi-Konventen, die in Istanbul noch gegen Ende des 19. Jahrhunderts florierten, wurde gemeinsam gekocht und gespeist, gelesen und studiert, Debatten abgehalten und Nachbarschaftskonflikte geschlichtet. Allein in Istanbul wurden damals über 300 Sufi-Logen enteignet, geplündert oder umfunktioniert. Zahlreiche Sufi-Scheiche wurden inhaftiert oder sogar erhängt. Die Mehrheit der Anhänger der verschiedenen Sufi-Orden begab sich in den Untergrund oder ins Ausland. Deshalb mutet es jedem spirituell denkenden Menschen als absolut widersinnig an, dass gerade das sakrale Sema-Ritual als Form des Gottesgedenkens („Dhikr", „zikir") im Jahr 1954 im Sinne einer Folklore-Aufführung wieder erlaubt wurde. Diese stellt am 17. Dezember den Höhepunkt des zehntägigen „Şeb-i arûs-Festivals" dar, veranstaltet vom Ministerium für Kultur und Tourismus. Das 3.000 Zuschauer fassende Zentrum „Kültür Merkezi" wurde im Jahr 2014 eigens dafür eingeweiht. Es ist ein Palast aus Marmor, mit viel Glas und Licht, halb Kongresszentrum, halb postmoderne Moschee mit einem Rondell unter der spitzen Kuppel. Das Ministerium hatte damals schon die Zugkraft dieses Aushängeschilds der türkischen Kultur erkannt. Durch die Vermarktung hat der Staat den Sema weitgehend profanisiert. Andererseits ist es dem Tourismus zu verdanken, dass diese Tradition trotz des Verbots überleben konnte. Viele der Tänzer und Musiker haben ihre Ausbildung an Konservatorien und Universitäten gemacht und nicht in einem Sufi-Kloster. Freilich gestehen ihnen manche eine innere Ernsthaftigkeit zu, ohne die sie diesen Weg auch als Künstler nicht überzeugend gehen könnten. Das ambivalente Verhältnis zwischen weltlicher und spiritueller Patronage sowie die Verbindungen zwischen Heiligenkult, Tourismus und politisch-nationaler Inszenierung können an dieser Stelle nur angedeutet werden. Mitglieder des Mevlevi-Ordens kritisieren zu Recht, dass der „Sema" schlichtweg als „Tanz" bezeichnet wird. Sie betrachten die Abkoppelung ihres heiligen Gebets-Rituals von seiner traditionellen Herkunft als „Lifestyle-Sufismus" und als einen säkular-dekonstruierten Mythos unter kommerziellen Vorzeichen.

Rumi – Biographie, Charakteristik seiner Dichtkunst, historische Einordnung

Rumis Biographie als hermeneutischer Schlüssel für seine Mystik

Durch Risse scheint das Licht: „There is a crack in everything"

Man kann vorzüglich über das „transliminale Bewusstsein"[1] der Mystiker nachdenken, das diese Menschen spirituell transformiert, erleuchtet und auf eine höhere Bewusstseinsebene gehoben hat. Was dabei sträflicherweise jedoch nicht übersprungen werden darf – so Alberto Ambrosio im Rückgriff auf den Mystik-und Sufi-Spezialisten Serge de Beaurecueil (1917–2005) – ist die Biographie eines Mystikers.[2] Seine Lebensgeschichte ist gerade mit ihren Krisen, Bedrohungen, Brüchen und Erfahrungen von Vulnerabilität interessant, denn offensichtlich waren es diese Widerfahrnisse, die ihn voranbrachten: „Die Wunde ist der Ort, an dem das Licht in dich eindringt", sagt Rumi. Leonard Cohen hat dieses Zitat in seinem Song „Anthem" verarbeitet: „There is a crack in everything, that's how the light gets in." Das gilt auch für das göttliche Licht – denn „in Wahrheit gibt es nur ein einziges Licht, das durch unterschiedliche Fenster scheint" (Rumi). Es geht offensichtlich ebenfalls den Weg durch die Wunden und Risse und fällt nicht einfach so vom Himmel. Belastende Erfahrungen und traumatisierende Ereignisse gehören zu diesen Wunden und Rissen dazu. Rumi ist es offensichtlich gelungen, eine starke Resilienz aufzubauen, die ihn aus vielen schlimmen Situationen gestärkt hervorgehen ließ. Und gleichzeitig ist er dadurch auch offen genug geworden für eine ihn zutiefst verändernde Erfahrung, als der Kairos dafür da war.

Der 1. Riss: Flucht vor den Mongolen Dschingis Khans

Rumi wurde 1207 in Balkh (Balch) im heutigen Afghanistan geboren. Die Stadt gehörte damals zur historischen zentralasiatischen Region Khorassan im Gebiet der heutigen Staaten Afghanistan, Iran, Tadschikistan, Usbekistan und Turkmenistan. Das „Land des Sonnenaufgangs" zwischen iranischem Hochplateau und Mittelasien war eine der wichtigsten Provinzen des Kalifats in seiner klassischen Zeit. Sie galt als Wiege der iranischen Zivilisation und als ein bedeutendes Zentrum der islamischen Kultur. Sufische Ordensgründer wie Bahauddin Naqshband (Naqsbandi-Orden) oder Hadschi Bektasch Veli, Begründer des gleichnamigen Derwischordens, die Dichterin Rābi'a bint Ka'b oder auch der Arzt und Philosoph Avicenna stammten von dort. Ebenso der Erfinder der Algebra al-Chwarizmi, der Theologe al-Ghazālī, der Dichter Attar, der Mathematiker und Astronom Ulugh Beg und der Universalgelehrte al-Bīrūnī, der schon 500 Jahre vor Martin Behaim den ersten Erdglobus baute.

Rumis Mutter Mumine Khatum soll eine Tochter aus der Herrscherfamilie gewesen sein. Sein Vater Bahauddin Walad war ein bekannter islamischer Gelehrter und Mitglied des Ordens der Kubrevi-Derwische. Durch ihn erfuhr der junge Rumi schon früh eine sufistisch geprägte Bildung und Erziehung. Diese Blüte der damaligen Kultur wurde von einem übermächtigen Feind bedroht. Dschingis Khans Reiterhorden näherten sich unaufhaltsam und legten alles, was sich nicht bedingungslos unterwarf, in Schutt und Asche.

Die Dschingis Khan-Statue – rund 54 Kilometer von der mongolischen Hauptstadt Ulaanbaatar entfernt – ist das größte Reiterstandbild der Welt. Mit seinen 30 Metern ist es so hoch, dass Besucher auf dem Kopf des Pferdes spazieren gehen können. Der Name Dschingis Khan bedeutet auf mongolisch Weltherrscher und tatsächlich war er Machthaber über ein riesiges Reich. Bei seinem Tod bildete es die flächengrößte Weltmacht, die jemals unter der Herrschaft eines einzigen Mannes existierte. Es erstreckte sich von Korea bis Polen, von China bis Persien und umfasste in etwa die heutigen Länder Irak, Iran, Afghanistan, Pakistan, China, Mongolei, Korea und einen Teil Russlands. In wenig mehr als 20 Jahren hatte Dschingis Khan ein Riesenreich erobert, das bei seinem Tod viermal so groß war wie das von Alexander dem Großen. Er trieb das Kriegshandwerk in eine neue Dimension voran. Bei seinem Tod zählte das Heer 129.000 Mann. Von Kindheit an trainierten seine Reiter aus der Steppe das Kämpfen und Töten. Auf Feigheit vor dem Feind stand der kollektive Tod. Die Angriffe dieser abgehärteten und disziplinierten Krieger, die mit unvorstellbarer Grausamkeit agierten, konnte niemand aufhalten. Ihre Erfolge beruhten auf blitzschneller Reiterei, genialen Kriegstaktiken und unbeschreiblichen Grausamkeiten, die die Gegner zur freiwilligen Aufgabe zwingen sollten. Mord und die kulturelle wie ökonomische Zerstörung der eroberten Völker sowie die Verbreitung der großen Pest gehörten zur historischen Szenerie. Kriegsverbrechen an der Zivilbevölkerung waren an der Tagesordnung. Massenvergewaltigungen wurden als taktisches Mittel eingesetzt. Unzählige Frauen wurden geschändet, bis sie entkräftet zusammenbrachen oder starben. Viele hochstehende Kulturen fielen zurück in die Barbarei und erholten sich nur sehr langsam.

Wie aus dem Nichts erschienen im Jahr 1220 beispielsweise Zehntausende von Kriegern vor Samarkand. Fast über Nacht war die reiche Metropole an der Seidenstraße, die zu den schönsten Städten Zentralasiens zählte, ein Trümmerfeld. 1257 legte ein gewaltiger Heereszug Bagdad, die Hauptstadt des muslimischen Kalifats, in Schutt und Asche. Bis zu 800.000 Leichen wurden zu Hügeln aufgeschichtet. Schädeltürme markierten die Routen der mongolischen Heere. Völkermord vor allem an den Eliten wurde als politisches Mittel eingesetzt. Er sei „die Geißel Allahs", rief Dschingis Khan nach

Aufzeichnungen des persischen Gelehrten Dschuwaini den Überlebenden zu. Allah höchstselbst habe ihn auf ihre Häupter herab geschleudert. Durch den einstigen arabischen Fruchtbaren Halbmond, der als Wiege der menschlichen Zivilisation gilt, zog sich eine Spur der Verwüstung. Kulturgüter, Krankenhäuser, Moscheen, Paläste und Bibliotheken wurden zerstört. Die Flüsse seien schwarz geworden von der Tinte der Dokumente, die sich in ihren Fluten auflösten. Damit ging nicht nur eines der brillantesten intellektuellen Zentren der Welt zugrunde, sondern es wurde auch das weitere Aufblühen des Islams abgewürgt.

Angesichts dieser Bedrohung durch eine Terrorwalze von Verwüstung und Massakern unter dem Regime eines der größten Massenmörder der Geschichte musste die Familie fliehen. Rumi war damals gerade mal zwölf Jahre alt. Ein Jahr später (1221) wurde seine Heimatstadt völlig vernichtet. Die Ruinenfelder der alten Stadt sind bis heute zu sehen. Wenn es in vielen Lebensbeschreibungen heißt, dass die Familie fortzog, ist das ein nicht zu überbietender Euphemismus. Der Mongolensturm löste vielmehr eine umfangreiche Migrationsbewegung aus. Rumis Familie teilte das Schicksal der Kriegsflüchtlinge und Vertriebenen aller Zeitepochen. Mit nichts anderem, als was sie auf ein paar Lasttiere packen konnten, mussten sie um ihr Leben laufen. Das traf die gesellschaftliche Oberschicht genauso wie alle anderen und erzeugte eine neue Solidarität in der Not. Traumatische Erlebnisse, Verlusterfahrungen, existentielle Unsicherheit und Überlebensängste prägten und prägen die Betroffenen damals wie heute.

Der 2. Riss: Viele Jahre des heimatlosen Umherschweifens, Tod von Mutter und Ehefrau

Vermutlich suchte der Vater in einem der kulturellen Zentren der islamischen Welt eine neue Anstellung als Lehrer. So reiste die Familie über verschiedene Städte und besuchte auch bekannte Sufimeister wie Farudeddin Attar in Nischapur oder

Umar Surawardi in Bagdad. Fariduddin Attar (1136–1220), der Verfasser der „Konferenz der Vögel", einer der bedeutendsten persischen Dichtungen, sagte offenkundig Prophetisches über ihn aus: „Dieser Junge wird ein Tor im Herzen der Liebe öffnen und eine Flamme in das Herz aller mystischen Liebenden werfen." Weitere Stationen waren u. a. Mekka, Medina, Jerusalem und Damaskus. Dort erhielt Rumi Unterricht vom berühmten andalusischen Scheich Ibn Arabi (1165–1240). Er wird wegen seines großen Einflusses auf die allgemeine Entwicklung des Sufismus als „größter Meister" bezeichnet. Vielen gilt er als Advokat religiöser Toleranz. Es folgten Aufenthalte in Aleppo und Larende, das damals noch den byzantinischen Namen trug. In dieser Stadt, im heutigen anatolischen Karaman, 100 km von Konya entfernt, starb seine Mutter. Rumi wurde mit Gauhar Khatun, einem Flüchtlingsmädchen verheiratet. 1221 kam zunächst ihr Sohn Sultan Walad (Veled) in zur Welt, der später eine Biographie des Vaters verfassen sollte und dann Ala-eddin Chalabi. Als seine Frau starb, machte Rumi die Erfahrung, was es heißt, in jungen Jahren alleinerziehender Vater zu sein. 1225 heiratete er Kira Kathum, die aus einer christlichen Familie stammte. Mit ihr hatte er zwei weitere Kinder. Dann endlich, nach vielen Jahren des Unterwegsseins – das waren rund 4.000 Kilometer – bekam Rumis Vater 1228 den Ruf an eine Medrese in Konya, der prosperierenden Residenzstadt der Seldschuken.

Seelische Wunden sind bei Geflüchteten und im Exil Lebenden keine Seltenheit und stellen die Betroffenen vor große Herausforderungen. Es ist eine Reise ins Ungewisse. Das „Auf-der-Flucht-Sein" beinhaltet nicht nur Strapazen, sondern das andauernde Gefühl, fremdbestimmt zu sein bis hin zu der Frage, wann man eigentlich angekommen ist. Es gibt ein Leben nach der Flucht, aber die Flucht wirkt trotzdem ein Leben lang fort. Die damit verbundenen Gefühle ins Wort zu bringen, ist für viele eine therapeutische Möglichkeit, um das Erlebte zu verarbeiten. In diesen biographischen Kontext ist möglicherweise folgendes Gedicht Rumis mit dem Titel „Das Gasthaus" anzusiedeln: „Das menschliche Dasein ist ein Gasthaus. Jeden Morgen ein neuer Gast. Freude, Depression und Niedertracht – auch ein kurzer Moment von Achtsamkeit kommen als unverhoffte Besucher. Begrüße und bewirte sie alle! Selbst wenn es eine Schar von Sorgen ist, die gewaltsam dein Haus seiner Möbel entledigt. Selbst dann behandle jeden Gast ehrenvoll, vielleicht reinigt er dich ja für neue Wonnen. Dem dunklen Gedanken, der Scham, der Bosheit – begegne ihnen lachend an der Tür und lade sie zu dir ein. Sei dankbar für jeden, der kommt, denn alle sind zu deiner Führung geschickt worden aus einer anderen Welt."

Der 3. Riss: Die Begegnung mit Schamsuddin (Shams)

Als der Vater 1231 starb, wurde Rumi, der sich bislang mit den „äußeren Wissenschaften" befasst hatte, durch Seyyid Burhaneddin, einen Schüler seines Vaters, der ihm jetzt zum Lehrer wurde, in die visionären Werke seines Vaters eingeweiht. Nach einer vierzigtägigen Klausur und einer Vorbereitungszeit von mehreren Jahren, um sein geistiges Wissen zu vertiefen, übernahm Rumi den Lehrstuhl. Er hatte trotz der nomadischen Existenz eine für die damalige Zeit hervorragende Ausbildung bekommen und lernte bei den berühmtesten Lehrern. Es folgten darauf normale Jahre als Prediger und Lehrer, wobei er sich seinerseits im Schülerkreis eines Sufilehres weiterbildete und einen eigenen mystischen Zirkel aufbaute. Medresen gehörten zu den wichtigen Institutionen, die die Entstehung der islamischen Gesellschaften begleiteten und eine führende Rolle im Bildungswesen spielten. Der Begriff der Medrese steht für Bildungseinrichtungen, insbesondere für die islamischen Rechtsschulen und Hochschulen. Hier wurde tiefgründiges Religionswissen vermittelt, Führungspersonen ausgebildet sowie Rhetorik, Philosophie und Logik gelehrt. Die Bibliothek umfasste neben der religiösen Literatur auch Schriften aus der Mathematik, Medizin, Grammatik, Astronomie, Geographie, Philosophie und den Naturwissenschaften.

Die Besonderheit einer Medrese bestand darin, dass Gebets-
säle, Lehrräume, Bibliothek und teilweise auch Unterkünfte
miteinander gekoppelt waren. In den höheren Jahrgängen war
es durchaus üblich, dass mehrere Lehrer gleichzeitig ein ähnliches Lehrangebot hatten und die Schüler sich ihren Meister
auswählen konnten. Das Ansehen des Lehrers stieg mit der
Zahl seiner Schüler. Zu einer solch geachteten Persönlichkeit
entwickelte sich Rumi. Er war ein Meister der Sufilehren, islamischer Jurist, Grammatiklehrer, gab Fatwas heraus, predigte
in den Moscheen und hatte bis zu 400 Schüler. Als linientreuer
Religionsfunktionär hatte er eine vielversprechende Karriere
vor sich und die Aussicht auf ein in vielerlei Hinsicht geruhsa-
mes bürgerliches Leben in geordneten Bahnen.

Biographischer Urknall

1244 kam es jedoch zu einer entscheidenden Wende. Es war
das, was Michel de Certeau das „Geheimnis der Überra-
schung" oder die „große Unterbrechung" nennt, und zwar
dergestalt, wie wenn ein Blitz ins Leben fährt. Er begegnete
dem seltsamen, abgerissenen Wanderderwisch („Qalandar")
Schams-i Tabriz. Dieser Shams („Sonne") war ein eigenarti-
ger Zeitgenosse: ausdrucksstark und charismatisch, sarkas-
tisch, schroff, provokant und verletzend. Er hatte alle möglichen Stufen der spirituellen Entwicklung erreicht. Er war
einigen der berühmtesten Mystiker seiner Zeit begegnet, aber
niemand konnte ihn auf die Dauer ertragen. In einem Traum
wurde ihm gesagt: „Geh ins Land Rum und werde der Lehrer
deines Scheichs". In Rumi fand er seinen ersehnten Partner.
Der war von ihm völlig hingerissen und total geflasht. Shams
gelang es, das in Rumi schlummernde spirituelle Potential zum
Ausbruch zu bringen. Rumi war nicht nur durch seine äußere und innere Reise gereift, sondern auch in geistlicher und
emotionaler Hinsicht dazu prädestiniert, einen existentiellen
Qualitätssprung im Blick auf Gott und die Liebe zu machen.
Nach der Überlieferung sollen sich die beiden ein halbes Jahr

lang in der Zelle des Goldschmieds in völliger Abgeschiedenheit unterhalten haben. Bis zu dem Zeitpunkt der Begegnung mit Schams-i Tabriz war Rumi ein allgemein respektierter islamischer Gottesgelehrter, Kenner der traditionellen Theologie, Prediger der Scharia und islamischen Rechtsprechung. Nun ist er ein in Liebe versunkener Dichter geworden. Die Persönlichkeitsveränderung, die Rumi durch das Schams-Erlebnis erfuhr, wurde von ihm selber immer wieder reflektiert. Er sah sich seither nicht mehr länger als Lese-, sondern als Lebemeister: „Ich war den Büchern verfallen. Stets saß ich an der Seite von Literaten und Gelehrten. Doch als ich den Mensch sah, der den göttlichen Liebeswein ausgeschenkt, wurde ich trunken, zerbrach die Stifte."

Der 4. Riss: Eine disruptive Erfahrung und Transformation[3]

Es charakterisiert disruptive Erlebnisse, dass sie völlig überraschend und mit großer Wucht in die Existenz einschlagen und bisherige Überzeugungen und Routinen brechen. Nichtlineare Entwicklungen sind in der Regel die Folge. Wenn sie echt sind, verwirren sie die Betroffenen zunächst, bestärken sie aber letztendlich. Gleichzeitig bewirken sie eine soziale wie kulturelle Transformation, die das Denken und Verhalten verändert. In dieser Art beschrieb beispielsweise Paulus seine ihn überwältigende Erfahrung im sogenannten Damaskuserlebnis. Etwas führ ihn völlig Undenkbares sei ihm widerfahren bzw. – so seine Erkenntnis im Nachhinein – von Gott zugemutet worden. Er schreibt darüber: „Ich sehe alles als Verlust an, weil die Erkenntnis Christi Jesu, meines Herrn, alles übertrifft. Seinetwegen habe ich alles aufgegeben und halte es für Unrat, um Christus zu gewinnen und in ihm zu sein" (Phil 3, 8f.). Dieses unerwartete „Disclosure-Ereignis" verschlägt ihm die Sprache. Und mit ihr auch das bisher als sicher geglaubte Bescheid-Wissen über Gott. Seine „Damaskus-Disruption"[4] vermittelte ihm kein grundsätzlich neues Wissen, sondern ein neues „Mindset". Und das bedeutet für ihn: Hör auf, mit Mustern aus der Vergangenheit weiter zu agieren. Fang an, das Offensichtliche, Gewohnte und Gewisse in Zweifel zu ziehen. Es ist ein Wagnis. Ein heiliges Abenteuer! Ähnlich erging es Shams und Rumi. „Die Wahrheit in sich selbst erblicken, für einen Augenblick, gilt mehr als alle Himmel, mehr als alle Welten, mehr als alles, was es gibt."

Über Wochen und Monate zogen sie sich zurück und isolierten sich von der Umwelt. Auf völlig unverständliche Weise vernachlässigte Rumi seine Familie, seine Schüler und was ihm bislang wichtig war. Der Liebesrausch führte ihn an den Rand seiner bürgerlichen Existenz. Shams, dessen unorthodoxe mystische Lehren Rumi ein neues, die Konventionen sprengendes Religionsverständnis vermittelten, machte ihn zum Dichter.

Obwohl Rumi Shams in akademisch-theologischer Bildung weit überlegen war, diente er sich ihm als Schüler an. Die sehr spezielle und schwer verständliche Liebesbeziehung beschreibt Rumi so: „Die Feder eilt im Schreiben, kaum zu halten. Kommt sie zur Liebe, muss sie gleich zerspalten. Wie ich die Liebe auch erklären will – Komm ich zur Liebe, schweig' ich schamvoll still. Erklärung mag erleuchten noch so sehr. Doch Liebe ohne Zungen leuchtet mehr."[5] Sie lachten, tanzten, tranken, diskutierten (und liebten sich?) und Rumi erwählte Shams zu seinem Leitstern. Er himmelte ihn an und vergötterte ihn. Ihm fühlte er sich näher als seiner Familie. Wahnbetört und derangiert zerbrach er sein Schreibrohr, tauschte den Gebetsteppich mit dem Tanzboden, legte den Gelehrtenturban und die Juristenärmel ab und ließ sich die Schrittfolgen und Wirbeldrehungen der von der Ehl-i Sunna als verboten („haram") angesehenen musikfrei durchgeführten Sema beibringen. In rauschhaften Nächten wünschte er sich, dass der Schlüssel zum Tag nicht gefunden werde. Er feierte seine Sonne als jemanden, der ihn aus dem bisherigen Kerker befreite. Aus dem linientreuen, korrekten und pflichtbewussten Koranlehrer wurde ein im Liebestaumel Ver-Rückter. Und zwar so, als ob alle durch Disziplin, Moral und theologisch-dogmatischen Ansichten domestizierten und kanalisierten Lebensenergien mit einem Schlag über einen künstlich errichteten Damm schwappten und sich in die uferlose Freiheit ergossen. Über diese starke Bindung („rabita") und Freundschaft berichtet sein Sohn Sultan Walad in seinem Werk „Ibtida-name": „Das Volk fragte sich, warum hat er sich an so einen Mann gebunden und sich von uns abgewandt? Wir sind alle edle Leute. Seit unserer Kindheit leben wir nach den Gesetzen Allahs und suchen nach der Wahrheit. Wir sind dem Weg unseres Sheichs treu. Wir lieben ihn, weil wir davon überzeugt sind, ein Abbild des Wahren (Allahs) in ihm zu sehen. Wir lernen von ihm. Wer ist denn dieser Shams, dass er ihn uns fortreißt wie ein Fluss ein Ästchen?"[6]

Er sei wie ein „zerschlagbarer Spiegel" meinte Rumi, und zwar in einer Weise, wie sich ein Feueranbeter nicht für würdig empfindet, das ewige Feuer durch seinen irdischen Atem zum Lodern zu bringen. Wenn Shams ein paar Tage fort war, bekam Rumi Entzugserscheinungen: aufgeregt war er, voller Kummer, schlaflos und voller Sehnsucht. Für Rumi wurde Shams zum Inbegriff des Gottesliebenden. Durch ihn erhielten seine bisher gemachten Erfahrungen und seine theoretischen Erkenntnisse eine völlig neue und vitalisierende Bedeutung. Die darauf folgende Transformation machte aus einem angesehenen, arrivierten Theologen der liberalen hanafitischen Schule eine weltberühmte und universelle spirituelle Persönlichkeit. Rumi beschreibt die Erfahrung der Liebe zu Shams im Sinne eines Neuwerdens. Er nennt sie „iid", was so viel wie der „neue Tag" bedeutet und im Persischen für den Jahreswechsel am ersten Frühlingstag gebraucht wird. „Iid" beschreibt den Akt der Erneuerung des Menschenlebens, die Erneuerung in der Natur und das Ende der dunklen Jahreszeit. Rumi erlebte sich gleichsam im Frühling seiner Kreativität. Seine fließenden Gedichte, seine Bewegungen im Tanz und Reigen ergießen sich in seine dichterische Kreativität. Er singt, spricht und tanzt seine Poesien. Er sagt: „Ich bin wie ‚iid-e no', der neue Tag, der gekommen ist, um das Schloss des alten Gefängnisses zu zerbrechen."[7] Das Neue charakterisiert sich durch die Überwindung der Einteilung von Zeit in Vergangenheit, Gegenwart und Zukunft. Der wahre Sufi ist ein „Kind des Augenblicks" („sufi ibn ul waqt"): „Verbrenne die Knoten der Vergangenheit und der Zukunft, die wie Schleier zwischen dir und Gott stehen".

Viele Gelehrte sind, wie Rumi erfahren hatte, durch erworbenes Wissen, Reichtümer, Ansehen, Beliebtheit, Ehre und Ruhm zu Gefangenen ihrer Besitztümer geworden und gerade dadurch von ihrem wahren Wesen entfremdet worden. Selbst gottesfürchtige Mystiker und Asketen, die noch nie die Furchtlosigkeit einer ekstatischen Liebe erfahren hatten, lebten noch immer in der Furcht vor dem göttlichen Zorn und Höllenstrafen. Shams hingegen wollte von Rumi alle Furcht wegnehmen und ihn dazu ermuntern, ein freier Mensch für die Gegenwart Gottes zu sein. Mutig und risikobereit muss man sein, um die wahre Liebe zu entdecken. Diese könne sich nur dann ereignen, wenn Rumi die Bedingungen Shams' restlos und ohne Erwartung auf eine Gegenleistung annehmen würde. Liebe ist frei von jedem Zweck und Nutzen und verlangt von allen Beteiligten die absolute Freiheit. Dies bedeutet, so vom eigenen Ich loszukommen, dass man sein Ich im Ich des Geliebten verlieren kann. Diese Freiheit wird in der islamischen Mystik mit dem Begriff „Armut" („faqr") und „Entwerden in Gott" („Fanna-fi-Allah") ausgedrückt. Shams forderte Rumi auf, alle Schlingen und Knoten auf dem Weg der Liebe aufzugeben. Rumi akzeptierte diese Bedingungen. Wie das Wasser, auch wenn es sich in verschiedenen Behältern befindet (im Glas oder im Ozean), immer dasselbe Wasser ist, so ist auch die menschliche Liebe ihrem Wesen nach die göttliche Liebe im menschlichen Gefäß. Denn die Liebe ist wesentlich göttlichen Ursprungs und von Ewigkeit her gegenwärtig. Das heißt, die irdische Liebe ist eine Vorstufe für die himmlische Liebe.

Das „Tauhid", das islamische Einheitsbekenntnis: „La ilaha iIlallah" (Es gibt keine Gottheit außer Gott) bekam durch Shams eine völlig neue Bedeutung. Er erfuhr die unfassbare göttliche Einheit in allem Fassbaren. Er nahm sich das Recht heraus, Gott in jedem Erleben von Schönheit und Ekstase zu verehren. Es ist eine Erfahrung, nach der sich jeder Derwisch so sehr sehnt. Shams erweckte in ihm das Feuer der Liebe, durch die sein persönliches, imaginäres Ich völlig verbrannt wurde. Rumi – selbst schon längst Meister – wurde durch diesen Meister der Liebe zu einem völlig neuen geformt.

Der 5. Riss: Neue Verlusterfahrungen

Die Familie und die Konyaer Gesellschaft waren schockiert. Missfallen, Vorwürfe, Eifersucht regten sich. Scharmützel und Intrigen wurden angezettelt und Shams aus der Stadt hinausgeekelt. Überstürzt und grußlos verschwand er. Aber anstatt dass sich Rumi wieder seinen Pflichten zuwandte, füllte er das Drama der Trennung zum abendfüllenden Epos aus. Er fühlte sich wie eine Wassermühle am ausgetrockneten Flussbett, wie eine Muschel ohne Perle und ein sterbender Fisch am Meeresufer. Er schickte Briefe hinterher, Boten und Detektive und ließ ihn überall suchen. In einem der Briefe schrieb er: „In deiner Abwesenheit sollte man Musik steinigen, wie man den Teufel steinigt. Ohne dich ist selbst das Dichten nicht möglich. Einzig in Erwartung deines Briefes vermochte ich fünf, sechs Ghasele über meine Lippen zu bringen. Oh Shams! Du Stolz der Damaskener, Armenier und Griechen! Komm doch, sodass sich unser Abend mit deinem Licht in einen Morgen wandle!"[8] Jedem Gerücht reiste er hinterher. Sein Sohn Sultan Walad stöberte ihn schließlich im knapp 1.000 Kilometer entfernten Damaskus auf und brachte ihn Monate später wieder zurück. Kaum aber war der Ersehnte wieder da, fesselte er den Dichter sogleich wieder an sich und die alten Spannungen eskalierten erneut. Um Shams an sich zu binden, verheiratete ihn Rumi sogar mit einem in seinem Hause erzogenen Mädchen. Doch bald darauf verschwand er auf Nimmerwiedersehen. Es kam das Gerücht auf, der Derwisch sei ermordet worden, vermutlich von eifersüchtigen Schülern und möglicherweise unter Mitwirkung eines der Söhne Rumis.

Der 6. Riss: Trennungsschmerz und Durchbruch zu schöpferischer Energie

Rumi, der „unzerschlagene Spiegel" erblindete, weil er so untröstlich seinem Freund hinterherweinte. Allen Andeutungen und Vermutungen ging er nach – umsonst. Er reiste sogar zweimal nach Damaskus und blieb monatelang dort – vergeblich. Er suchte ihn zwar, aber er wusste zugleich, dass er ihn nie mehr sehen würde. Er machte jenen psychischen Prozess von existentiellen Verlusterfahrungen durch, die man zunächst verdrängen muss, weil man die brutale Wahrheit nicht annehmen kann. Dies ging so lange, bis er endlich akzeptierte, dass Shams, eingehüllt in eine immer glühendere Staubwolke, ihm vorausgeritten sei ins Haus der Ewigkeit. Erst dann fand er ihn wieder im eigenen Herzen. Sein Sohn Sultan Walad berichtet darüber: „Er sah Shams-i Tabriz nicht in Damaskus. Er sah ihn in sich selbst, klar wie den Mond. Er sprach: Bin ich auch körperlich fern von ihm, ohne Körper und Seele sind wir beide ein Licht. Sieh sowohl ihn als auch mich: Ich bin er und er ist ich, oh Suchender!"[9] Es sollte aber gerade dieser Trennungsschmerz sein, der die schöpferische Energie in Rumi erst eigentlich auslöste. Er wusste nicht, was mit ihm geschah. Er lauschte der Musik, drehte sich in ekstatischem Tanz und rezitierte Verse – er, der sich nie mit persischer Poesie befasst hatte, sang, als sei er selbst ein Instrument. Er ließ seinen Freund in Tausenden und Abertausenden von Versen fortleben, deren Überschwang keine Grenzen kennt. Sultan Walad beschreibt die Transformation seines Vaters und die Reaktion der Leute von Konya so: „Tag und Nacht tanzte mein Vater, in völliger Ekstase über die Erde wirbelnd, wie dahin wehende Wolken. Sein Lachen hallte wider vom Zenith des Himmels und wurde von den Lebewesen aller Königreiche gehört. Er überschüttete die Musiker mit Gold und Silber und alles, was er in die Hände bekam, gab er wieder fort. Er war nie ohne ein singendes Herz und er machte nie eine Pause. Es war Rebellion in der ganzen Stadt – nein, die ganze Welt war erfüllt von den Rufen des Aufstands. Wie konnte eine tragende Säule und ein

Meister des Islam, verehrt als Führer durch die beiden Welten, so ein rasender Irrer werden? Jene, die vorher die Schriften rezitiert hatten, sangen jetzt in völliger Hingabe und wiegten sich mit den Musikern. In der Öffentlichkeit wie im Privaten, wandten sich die Menschen ab von Dogmen und leeren Ritualen und wurden verrückt vor Liebe."[10]

Die von den Mystikern besungene Vereinigung mit dem göttlichen Geliebten bespielte er in unendlichen Wendungen immer wieder aufs Neue. Seine Beziehung zu Shams, mit all ihrer Beseligung, Gefährdung und Versagung, schildert er so, dass sie als ein metaphysisches Symbol für die Beziehung des Menschen zu Gott erscheint. Rumi begriff die Schöpfung mit allen ihren Erscheinungen als Spiegelung der göttlichen Wirklichkeit. Wenn man seine Gedichte liest, stellt sich die Frage, ob er sich selber, Shams oder Gott meint, wenn er „ich" oder „wir" sagt. Legt er doch viele seiner Gedichte Shams in den Mund und benutzt dessen Namen im letzten Vers, wo die anderen Autoren ihren eigenen erwähnen. Das gesamte Werk trägt schließlich auch seinen Namen: „Diwan-i Shams-i Tabriz". In ihm verbanden sich letztendlich drei Strömungen der orientalischen Mystik und formten sich zu einer neuen Methode. Aus dem Nordosten der khorasanische Stil mit Berührungspunkten aus Schamanentum, Hinduismus und Buddhismus. Aus dem Westen der andalusische Stil mit Anlehnungen an das Christentum. Zuletzt brachte Shams aus dem Nordwesten Persiens, wo die Wiege der Zoroastrier und des Mithras-Kultes zu finden waren und die Magier ihren Hauptsitz hatten, den azerischen (aserbeidschanischen) Stil ein. Das alles prägte seinen unverwechselbaren Schreibstil, seine Poesie und sein riesiges literarisches Werk, das uns fasziniert, zugleich aber bei zahlreichen Passagen zum Herumrätseln über den verborgenen Sinn veranlasst.

Rumi – ein orientalischer Wortmagier: Lesen, Deuten und Verstehen

Blumige Sprachspiele

Andrew Harvey beschreibt das Dichtergenie Rumi folgendermaßen: „In Rumi verband sich der Intellekt eines Platon mit der visionären seelischen Kraft eines Buddha oder eines Christus und der Wortgewalt eines Shakespeare."[1] Nicht auf den ersten Blick und auch nicht auf den zweiten erschließt sich das multikulturelle Substrat seiner Dichtung, die auch Anleihen aus der griechischen Philosophie nimmt, insbesondere bei Platon, den Rumi mehrfach ehrfürchtig nennt. Die Schwierigkeit, Rumi als orientalischen Dichter zu verstehen, ist oftmals nicht nur inhaltlicher, sondern auch ästhetischer Natur. Seine Ideen als solche sind den unseren nicht unähnlich. Wie er sie jedoch literarisch ausgestaltet, fasziniert westlich denkende Menschen einerseits. Zugleich verwirrt es uns oder es erschließt sich uns nur schwerlich. Er beherrscht alle Kunstformen der klassischen persischen Poesie. Gelegentlich verwendet er griechische, türkische und arabische Begriffe und Redensarten. Er ist durchströmt von semantischen Wortspielen, die er in der Ursprache lautmalerisch zum Klingen bringt, die aber als solche kaum eins zu eins übersetzbar sind. Übersetzen und Übertragen bedeutet stets Interpretieren, und dies wiederum impliziert eine ganz Reihe von kulturbedingten Vorentscheidungen. Wer nicht aus diesem Traditionskreis kommt, muss oft darum ringen, die ursprüngliche Intention der Worte zu verstehen. Hinzu kommt, dass Rumi Hocharabisch sprach, Griechisch und Türkisch kannte und sein Schüler Husamaddin Chelibi später seine Gedichte in Farsi veröffentlichte. Die persische Poesie wurde stark von der arabischen beeinflusst. Die Unterstützung eines Sprachmittlers, der einen zumindest in solche Zusammenhänge der orientalischen Welt anfanghaft einführt, ist dafür absolut hilfreich. Ich bin dankbar dafür, dass ich gerade zu Beginn meiner Recherchen einen solchen an meiner Seite hatte, zusätzlich zu meinen Grundkenntnissen in der arabischen Sprache.

Besuch im Bazar

Wer sich an die Lektüre macht, sollte zuvor etwas tun, das ihm möglicherweise weiterhelfen könnte. Er sollte sich in das Getümmel eines orientalischen Bazars hineinwerfen und sich in den verwirrenden Gassen, halbdunklen Gängen und Abzweigungen einfach treiben lassen. Wer meint, er könne mit seiner rationalen Logik das Chaos ordnen und Strukturen erkennen, wird zunächst dabei scheitern oder es genervt aufgeben. Strukturen – und zwar zunächst unsichtbare – gibt es dort zwar und es existieren alte hierarchische Ordnungen, aber diese verschließen sich uns auf den ersten Blick. Man muss stehenbleiben! Immer und immer wieder. Und mit allen Sinnen wahrnehmen, was sich da an prallem Leben in seiner Vielfalt für die Augen, die Ohren, die Nase und für unseren Gaumen anbietet: Gewürze, Duftöle, Parfum-Essenzen, Räucherstäbchen, zuckersüße Naschereien, Blütenblätter, getrocknete Früchte, angenehme und weniger angenehme Gerüche, geschlachtete Tiere an einem Haken baumelnd und voller Fliegen und vieles andere mehr. Es geht darum, das Jeweilige in seiner Eigenschaft auf sich wirken zu lassen. Und wer sich je an die sinnlich-betörenden erotischen Andeutungen literarischer Art heranmachen wollte, der sollte einen Abstecher in die Abteilung für Damendessous machen. Was da in allen nur erdenklichen Farben und Formen verführerisch blinkt und glitzert, darf seine Phantasie anregen im Blick auf das, was in den Betten passiert, wenn das Licht ausgeknipst wird. Der funktionale Real-Pragmatismus eines westlichen Supermarkts ist hier von grundsätzlich anderer Natur. Genauso wie die Sprachspiele, in denen wir uns bewegen. Wünschen die Orientalen – wenn sie charmant drauf sind – einer Dame zur Begrüßung „einen Morgen voller Rosenblätter" oder „einen Morgen voller Jasminduft", ist mit einem norddeutschen „Moin-moin" bereits mehr als alles gesagt.

Im Labyrinth von Zigtausenden von Versen und Parabelfluten

Allein die sechs Bücher des Masnawi (auch: Mathnawi oder Mesnevi) enthalten einen Bazar von mehr als 25.000 Doppelversen. Schon eine solche Anzahl ist verwirrend. Gleichzeitig betont Rumi, wie schwer es ihm falle, mit Worten der wahren Wirklichkeit näher zu kommen. Wie soll man die Dinge richtig benennen? „Verlass die Namen", sagt er, „schau auf Eigenschaften, damit sie dir den Weg zum Wesen weisen. Dies Einssein und Getrenntsein ist nicht sagbar. Worte sind schwach und nur als Gleichnis tragbar." Da ist es wieder, dieses oben zitierte Wort der „Eigenschaften"!

Prall gefüllter linguistischer Bauchladen

Rumi benützt Metaphern, Vergleiche, Allegorien, Anekdoten, Erzählungen, Tier-Fabeln, Rätsel und Humor und viele Zitate aus dem Koran, in dem er verwurzelt war. Seine Sprachspiele sind manchmal vollsaftig, orientalisch undiszipliniert, oftmals redundant, da und dort obszön. Trotz der Überfülle der poetischen Sprachmittel und der transliminalen Bilder muss man sich stets bewusst machen, dass die „Letzten Dinge" nicht verbalisierbar sind. Oft greift er auf Hadithe zurück, die Überlieferungen von Worten Mohammeds. Die Spannung zwischen leichtfüßig tänzelndem Raffinement und dunkel-ernsten Themen ist eine ständige Begleiterin bei der Lektüre. So schwierig es oft ist, die Kernbotschaft aus dem Erzählten herauszuarbeiten, so sehr ist Rumi bemüht, Brücken zu bauen, indem er Erklärungen nachliefert, sie in die Geschichten einbaut oder diese unterbricht, um irgendwann wieder auf sie zurückzukommen. Auch im Zuge von Erklärungen, die er aus Philosophie, Theologie, Naturkunde, Medizin, Astrologie und Alchimie bezieht, gefällt er sich in vielerlei Wortspielen.

Der Islamwissenschaftler Johann Christoph Bürgel (* 1931) verdeutlicht diese komplexe Struktur anhand der Verschränkung von „sakraler Sprache in profaner Verwendung" und der „Sakralisierung profaner Sprache": Während durch den Gebrauch des Arabischen in den Heiligen Schriften die Sprache einen sakralen Status erhielt und profane – insbesondere die mit erotischen Anspielungen versehene – Reimkunst lange Zeit als tabu galt, konnten gerade die Sufi-Dichter mithilfe der Lyrik weltlichen Themen eine sakrale Konnotation beimessen.[2] Hinzuweisen ist schließlich auf den literarischen Kunstgriff des Humors und der feinen Ironie. Mit ihrer Hilfe kann man eine bestimmte Moralvorstellung kritisieren, sozial unkorrektes Verhalten in Frage stellen oder die Spannung einer peinlichen Situation entschärfen, ohne sie unbedingt zu beseitigen. Er dient vor allem dazu, Institutionen zu kritisieren, die für die offene Konfrontation tabu sind, wie z. B. die Herrscher oder den religiösen Dogmatismus. Humor ist ein Ventil, ohne Sanktionen befürchten zu müssen.

In seiner spontan-assoziativen Denkweise genügt oft schon ein Stichwort, um Rumi auf eine völlig unerwartete Thematik zu bringen. Der Mensch findet nicht zu Gott, indem er nur über Gesagtes nachdenkt. Er muss dem Herzen den Vorzug geben vor dem Verstand. Die dabei verwendete Sprache ist jedoch weit von ihrer wörtlichen Bedeutung entfernt. Das angesprochene Ver-Rücktwerden beim Besuch eines Bazars ist denn auch eine der Stationen auf dem Weg des Gottsuchers. Liebe, Trennungsklage, Askese, Verzweiflung, Irrewerden, Hingabe, Berauschtsein und Einswerden. Dazu es ist notwendig, den im Unbewussten wirkenden „dunklen Despoten" des eigenen Egos zu überwinden.

Verschiedene Ebenen und doppelte Böden

Ein wichtiger hermeneutischer Schlüssel ist die Gleichzeitigkeit der verschiedenen Ebenen. Man kann auch von einem doppelten Boden sprechen. Es gibt die Liebe zum oder zur Geliebten, die zum Meister, die zum Freund, zur Freundin – in Rumis Leben ist es Shams(eddin). Und gleichzeitig darin hineinverschränkt die Liebe zu Gott. So bezeichnet die orientalische Sinnlichkeit, die aus Rumis Versen spricht, nicht nur diesseitige Freuden, sondern verweist zugleich auf die mystische Trunkenheit der Seele auf ihrem Weg der Gottsuche. Der Geliebte ist sowohl menschlich und weist als solcher zugleich auch auf die absolute Liebe des Göttlichen hin. Der Wein, der von einem geliebten Menschen kredenzt wird, ist zugleich der berauschende Trank der göttlichen Liebe. In allen Dingen dieser Welt kann ein Hinweis auf Gott, den ewig Geliebten gefunden werden. Ähnlich, wie es der Mystiker Ignatius von Loyola ausdrückte: Die Gegenwart Gottes „in allen Dinge suchen, im Umgang mit jemand, im Gehen, Sehen, Schmecken, Hören, Verstehen und in allem, was wir tun."[3] Eben alles wurde eine Metapher für eine höhere Wirklichkeit. „Metapher ist die Brücke zur Wahrheit"[4], sagt ein arabisches Sprichwort. Gerade dieses permanente Oszillieren zwischen beiden Ebenen mit dem Medium einer „kräftigen und biegsamen Sprache"[5] macht den Reiz der Poesie Rumis aus. Dass diese Ebenen sprachlich nicht immer klar unterscheidbar sind – und es wohl auch nicht sein sollen –, hängt auch damit zusammen, dass das syntaktische Gerüst der persischen Sprache kein genderspezifisches Pronomen kennt. Sie kommt überdies ohne Artikel aus. Aus diesem Grund weiß man zunächst nicht, ob es sich um einen Mann oder eine Frau handelt, worauf sich das Gesagte bezieht. Die gesamte Sufi-Lyrik lebt von solcher Bildersprache.

Rumi lesen als persönliche Abenteuerreise

Die Leser und Leserinnen sind herausgefordert, sich selbst ein Verständnis zu erarbeiten. Meistens bedingt dies ein mehrfaches Wiederholen und eine eigenständige Suche nach Zusammenhängen über mehrere Passagen hinweg. Dies gleicht nach der Einschätzung von Peter Finckh einer „persönlichen Abenteuerreise"[6]. Und deshalb sei es „unnötig" – so Annemarie Schimmel – nach dem „richtigen Sinn"[7] zu fragen. All das zusammengenommen macht den Umgang mit der Struktur eines so hoch komplexen Werkes zeitaufwendig, ziemlich mühsam, aber auch spannend. Gleichzeitig gibt es aber auch eine Ermunterung von Rumi selbst: „Wenn Gedichte voller Bedeutung vorgetragen werden, sind sie besser als ein Meer voller Perlen. Und wenn sie fröhlich gesungen werden, trägt auch das hinterste Kamel seine Last leicht."[8] Abschließend ist mir folgender Hinweis wichtig: Übersetzungen oder freie Nachdichtungen sind nicht nur eine gelehrte Dienstleistung, sondern eine eminent kulturpolitische Intervention und ein ideologischer Import von einem symbolischen Bezugssystem in ein anderes. Hinter dem genialen Rumi wird die Infrastruktur seines Wissens sichtbar, auf deren Hintergrund er seine Texte präzise mit seinem sozialen, kulturellen und politischen Kontext verbindet. Die Übersetzer sind somit nicht nur Interpreten, sondern auch Kommentatoren und Agenten von Verlagen. Gerade in den vielen vorliegenden Büchlein mit einer Teilauswahl von Rumis Gesamtwerk – besonders in bibliophilen Editionen – und der Art und Weise ihrer Übertragungsleistung bestimmen sie die Rezeptionsgeschichte mit, nicht zuletzt für welches Publikum die Publikation gedacht ist und für welchen Leserkreis eben nicht.

Mystik in epochalen gesellschaftlichen Umbrüchen: das 13. Jahrhundert

Mystiker und Mystikerinnen sind Bürger dieser Welt

Jede Form von Mystik schreibt sich als religiöses Phänomen in den konkreten Horizont der jeweiligen Zeit ein. Sie ist nicht freischwebend, nicht transhistorisch und kein transkulturelles Substrat. Sie ist auch keine frei flottierende Erfahrung eines vereinzelten Subjekts im leeren Raum. Die Annahme, Mystik sei eben immer Mystik, sei immer und allenthalben ein und dieselbe Größe, ist mit Sicherheit falsch. Zu Recht ist die religionswissenschaftliche Forschung heute zurückhaltend gegenüber phänomenologischen Versuchen, gleichsam eine „Wesensbestimmung" der Mystik als solcher zu erarbeiten, weil man dabei Gefahr läuft, historische Kontexte aus dem Auge zu verlieren. Echte Mystikerinnen und Mystiker waren in der Regel keine Sonderlinge am Rande ihrer Religion und Gesellschaft, allein mit ihrem Gott auf der Flucht ins Jenseits. Sie blieben Bürgerinnen und Bürger dieser Welt, eingebunden in ihren Kulturen und konfrontiert mit allen Konflikten ihrer Zeitgenossen.

Mitten drin in der Interaktionsgeschichte zwischen Orient und Okzident

Ohne deshalb einen – zumindest zusammenfassenden – Blick gleichsam aus der Vogelperspektive auf den geschichtlichen Kontext zu werfen, ist Rumi und die Mystik, die in dieser Zeit entstanden ist, nicht wirklich zu verstehen. Weil es um einen Dialog geht, soll der Fokus dabei auf prägende Ereignisse gerichtet werden, die Christen und Muslime aus unterschiedlicher Perspektive erlebten oder die in besonderer Weise Rumi und die Sufi-Mystiker betrafen. Es zeigt sich dabei auch, wie transkulturell eng verflochten die großen geographischen Herrschaftsräume im Sinne einer Interaktionsgeschichte waren. Kulturtransfer und damit auch Austausch und Rezeption religiöser Konzepte fand im eurasischen Raum in differenzierter Weise statt.[1] Eine wichtige Rolle spielten der Fernhandel im Mittelmeerraum und die alte Seidenstraße. Lieder, Geschichten, religiöse Ideen, philosophische Ansichten und unbekanntes Wissen kursierten unter den Reisenden und generierten einen ausdauernden, weitreichenden und vielfältigen Austausch zwischen Orient und Okzident. Auch die Kreuzzüge hatten in dieser Hinsicht eine nicht zu unterschätzende Bedeutung. Sich gegenseitig befruchtende oder auch abgrenzende Interaktionen verschiedener theologischer Konzepte spielten bei der Konstruktion der jeweiligen Gegenwart eine wichtige Rolle. Wohl darum wissend, dass sich Globalgeschichte im Sinne des Panoramas einer „longue durée"[2] nicht in die früheren Periodisierungen von Jahrhunderten pressen lassen kann, beschränke ich mich in der hier gebotenen Kürze auf das 13. Jahrhundert.

Eine Epoche mit grausamen Machtkämpfen

Das 13. Jahrhundert – also die Zeitspanne, in der Rumi lebte – war geprägt durch die blutigen und grausamen Machtkämpfe einer Epoche, die Christen und Muslime in heftige kriegerische Auseinandersetzungen mit weitreichenden historischen Folgen brachten. Religiöse, militärstrategische, ökonomische und politische Interessen verschränkten sich ineinander mit dem Ziel, den eigenen Einflussbereich zu vergrößern oder zu festigen. Zur Legitimierung beanspruchten die weltlichen wie religiösen Akteure die Autorität Gottes. Damit wurde das jeweilige Handeln als etwas Sakrales deklariert, das sich grundsätzlich gegen Kritik Andersdenkender oder Andersgläubiger immunisierte. „Gott will es: Deus lo vult." So lautete nicht nur das Motto des ersten Kreuzzugs. Später kam „Christus befiehlt! Christus siegt!" dazu und für die Muslime „In schāʾa ʾllāh". Es ist wichtig, die enorme Gewalttätigkeit jener Epoche in Erinnerung zu behalten, vor deren Hintergrund sich die Mystiker zu entwickeln begannen: Kreuzzüge, Sklavenhandel, Inquisition, Misogynie, Ketzer- und Judenverfolgungen und dem christlichen Überlegenheitsdenken gegenüber den Muslimen waren Symptome einer Welt, die auf das kulturell Andere mit systematischer Gewalt reagierte.

Kreuzzüge

Sprachlich ist zunächst anzumerken, dass es sich mit dem Begriff des Kreuzzugs um ein verharmlosendes Vokabular handelt. Einerseits wirkt es glorifizierend und verschleiert andererseits die katastrophalen Ausmaße des päpstlich sanktionierten blutigen Unternehmens von Gotteskriegern. Vier der sieben Kreuzzüge (1095–1270), zum Teil in Verbindung mit Judenpogromen, fanden im besagten Jahrhundert statt. Die Eroberung Jerusalems (1099) ging mit einem unvergleichlichen Blutbad einher, das sich über Jahrhunderte in das kollektive Gedächtnis der muslimischen Völker eingegraben hat. Am 13. April 1204 eroberte das Heer des vierten Kreuzzugs Konstantinopel. Bis heute gilt dieses Ereignis als die große katastrophale Pervertierung des Kreuzzugsgedankens schlechthin. Christliche Kirchen, Klöster und Konvente wurden in großem Stil ausgeraubt. Tausende von Zivilisten wurden getötet. Frauen, darunter auch Nonnen, wurden vergewaltigt. Im Jahr 2001 bat Papst Johannes Paul II. bei einem Besuch in Athen offiziell um Vergebung für die im Namen der katholischen Kirche auf diesem Kreuzzug verübten Verbrechen. Die Plünderung schwächte das byzantinische Reich nachhaltig. Die benachbarten Reiche wie das Sultanat der Rum-Seldschuken und die osmanischen Türken erlangten Einfluss in der Region und bauten ihn aus. Sultan Mehmed II. eroberte 1453 Konstantinopel. Damit fiel diese Stadt, die seit der Spätantike mehr als 1.000 Jahre das Zentrum des byzantinischen Reiches war und die christliche Vormacht im östlichen Mittelmeerraum bildete.

Im anatolischen Konya, jener Stadt, in der Rumi drei Jahrzehnte später leben wird, kam es beim dritten Kreuzzug (1189–1192) zur „Schlacht bei Iconium" (1190). Sie wurde vom deutschen Heer unter Kaiser Friedrich Barbarossa und den Rum-Seldschuken unter Sultan Kılıç Arslan II. ausgekämpft. Nach manchen Angaben verloren die Seldschuken 40.000 Mann. Die Verluste der Kreuzfahrer sollen sich auf ca. 20.000 Mann belaufen haben. Plünderungen und Geiselnahmen zum eigenen Schutz beim Weitermarsch gehörten als Standard dazu. Mit der Eroberung Akkons durch die ägyptischen Mamluken (1291) endeten die insgesamt sieben Orientkreuzzüge.

Ein entscheidender Schritt bei der Reconquista von Al-Andalus[3]

Der Begriff „Reconquista" wird von Historikern zu Recht kritisiert, da er den Eindruck erwecken kann, es habe ein einheitliches Bestreben der christlichen Reiche gegeben, die seit 701 in muslimischer Hand befindlichen Territorien zurückzuerobern. Es gab Zeiten, in denen der christliche Herrschaftsbereich wieder zurückgedrängt wurde, lange Phasen von Bündnissen und Perioden, in denen das Vordringen der Christen praktisch zum Stillstand kam. In der sogenannten zweite Phase (1086–1212) nahmen die Auseinandersetzungen allerdings stärker als zuvor den Charakter eines heiligen Religionskriegs an, befeuert von den religiös-militanten Ideen der Kreuzzüge.

Einen entscheidenden Fortschritt markierte das Jahr 1212. Hier errang eine Koalition christlicher Streitmächte aus Kastilien, Aragon und Navarra bei Las Navas de Tolosa einen vernichtenden Sieg über den muslimischen Almohadenkalifen Muhammad an-Nasir (ca. 1181–1213). Diese Schlacht brachte der seit Jahrhunderten dauernden Reconquista den endgültigen Durchbruch. Chronisten berichteten von 150.000 Gefallenen: Wenn jemals die Muslims Christen ein Leid angetan haben, so hieß es, wurde es hier über die Maßen gerächt. Die Niederlage ging als „iqâb" (Strafe) in die arabischen Annalen ein. Nach dem Sieg zelebrierte der Bischof von Toledo auf dem Schlachtfeld eine Messe mit dem „Te Deum". Der Kalif gelangte noch bis Marrakesch, wo er ein Jahr später starb. Seine Niederlage war nicht nur der Anfang vom Ende der Almohaden. Sie besiegelte letztendlich das Schicksal des Islam auf der Iberischen Halbinsel, auch wenn es noch fast drei Jahrhunderte dauern sollte, bis die letzte muslimische Herrschaft im Jahr 1492 mit dem Sieg der katholischen Truppen über Granada dort ihr Ende fand.

Al-Andalus war für die Weiterentwicklung des Sufismus hoch bedeutsam. Hier konnte er eine Verbindung von Aufklärung und Mystik eingehen. Grundlegende Erkenntnisquellen wie die traditionelle Lehre, die wissenschaftliche Vernunft und die mystische Eingebung fanden zusammen. Die berühmtesten Poeten in al-Andalus waren auch große Sufimeister, so etwa der im andalusischen Murcia geborene Ibn al-Arabi (1165–1240). Etwa zehn Jahre vor der erwähnten Schlacht verließ er seine Heimat für immer. Rumi wurde sieben Jahre in Damaskus sein Schüler, wo er mit dem vergleichbar freien Geist von al-Andalus und dessen kulturellen Anleihen aus dem Christentum und Judentum konfrontiert wurde. In diesem multikulturellen Raum waren Ansätze zu finden, wie Religionen zu Momenten des Zusammenlebens finden können und dass der gegenseitige Vorwurf des Irrtums und das Drohen mit Gewalt nicht das letzte Wort haben müssen. Aus der Erfahrung einer da und dort praktizierten friedlichen Koexistenz der Religionen und Ethnien schrieb er folgendes Gedicht: „Mein Herz hat angenommen jegliche Gestalt: für die Gazellen Weideplatz, für Mönche Kloster, den Götzen Tempelbau, dem Pilgerkreis die Kaaba, Schriftrollen für die Thora, Seiten für den Koran. Wo die Karawane auch hinziehen mag, ist Liebe meine Religion."[4]

Inquisition

Die Inquisition begann 1231 und wird mit Gesinnungsterror und Foltermaßnahmen im Namen Gottes bis zu ihrem

Ende im 18. Jahrhundert ca. 60.000 als Häretiker, Ketzer oder Hexen inkriminierten Klerikern und Laien den Tod bringen. Theologisch untermauert wurde die Todesstrafe u. a. von Thomas von Aquin: „Was die Ketzer anlangt, so haben sie sich einer Sünde schuldig gemacht, die es rechtfertigt, dass sie nicht nur von der Kirche vermittels des Kirchenbannes ausgeschieden, sondern auch durch die Todesstrafe aus dieser Welt entfernt werden. Ist es doch ein viel schwereres Verbrechen, den Glauben zu verfälschen, der das Leben der Seele ist, als Geld zu fälschen, das dem weltlichen Leben dient. Wenn also Falschmünzer oder andere Übeltäter rechtmäßigerweise von weltlichen Fürsten sogleich vom Leben zum Tode befördert werden, mit wieviel größerem Recht können Ketzer unmittelbar nach ihrer Überführung wegen Ketzerei nicht nur aus der Kirchengemeinschaft ausgestoßen, sondern auch billigerweise hingerichtet werden."[5] Im Jahr 1252 erfolge die Legalisierung der Folter durch Papst Innozenz IV.

Den Mystikern wurde das Christsein immer wieder abgesprochen: Verfolgungen und Hinrichtungen ziehen sich durch die Geschichte – auch bei den Sufis. Die Beginen-Mystikerin Marguerite Porète (1250–1310) war eine derjenigen, die nach anderthalbjähriger Haft in Paris auf dem Scheiterhaufen landete, zusammen mit ihrem Buch: „Der Spiegel der einfachen Seelen."[6] Dieses Ende hätte auch Meister Eckhart (1260–1328) geblüht, der allerdings den Abschluss seines Prozesses nicht mehr erlebte. Scheiterhaufen kannten auch die Glaubenshüter des Islam. Eine in der literarischen Rezeption bekanntesten Gestalten, die auf diese Weise ihr Ende fand, ist der Sufi-Mystiker und als „Märtyrer der Gottesliebe" bezeichnete Mansur Al-Halladsch (858–922).[7] Aufgrund von häretisch eingestuften Aussagen auf der Basis seiner Einheitsmystik wie z. B. „Ich bin die schöpferische Wahrheit" („ana'l-Haqq") und seiner Überzeugungen, dass beispielsweise ein gutes Werk wichtiger sei als die Pilgerfahrt, wurde er gefoltert, ans Kreuz gehängt, geköpft und dann auf dem Scheiterhaufen in Bagdad verbrannt.

Der Häresievorwurf gegen den Irrglauben wurde allerdings auch zu einer Legitimationsstrategie für politische Machtexpansion herangezogen. Den Nutzen daraus hatten durchweg die Könige. So führte der Ketzerkreuzzug (1209–1229) gegen die Katharer in Südfrankreich die Herrschaft des französischen Königs im Languedoc herbei. Er begann mit einem Massaker an der Bevölkerung von Béziers. Auch wenn die überlieferte Zahl von 20.000 Opfern wohl übertrieben sein dürfte, war es ein Massenmord. Viele weitere Städte folgten. Der Kampf gegen die zu Häretikern erklärten Stedinger Bauern restaurierte in den Jahren bis 1234 die Herrschaft des Erzbischofs von Bremen an der Nordseeküste. Und Philipp IV. von Frankreich veranlasste im frühen 14. Jahrhundert einen Häresieprozess gegen die Templer, um die Macht des Ritterordens zu brechen und, wie man vermuten darf, an dessen Vermögen heranzukommen.

Mongolenstürme

Die als „Mongolenstürme" bezeichneten Expansions- und Eroberungsfeldzüge in Mitteleuropa und Asien veränderten die Architektur der bisherigen Machtgefüge im großen Stil. Die damals bekannte Welt zitterte vor den Horden Dschingis Khans („ozeangleicher Herrscher") (ca. 1155–1267). Seine Hauptstadt Karakorum („schwarzer Sand") scheffelte die Schätze der eroberten Länder: Gold, Silber, Diamanten, Seide. Das erklärte Ziel war kein geringeres als die Eroberung der Welt. 1211 marschierte er in Nordchina ein. Vier Jahre später war das Riesenreich erobert und verwüstet. 1219 war Korea an der Reihe. Im Westen eroberten seine Heere Afghanistan, Kasachstan und Rußland. Westlich des Ural galt er gemeinhin als ein blutsäuferischer Tyrann. Der Einfall der „Goldenen Horde" unter Batu Khan (1205–1255) in Kleinpolen und Schlesien (1241) verbreitete in ganz Europa Angst und Schrecken. Nach der Eroberung von Krakau stellte sich Herzog Heinrich der Fromme vor Liegnitz nördlich von Breslau zur Schlacht. Er blieb jedoch ohne Chance. Mongolische Vorausabteilungen erreichten Teile Brandenburgs, Mähren, Niederösterreich, die kroatische Adria und Thrakien, bevor sie aufgrund des Todes

des Großkhans Ugedai und der nachfolgenden Thronstreitigkeiten umkehrten. Zentrales weltpolitisches Ereignis war die Einnahme von Bagdad unter Möngke Khan (1209–1259). Weil der Kalif die Unterwerfung verweigerte, stürmten die Mongolen 1258 die Stadt. Ihre Bewohner wurden zu Hunderttausenden hingemetzelt. Das gelehrte Zentrum der islamischen Welt war dahin. Es war unter anderem eine Wiege des Sufismus und Wirkstätte bedeutender Sufi-Mystiker und eine der Stationen Rumis während seiner Flucht vor den Mongolen. Die Besetzung einer so altehrwürdigen und prestigereichen Metropole mit unermesslicher symbolischer Bedeutung für die ganze islamische Welt bedeutete einen schweren Schock, der bis heute weiterwirkt. Das sogenannte „Goldene Zeitalter" war damit vorbei. Die Führung der muslimischen Welt ging endgültig an die Türken über, an die Mamluken in Ägypten und schließlich an die Osmanen. Ein weiterer Mongolenherrscher, Kublai Khan (1215–1294), ein Enkel Dschingis Khans, eroberte alle Reiche mit chinesischer Kultur. Als Kaiser von China (ab 1271) begründete er die Yuan-Dynastie. Von China bis zur Donau reichte nun eine „Pax Mongolica".

Beschleunigte gesellschaftliche Veränderungen

Das Jahr 1258 galt in Europa als Jahr ohne Sommer mit Dauerregen, Missernten und Hungersnöten. Durch die Kreuzzüge flammte die Pest wieder auf und raffte oft jeden zweiten Einwohner einer betroffenen Stadt hinweg. Im Jahr 1202 erschütterte ein Erdbeben das islamische Kalifat in Nablus.[8] Es wurde in Armenien, Anatolien, im Iran, in Ägypten und zwischen Sizilien und Mesopotamien wahrgenommen. Die genaue Anzahl der Opfer ist unklar. Arabische Quellen sprechen von mehr als einer Million Toten und schließen wahrscheinlich auch die mittelbaren Opfer von Seuchen und Hungersnöten mit ein. In Deutschland wurde der Bau einer ganzen Reihe kostspieliger Dome begonnen (z. B. Köln 1248) und gleichzeitig herrschte gerade in den aufstrebenden Städten eine unvorstellbare Armut.

Zusammenfassend kann gesagt werden: In vielerlei Hinsicht erlebten Europa und Zentralasien bis nach China eine Phase der beschleunigten Veränderung. Die vielschichtigen Umbrüche und Destabilisierungen bestehender Ordnungen und die damit zusammenhängenden langfristigen Transformationsprozesse erzeugten Identitäts- und Integrationskrisen.

Das Auftreten der Mystiker auf der Bühne der Geschichte

In dieser Gemengelage gehört es zur Signatur dieser Epoche, dass im Bereich der Religion bedeutende mystische Formationen entstanden. Sie stellten sowohl die innerweltliche Rationalität von Gewaltherrschaft als auch den mit drastischen Sanktionen versehenen Exklusivitätsanspruch der Kirche in sämtlichen Glaubens- und Sittenfragen in Frage. Zeitgenossen Rumis im 13. Jahrhundert waren (in Auswahl) folgende bedeutende Mystikerinnen und Mystiker: Franz von Assisi (1181–1226); Mechthild von Magdeburg (1207–1282); Mechthild von Hackeborn (1256–1301); Marguerite Porète (1250–1301); Meister Eckhart (1260–1328); Heinrich Seuse (1295–1366) und Jan v. Ruysbroek (1293–1381). Gerade in den Umbrüchen dieses Jahrhunderts, die sowohl Muslime, Juden und Christen betrafen, gingen Menschen hervor, die sich in den herkömmlichen Sprach- und Formenwelten, besonders den religiösen, nicht mehr wiederfinden konnten und sich davon emanzipierten.

Zwischen Sehnsucht und Verzweiflung

Angesichts von Krieg, Terror und Verfolgung machte sich vielerorts nicht nur Entsetzen breit, sondern auch eine maßlose Enttäuschung über die kirchliche Obrigkeit. Wie das Evangelium mit Gewalt, Blutvergießen, brutaler Machtausübung, Unterdrückung sowie Bevormundung der Gläubigen und finanzieller

Protzerei zusammenzubringen sei, war schon damals vielen ein Skandal. Zum Elend in der Welt gesellte sich auch das Miterle-benmüssen einer praktizierten Gottlosigkeit durch dekadente Kirchenfürsten. Das religiöse Lebensgefühl breiter Schichten dieser Epoche beschreibt der Mittelalterhistoriker Vito Fuma-galli mit dem Buchtitel: „Wenn der Himmel sich verdunkelt"[9]. Die Erinnerung an Krieg und Tod, die Angst vor Schlachten und Gemetzeln sowie die Frucht vor der ständigen Bedrohung durch gewaltsame Überfälle war eine Grunderfahrung vieler Menschen. Traumatisierungen, Existenzsorgen und das Gefühl einer generalisierten Unsicherheit sowie das Gefühl, kirchlichen wie weltlichen Obrigkeiten ausgeliefert zu sein, gehörten eben-falls dazu. Dunkle emotional aufgeladene Bilder erschienen als Visionen des kommenden Gerichts oder als Zeichen dafür, dass der drohende Tag des Herrn nah sei. Der Glaube an eine Trans-parenz des Irdischen auf das Himmlische, an eine erkennbare Präsenz Gottes im sichtbaren „Außen" schwand zunehmend dahin. Neue Orientierung versprach die Hinwendung zum In-neren, zu einer Heilsvergewisserung durch religiöse Erfahrung. Sie entstand aus einer Haltung des Vertrauens, dass das Sehnen nicht ins Leere läuft und aus einem Hunger nach einer authen-tischen Spiritualität. Mystikerinnen und Mystiker waren und sind wache Menschen, die die Befindlichkeiten ihrer Zeit teil-ten, darunter litten, sich aber theologisch nicht damit abfinden wollten. Friedrich Nietzsches Einschätzung trifft hier zu: „Wo Sehnsucht und Verzweiflung sich paaren, da entsteht Mystik." Die epochalen Umbruchzeiten wirken offensichtlich wie ein Katalysator dafür, dass sich Persönlichkeiten von Mystikern herausbilden, die eine orientierende Leuchtturmfunktion für viele ihrer Zeitgenossen wahrnahmen.

Mystische Erfahrungen machen autonom und setzen frei

Mystische Gotteserfahrungen entziehen sich dem Zugriff einer kirchlich verordneten Dogmatik, die vorgibt, den Glauben mit aller Gewalt vor Irrlehren abzusichern. In dem Maße, in dem religiöse Institutionen vorrangig nichts anderes tun, als Glaubensinhalte lehrmäßig zu organisieren und zum gehorsamen „Nach-Beten" vorzuschreiben, höhlen sie das individuelle religiöse Empfinden aus. So mutiert der ursprünglich lebendige Erfahrungshintergrund zum abstrakten Gegenstand einer ritualisierten Praxis. C. G. Jung bringt es so auf den Punkt: „Organisierte Religion wird zur Abwehr gegen die eigene religiöse Erfahrung." Doch ist es genau die Kraft unmittelbarer Erfahrung, die Menschen damals wie heute fasziniert, tröstet, ermutigt und sie innerlich freisetzt. Denn sie zeigt, was an der Religion das Ursprüngliche ist: nämlich ein Geschehen, das einen in der intimsten Schicht des Selbstbewusstseins ergreift. Schlimm ist es, wenn entweder die institutionalisierte Religion oder die religiöse Institution im Lauf der Zeit zur primären oder gar zur einzigen Quelle der religiösen Identität geworden ist und sich nicht mehr als demütiges Instrument dessen versteht, woraufhin sie verweist: das Göttliche und Transzendente.

Zurück zur Quelle!

Insofern waren Mystiker aller Religionen in gewissem Sinn stets Abtrünnige innerhalb ihres Systems. Sie gingen zurück zur Quelle. Und wer je davon getrunken hat, stellt sich gelassen und frei den religiösen Vor-Schriften mit dem Gewicht seiner reflektierten Erfahrungserkenntnis entgegen. Der von Gottes Liebe durchdrungene Mensch kümmert sich zuallererst weder um Bußübungen oder Messen, noch um Predigten oder Rituale. In den inquisitorischen Augen der oberbehördlichen Glaubenswächter war und ist es eine Ketzerei, diese große Quelle eigenständig erreichen zu wollen und so tief darin einzutauchen, dass man zu behaupten wagt, dass die einzig logische Verkündigung, die gemacht werden könne, darin besteht zu sagen: Gott und die ihn Suchenden sind eins. Die Mystiker wissen: Die dünne, uns eingrenzende Blase, die wir das Ego nennen, kann platzen oder zumindest einen Riss bekommen. Dieser würde schon reichen, damit sich eine Bewusstheit durchsetzen kann, die sich als mit der Quelle vereint sieht. Die Sufis nennen dieses Bewusstsein der Einheit das heilende Gegenmittel zu Angst und Entfremdung und finden darin Trost. Rumi sagt: „Die Liebe ist das Ein und Alles, wir sind ein Teil davon. Sie ist ein Meer und wir sind ein Schluck davon."[10] Wer dies nicht so sehen kann – so die Sufis –, stecke noch fest in der Welt der Illusionen wie eine Raupe im Kokon, bis sie sich aus diesen Verstrickungen befreit.

Tropfen aus Rumis mystischem Ozean

Liebe und Gotteserkenntnis: Als Erotik noch von Allah gewollt war

Liebe und Erotik in der Sufi-Lyrik

In kaum einer anderen Dichtung ist die Verknüpfung von Liebe und Eros so zentral und facettenreich vertreten wie in der orientalischen. Sie versetzt die Zuhörer oder die Leser oft in eine verzückte Begeisterung. Ein und dasselbe Liebesgedicht kann religiös, philosophisch, mystisch, aber auch panegyrisch (den Herrscher verehrend) gedeutet werden. Ob nun der geliebte Mensch oder Gott angeredet wird, oder ob ineinander verschränkt von beiden die Rede ist, lässt sich nicht eindeutig entscheiden. Diese Vieldeutigkeit, diese Offenheit nach allen Seiten, ist Programm unter dem Motto: Wer nicht liebt und geliebt wird, ist ein bedauernswerter Mensch, denn Liebe ist „wo Paradies und Welt an einem Ort zusammen liegen." Die Liebesgedichte erzählen von solchen Paradiesen. Dort folgt das Leben den Gesetzen des Herzens. Dort darf rückhaltlos geliebt werden. Dort fallen die Hüllen der weiblichen und der männlichen Schönheit. Dort wird geweint und vor Sehnsucht gelitten. In der Poesie ist Raum auch für Phantasien, die nicht wirklich (oder möglicherweise doch!) ausgelebt werden konnten. In ihrem Roman „Die vierzig Geheimnisse der Liebe" beschreibt Elif Shafak die Liebe der Wanderderwische so: „Ein Leben ohne Liebe ist ohne Bedeutung. Frag dich nicht, welche Art der Liebe du suchen sollst, spirituelle oder materielle, göttliche oder weltliche, östliche oder westliche... Teilung führt nur zu weiterer Teilung. Die Liebe kennt keine Bezeichnungen, keine Begriffe. Sie ist was sie ist, rein und schlicht... Wenn das Feuer das Wasser liebt, dreht sich das Universum anders als zuvor."[1]

Erosbasierte Leidenschaft in Rumis Poesie

Rumi hat einen Großteil seines Werkes in sogenannten Ghaselen („Gespinsten") verfasst. Das sind Metaphern für das erotisch gefärbte Dichten. Sie drücken die Gefühle für den oder die Geliebte aus und erzählen darin auch von der Erfahrung des Gottsuchers, der Gott ebenfalls nur als Verinnerlichten schauen kann. Gleichwohl ist Gottesliebe im Innen nicht möglich ohne die gelebte Liebe im Außen. Alberto Ambrosio[2] weist darauf hin, dass die Liebe, von der hier die Rede ist, viel mit Leidenschaft zu tun hat. Das arabische Wort dafür („ishq") bedeutet ein Emotionsbündel voller Eros und überbordender Passion. Es ist nach Louis Massignon ein „désir essentiel". Es ist eben gerade nicht die „hubb´udhri", also eine keusche platonische Liebe, assoziierbar mit einer friedsam okzidentalen Johannesminne. „Bete mit Leidenschaft!", fordert Rumi. „Arbeite mit Leidenschaft! Liebe mit Leidenschaft! Iss, trink, tanz und spiel mit Leidenschaft! Warum willst du wie ein toter Fisch in Gottes Ozean aussehen?" Nur die Leidenschaft, die verrückt macht, die einen voll ergreift und die Koordinaten des Rationalen sprengt, spricht adäquat von Gott und von unserer Beziehung zu ihm. „Nur wer so liebt, dass sein Gewand zerfetzt ist" – so charakterisiert Rumi in der Einleitung zum „Mathnawi" (Buch I, Vers 22) diese Emotion, die das Gemüt völlig ergreift. Sie stellt jene Energie zur Verfügung, mit allen Mitteln das Ersehnte zu erreichen und in ihm aufzugehen. Dieser Eros ist die treibende Kraft in allem, was wir mit voller Begeisterung tun. Und natürlich auch und besonders in der Sexualität. Für den Sufi würde es die Liebe Gottes zu den Menschen und deren Liebe zu ihm verkleinern, würde man andere Begriffe gebrauchen, in denen die Leidenschaftlichkeit des Eros nicht mitschwingt. Der Eros lässt sich nicht messen, nicht zählen und nicht einhegen. Er ist unendlich, kühn, unwiderstehlich und grenzenlos. Eben göttlich! Und vor allem: Er ist nicht „kastriert" im Sinne einer blutleeren Betulichkeit nach frömmelnder Gutmenschen-Art. Wie kaum ein anderer Dichter seiner Zeit versteht es Rumi, die ewige Liebesgeschichte zwischen

Göttlichem und Menschlichem als interkulturelle Botschaft in die Welt zu bringen. Gleichzeitig musste er sich gegen die Vorwürfe von Lüsternheit und Weltlichkeit verteidigen, wie es unter anderem auch dem christlichen Mystiker Johannes vom Kreuz erging, der beispielsweise dichtete: „In des Geliebten innerem Keller trank ich einen Wein, der uns berauschte, noch ehe die Traube erschaffen."

Bruch mit Tabus

Religion dürfe nicht sexuell sein und Sexualität nicht religiös: Diese weit verbreitete Formel rührt an archaische Vorstellungen. Galt doch unter anderem auch im Katholischen lange Zeit, dass sexuelle Lust ein in sich geschlossener Weltvorgang sei, ohne Perspektive über sich hinaus: „Wenn Frau und Mann sich so vereinigen, sich so gegenüber sind, schließen sie sich gegen die Dimension Gottes ab, sind sie nur füreinander da. (…) Die vollkommene liebende Aufmerksamkeit der Existenz auf Gott ist für den Menschen nur zu erreichen, wenn er austritt aus diesem Gegenüber von Mann und Frau und die Kugel der irdischen Lust verläßt."[3] Als ob der Eros Gott beschädigen würde! Rumi und andere Liebes-Mystiker haben damit gebrochen und die beiden großen Quellen des Menschseins verbunden. Religion und Eros verschmelzen zu einem Ganzen und laden einander symbolisch auf. Jede hochstehende Kultur hat ihre Wurzeln auch im Spirituellen. Deshalb muss auch eine erotische Kultur im spirituellen Leben verankert werden, will sie nicht völlig „seicht" werden im Sinne einer ethikfreien Pornopraktik. Sexualität war für viele Sufis eine heilige Quelle und ein privilegiertes Mittel, um in höhere spirituelle Dimensionen einzutauchen. So untersagte der große Sufi-Heilige Junaid aus Bagdad (gest. 911) seinen Schülern ausdrücklich die dauerhafte geschlechtslose Liebe. Gerade die Liebesbeziehung zu Frauen sei ein geeigneter Weg, die Seele für das Göttliche anzuleiten, denn der Umgang mit ihnen lehre die Schüler Höflichkeit, Feingefühl, Achtsamkeit und Respekt. Ibn Arabi (1165–1240) sagt dazu, der Sufi erkenne und preise Gott in allen Bereichen des Lebens, das Erkennen Allahs im Angesicht einer schönen Frau sei jedoch das Höchste. Für ihn war der Sexualakt der reinste Weg der Gotteserkenntnis.[4]

Homoerotik?

Rumi schwelgte auch in Phantasien, die homoerotisch gedeutet werden können, ohne dass darüber ein wissenschaftlicher Konsens existiert. Es bestehen allerdings durchaus Indizien dafür, das er diese auch auslebte. Er beschreibt das Zusammensein mit Shams dergestalt, dass nur wenig Spielraum bleibt, anzunehmen, das alles sei nur rein geistig gewesen. Hierzu einige Kostproben: „Geh nicht nach Hause. Bleib heute Nacht bei mir. Nach und nach, langsam, aber sicher, wird dich mein Atem zum Wahnsinn führen. Du wirst vom Verstand befreit. Dann wirst du plötzlich verrückt (...) Wir sollten uns treffen. Nicht mehr länger als du oder ich, wir beide werden zu einem. Wenn wir eins werden, dann wird das Auge, das doppelt sieht, blind."[5] „Oh Geliebter, unsere Vereinigung dauerte nur einen Augenblick. Aber unsere Trennung kann in Jahren gezählt werden."[6] „Ich bin deine Harfe. Du schlägst mit dem Plektrum auf jeden Teil meine Körpers. Wie könnte ich nicht weinen?"[7] „Mein Geliebter streichelte mich gestern und ließ mich, der nichts als Kummer geschmeckt hat, seine Seele schmecken."[8] „Ich bin dein Sklave und Diener. Du hast mich ausgebildet und verändert. Oh Herz, geh nicht weg. Ich bin deine Flöte, betrunken von deinen Melodien. Zerbrich die Harfe der Freude nicht. Lass die Saiten nicht reißen. Geh nicht weg. Wenn du bereits betrunken bist, warum willst du woandershin gehen?"[9] Man könnte hier endlos weiter zitieren und fände auch obszön wirkende Aussagen! Nicht nur die intensive und intime Begegnung mit Shams verwandelte ihn in einen Poeten. Sondern gerade auch dessen Verschwinden. Beides vermittelte seinem dichterischem Genie einen neuen Schub. Ihm erging es offensichtlich wie manchen Denkern, Malern, Musikern, Tänzern und Künstlern, die zu ihrer tatsächlichen sexuellen Identität gestanden haben. Sie erleben urplötzlich die eruptive Steigerung ihrer Kreativität wie den Ausbruch eines schlafenden Vulkans, nachdem sie restriktive moralische Normen ihrer bisherigen bürgerlichen Existenz im Blick auf ihre sexuelle Orientierung hinter sich gelassen haben. Bevor Rumi mit Shams zusammentraf, hatte er kein einziges dokumentiertes Gedicht geschrieben! Danach bricht es aus ihm nur noch so heraus. Einer seiner Söhne beschrieb den Zustand seines Vaters so: „Nach der Trennung gebärdete er sich wie ein Verrückter. Er ist ein in Liebe versunkener Dichter geworden. Er war ein Frommer, nun ist er ein betrunkener Kneipenwirt. Doch er ist nicht betrunken vom Wein der Trauben. Derjenige, der dem Licht Gottes angehört, der trinkt nichts anderes als vom Wein des göttlichen Lichts."

Homoerotik in Lyrik und Praxis wurde gesellschaftlich akzeptiert[10]

Wenn wir unter den real existierenden sozio-politisch-kulturellen Bedingungen über die homoerotische Liebe sprechen, hat das kaum etwas mit dem damaligen Verständnis in verschiedenen orientalischen Kulturen zu tun. Es gilt, Rumi und sein diesbezügliches Gedankengut in den Zeitraum des östlichen Mittelmeeres zu rekontextualisieren. Was jetzt als skandalös gilt, war in der vorkolonialen Zeit dort tendenziell selbstverständlich und nicht verwerflich. Die Vorstellung, der Alltag sei nur von religiösen Vorschriften geregelt worden, hat nie der Wirklichkeit entsprochen. Dass gewisse Moralvorstellungen als Ideale dargestellt und manche Regeln von Juristen zur Norm erklärt wurden, fand nicht allgemeine Beachtung. In manchen Fällen haben breite Schichten der urbanen Gesellschaft diese Vorschriften ignoriert (z. B. Prostitution, Weingenuss, homosexuelle Praktiken). Ali Ghandour unterstreicht: „Dieses Ignorieren wurde selbst so ignoriert, dass dadurch eine gesellschaftliche Akzeptanz wurde."[11] Überhaupt: Sex war um das Jahr 1000 beispielsweise bei den Abbasiden oder später im Osmanischen Reich, in Ägypten und im Irak positiv konnotiert. Er war weder schmutzig noch unheilig. Dadurch sind auch eine darstellende Kunst und eine Sprache entstanden, die Sex und Erotik feiern, ohne in der Schmuddelecke zu landen. Die erotische Vereinigung wurde von manchen Sufis, wie z. B. Ibn al-Arabi, bei dem der junge Rumi in Damaskus in die Schule ging, als etwas Heiliges angesehen. Für ihn und andere war der sexuelle Akt der reinste Weg zur Gotteserkenntnis. Sie sakralisierten die irdische Sexualität und brachen mit der Tabuisierung des sexuellen Kontakts, wenn es um das Göttliche ging. Das bedeutet: Im griechisch-römischen Milieu koexistierten Mann-zu-Mann-Beziehungen gleichzeitig mit den kulturellen Normen des vormodernen Islam. Homosexualität war seit den Anfängen der neupersischen Dichtung im 9. bis zum 20. Jahrhundert ein „unverdächtiger" Bestandteil der Liebeslyrik. Diese Art von praktizierter Liebe musste im islamischen Mittelalter keinen gesellschaftlichen Diskurs durchlaufen. Homoerotisch veranlagte Männer waren in der muslimischen Geschichtsschreibung und höheren Literatur stets sichtbar und wurden ohne Negativwertungen beschrieben. Gottesliebe und Homoerotik wurden in der klassischen indo-islamischen Kultur miteinander verknüpft.[12]

Traditionsbruch in der Vormoderne

Spätestens im 19. Jahrhundert – besonders unter dem kolonialen Einfluss puritanischer Moralvorstellungen – wurde die im islamischen Raum verfasste homoerotische Lyrik als etwas Anstößiges behandelt. Die französischen, britischen und holländischen Kolonialherren betrachteten den liberalen Umgang mit Sex, besonders in der Kombination von Religion und Lust, als blasphemisch, pervers und primitiv. So sehr Islamisten heute Homosexualität verteufeln, so unaufgeregt war der Umgang mit gleichgeschlechtlicher Liebe jahrhundertelang in der islamischen Welt. Und so sehr Homophobie heute aus westlicher Sicht als typisch islamisches Problem gilt, so neu ist das Phänomen in der islamischen Welt.[13] Auch die Heirat hatte einen anderen Stellenwert. Ehen wurden oft auf Basis sich begünstigender Interessen geschlossen, Liebe fand nicht selten woanders statt.

Psycho-somatische Erfahrungsgrundlage von Spiritualität

Der sexualisierten Symbolik Rumis wurde bis heute kaum Aufmerksamkeit geschenkt und wie z. b. von Annemarie Schimmel eher einer idealisierten, literarisch sublimierten Welt der Liebe zugeschrieben. Der Umstand, dass es sich hier um homoerotische Lyrik handeln könnte, wird oft vehement verleugnet. Erst neuere wissenschaftliche Publikationen wie z. B. von Mahdi Tourage oder James Delaney, der von Rumi als einem „homoerotischen Sufi-Heiligen" spricht[14], tragen diesem Umstand Rechnung. Es sei dahingestellt, was genau Rumi und sein Freund Shams in sexueller Hinsicht miteinander getan haben und ob sie „es" getan haben oder nicht. Mögen die realisierten Phantasien ihrer Intimität voll berauschter Trunkenheit für immer ihr Geheimnis bleiben! Woran jedoch kein Weg vorbei geht ist die Tatsache, dass es eine reale, existentielle psycho-somatische Erfahrungsgrundlage braucht, um überhaupt von Eros und Leidenschaft sprechen und diese Erkenntnis dann auf Gott hin entwerfen zu können. Es wären sonst erlebnisleere, aus anderen Zusammenhängen ausgeliehene Kunstbegriffe in reiner Ästhetik. Die vorher in dieser Form offensichtlich nicht erlebte Eros-basierte Leidenschaft hat Shams in Rumi ausgelöst, ganz gleich, ob sie die angedeuteten homoerotische Praktiken dann auch ausgelebt haben oder nicht.

Wenn die Liebe zu Gott zu nichts im Außen führt, ist sie narzisstisch

Weil jedes Wesen in der Welt Anteil an Gott hat und die „Menschheit in ihren verschiedenen Farben Teile des Mosaiks

Gottes sind"[15], führt diese zunächst scheinbar private Mystik zu praktischer Nächstenliebe, Krankenfürsorge oder auch zum Respekt vor den Tieren und der Schöpfung. Die Freiküchen der Derwisch-Konvente in Pakistan beispielsweise stehen auch Hindus offen, die dort gemeinsam mit Muslimen essen. Spendenaufrufe für Bedürftige und Reisen in arme Regionen, um den Menschen vor Ort Hoffnung zu geben, gehören für Sufis dazu, ebenso wie ein Einsatz für Klimagerechtigkeit. Insbesondere benachteiligte Menschen unterstützen sie mit einer ganzen Palette von sozialen Initiativen. Einblicke dazu gibt die Website der Maktab Tarighat Oveyssi (M.T.O) Shamaghsoudi, die als Schule des islamischen Sufismus in Deutschland den Status einer Körperschaft des öffentlichen Rechts genießt.[16]

Gott näher als die Halsschlagader: ein „Anders-Ort" in uns

Momentaufnahmen

Mystiker sprechen von einer dichten Nähe zu Gott, sogar vom Eins-Sein mit ihm. Was sie erfahren, ist jenes Geheimnis, das uns im Dasein trägt, auf dem alles ruht und das uns in der Tiefe anzurühren vermag. Diese Erfahrung geschieht nur momenthaft, in Bruchteilen von Sekunden, möglicherweise sehr selten oder auch nur einmalig. Die Spannung zwischen alltäglicher Normalität und äußerster Nähe, zwischen Zeit und Ewigkeit bleibt bestehen. Allerdings sind solche Momente hoch bedeutsam und für immer prägend. Sie nehmen für einen Augenblick vorweg, was man mit „Himmel" oder „Gott" oder „ewiges Licht" beschreibt. Thomas von Aquin spricht von einer „cognitio dei experimentalis", von Gotteserfahrung im Experiment, also im Selbst-Versuch. Das ist dann so, als ob für einen kurzen Augenblick der Boden, auf dem wir stehen, zu Kristall würde und wir in die Tiefe schauen, und es zeigt sich uns die „wahre Wirklichkeit" (persisch: „má ani"). „Gott nahe zu sein ist mein Glück", heißt es in einem Psalm (73,28). Manche Menschen treibt eine Sehnsucht danach um, die ein Lied so ins Wort bringt: „Da wohnt ein Sehnen tief in uns, / o Gott, nach dir, dich zu sehn, / dir nah zu sein. / Es ist ein Sehnen, ist ein Durst / nach Glück, nach Liebe, / wie nur du sie gibst. Dass du, Gott, das Sehnen, den Durst stillst, bitten wir. / Wir hoffen auf dich, / sei da, sei nahe Gott."[1] Dass diese Sehnsucht, die wir empfinden, im Grunde nicht wirklich unsere eigene, sondern die Sehnsucht Gottes ist, beschreibt Rumi so: „Deine Sehnsucht nach mir ist meine Botschaft an dich. All deine Versuche, mich zu erreichen, sind in Wirklichkeit meine Versuche, dich zu erreichen."

„Schau nach innen!" – Aber wohin?

Wie erfahren oder erspüren die Mystiker den nahen Gott? Was müssen sie dafür tun? Sich gedanklich anstrengen oder schlichtweg wahrnehmen, was ist? „Suche nicht Gott", sagt Rumi. „Suche den, der Gott sucht. Doch weshalb suchen? Er ist nicht fort. Er ist wahrhaftig hier: Näher als dein eigener Atem." Gedanken zum Unvordenklichen sind stets im Nachhinein gebildete Re-flexionen und im Blick auf das Erfahrene ein inadäquates sprachliches Konstrukt. „Worte bleiben an der Küste", sie führen nur „bis vor das Palasttor", sagt Rumi, und: „Wer nicht schmeckt, der weiß nicht." Ihm war sehr wohl bewusst, dass Worte niemals den „Duft der himmlischen Apfelbäume" vermitteln können. Wohl ist der orbifrontale Cortex als Steuerungsinstrument von Wahrnehmung und Denken zwar immer mit dabei, aber er braucht noch weitere Mitspieler an anderen Orten. Rumi schüttelte viele seiner Verse gerade beim Wirbeltanz nur so aus sich heraus. Seine intime Begegnung mit Shams wirkte wie ein Nussknacker, der die mentale Schale des Theologen mit einer auf die Ratio reduzierte schlussfolgernde Erkenntnisweise aufbrach. Michael Schneider charakterisierte eine verbreitete süffisant-akademisch-überhebliche Haltung, die körperbasierten Affekte für vernunftfern und deshalb für theologische Erkenntnisse als unerheblich einstufte, in treffender Weise so: „Der dogmatische Fachmann behält es sich vor, über das Wesen Gottes sachgerecht zu urteilen."[2] Rumi würde hier entgegenhalten: „Bevor der Verstand sich entschließt, einen Schritt zu tun, hat die Liebe den siebenten Himmel erreicht."

Über lange Zeiten hinweg wurde die Leiblichkeit als konstitutive Dimension des Mensch-Seins vergessen. Dies äußerte sich unter anderem auch darin, dass der Gesamtkörper lediglich als Informationsinstanz aufgefasst wurde, die durch die Affizierung der Sinne Daten aufnimmt und ans Gehirn weiterleitet. Geist und Körper, Gehirn und Bewusstsein sind jedoch nicht zwei geschlossene Bereiche oder getrennte Substanzen. Die in die Antike zurückgehende Psyche-Soma-Dualität ist heute in integrativen Therapien überwunden. Sie nutzen die funktionale Einheit von somatischen, emotionalen und kognitiven Prozessen.[3] Die Neurowissenschaften weisen mit dem Stichwort „Plastizität des Gehirns" eine Wechselwirkung zu hundert Prozent in beide Richtungen nach. Nicht nur die Moleküle des Gehirn bilden und bestimmen das gesamte System, auch das System bestimmt die Funktion seiner Moleküle. Das Geistige ist nicht neben dem Physischen, sondern verwirklicht die im Körper angelegten Möglichkeiten zu einer umfassenderen Ganzheit. Ursächliche physische Prozesse behalten ihre Syntax und ihre Wirkung, sie werden jedoch in ihrer Bedeutung semantisch re-codiert und erhalten so eine intellegible und kommunizierbare Gestalt.

Verwirrung im Außen

Rumi fragt: „Warum durchsuchst du die Außenwelt mit Verwirrung? Gott ist in dir. Wen suchst du also in der weltlichen Welt?" Wer im Außen sucht, der irrt („Ver-w-Irrung"). Man muss also nach innen schauen. Rumi fährt fort: „Ich versuchte, ihn zu finden am Kreuz der Christen, aber er war nicht dort. Ich ging zu den Tempeln der Hindus und zu den alten Pagoden, aber ich konnte nirgendwo eine Spur von ihm finden. Ich suchte ihn in den Bergen und Tälern, aber weder in der Höhe noch in der Tiefe sah ich mich imstande, ihn zu finden. Ich ging zur Kaaba in Mekka, aber dort war er auch nicht. Ich befragte die Gelehrten und Philosophen, aber er war jenseits ihres Verstehens. Ich prüfte mein Herz, und dort verweilte er, als ich ihn sah. Er ist nirgends sonst zu finden." Was bedeutet „Herz" als Metapher im Gegensatz zum „Kopf" oder zum „Außen" der Religionen für die mystische Innenschau? Mystisches Erfahrungswissen erfordert eine somatische Basis, um sich manifestieren zu können. Sich hier auf die Suche zu machen ist wichtig, um jenen entgegnen zu können, die meinen, Mystik sei eine Spinnerei von verrückten Typen, die in ihrem Kopf nicht ganz richtig ticken.

Einen wichtigen Hinweis gibt uns die 50. Sure des Koran: „Wir erschufen doch den Menschen und wissen, was ihm sein Inneres zuflüstert. Und wir sind ihm näher als (seine) Halsschlagader."[4] Ähnliches beschreibt Kurt Marti in einem Gedicht: „großer gott: / uns näher / als haut / oder halsschlagader / kleiner als herzmuskel / zwerchfell oft: / zu nahe / zu klein – wozu / dich suchen? / wir: / deine verstecke."[5] Gott hat sich offensichtlich inkognito in die diesseitige Unauffälligkeit unseres Innersten zurückgezogen. „Du rinnest zwischen Herzhaut und dem Herzen"[6], dichtet der Sufimystiker al Halladsch.

Exkurs: Neurophysiologische Anatomie mystisch-intuitiven Erkennens

Halsschlagader

Wenn wir uns in systemischer Sicht mit der Halsschlagader und mit ihren verbundenen Gefäßen und Organen beschäftigen, ergeben sich spannende Zusammenhänge im Blick auf Hals, Vagus-Nerv und den Darm, der als „zweites Gehirn"[7] bezeichnet wird. Der Hals ist eine sensible, sehr intime Stelle und für Fremde eine „No-go-Area". Wir schütteln einander die Hände, klopfen uns auf die Schulter, geben uns Küsschen auf die Wange, umarmen uns. Aber vom Hals haben wir tunlichst die Hände zu lassen. An ihm zeigen sich viele Emotionen. Wir „kriegen einen dicken Hals", wenn uns vor Wut die Ader schwillt. Nervöse Flecken treten bei Scham und Stress auf. Wir könnten einem lieben Menschen aber auch vor Freude „um den Hals fallen". Wenn uns Dinge belasten, dann haben wir sie „am Hals hängen". Am Hals zeigt sich also seismographisch, was wir in einer körperlichen Tiefe erleben, ohne dass uns dies in diesen Augenblicken bewusst ist.

Der Vagus-Nerv

Im Inneren der Halsschlagader-Scheide ist der Vagus-Nerv von zentraler Bedeutung – nicht zuletzt für das Verständnis für den potentiellen „inneren Ort" von mystischen Erfahrungen! Er erstreckt sich vom Hirnstamm bis hinein in den Bauchraum. Er ist der größte Nerv des Parasympathikus und an der Regulation der Tätigkeit fast aller inneren Organe beteiligt. Er steuert willkürliche Vorgänge, er ist somatosensibel (bewusst wahrnehmbar), aber auch viszerosensibel und viszeromotorisch. Er endet im mittleren Abschnitt des Dickdarms. Von dort aus kommuniziert er mit dem enterischen Nervensystem (ENS) des Verdauungstraktes und übermittelt an das Gehirn Informationen. Er kann auf vielfältige Weise stimuliert werden. Singen, Yoga, tiefes Aus- und Einatmen und Meditieren gehören dazu. Der Wirbeltanz der Sufis, die verpflichtende Bewegung der Lippen beim stillen „dikhr" der schweigenden Derwische, die laute Wiederholung des Gottesnamens, verbunden mit stoßweisem Ausatmen und rhythmischen Körperbewegungen sowie weitere spirituelle Rituale haben hier eine somatische Grundlage. Während Sympathikus und Parasympathikus das Überleben sichern, ist der Vagus für die Qualität unseres Erlebens zuständig. Das ist der Grund, so der Neurowissenschaftler und Begründer der Polyvagaltheorie Stephen Porges, weshalb das Positive, Spirituelle, Heilsame, Sinnstiftende von diesem Nerv ausgeht.[8]

Der Darm – das zweite „Gehirn"

Geahnt haben es die Menschen schon immer: Der Sitz der Gefühle liegt im Zentrum des Körpers. Wer sich verliebt, verschenkt zwar sein Herz. Die damit korrespondierenden Gefühle realisiert man allerdings als „Schmetterlinge im Bauch". Eine schlechte Nachricht schlägt einem auf den Magen. Bei Prüfungsangst bekommt man oft Durchfall. Situationen, in denen man entweder überglücklich oder zutiefst betrübt ist, machen deutlich: das schlägt uns nicht auf den Kopf, sondern trifft in unsere Leibesmitte. Erkenntnisse der Neurogastroenterologie und der Viszeralmedizin bestätigen: Im Darm entstehen nicht nur starke Gefühle, vielmehr befindet sich dort gleichsam ein zweites Gehirn, das enterische Nervensystem. Neben dem Kopf ist es die bedeutendste Schaltzentrale und weist viele Parallelen zu unserem Kopfhirn auf, mit dem es einen direkten Draht unterhält: Zelltypen, Wirkstoffe und Rezeptoren sind exakt gleich. Der Darm kommuniziert auf vielfältigste Weise mit Billionen von Einzellern in seinem Inneren, die ein ganzes Universum von Lebensprozessen bilden, ohne die weder das Immunsystem noch die psychische Gesundheit des Menschen auskommen können.

Die Darm-Hirn-Connection[9]

Mit Millionen von Nervenzellen im Darm[10] ist diese Zahl größer als im gesamten sogenannten peripheren Nervensystem, das Informationen vom Körper zum Gehirn und vom Gehirn zum Körper leitet. Er nimmt Einfluss auf unsere Stimmungen, auf unser Verhalten und unser Gedächtnis. Dachte man herkömmlich: Der Kopf signalisiert und der Darm reagiert, sind in der Mehrzahl der Fälle jedoch die Rollen von Sender und Empfänger umgekehrt verteilt: 90 Prozent der Informationsübertragung laufen vom Nervensystem des Darms über die Darm-Hirn-Achse zum Gehirn. Das bedeutet, das Gehirn wird ausgiebig mit Informationen darüber versorgt, was den Darm bewegt. Neurologen sprechen hier von Interozeption. Viele davon gelangen über den Vagusnerv in das limbische System, das für Emotionen zuständig ist. Einige Wissenschaftler vermuten, dass wir Empfindungen des Bauchhirns speichern wie in einer Bibliothek. Steht eine Entscheidung an, sucht das Kopf-Gehirn nach ähnlichen Situationen und überprüft die diesbezüglichen Empfindungen. Der Darm kann ganz erheblich unsere Stimmung, unsere Emotionalität und dadurch auch unser Denken und unsere Erinnerungen, also unsere kognitiven Fähigkeiten beeinflussen. Das mag zunächst genügen, um zu unterstreichen, was der Volksmund schon lange wusste: Es gibt die „Weisheit des Bauches." Um einen kühlen Kopf zu bewahren, müssen wir unserem Bauchgefühl vertrauen. Einigkeit zwischen Bauch und Kopf ist ein Bestandteil des innerlichen Friedensabkommens, das uns zu Ruhe und Leichtigkeit verhilft. Diese Erkenntnis wird durch weitere neurologische Forschungen unterstützt[11], etwa durch die Theorie der somatischen Marker durch den portugiesischen Neurowissenschaftler Antonio Damásio.[12]

Barmherzigkeit ist Gottes Bauchgefühl

Das Alte wie das Neue Testament kennen den Zusammenhang zwischen Bauch und Gehirn. „Splanchnizomai" ist der dafür verwendete griechische Begriff und bedeutet, „in den Eingeweiden ergriffen werden". Wenn es um die tiefen existentiellen Gefühle wie Liebe oder Barmherzigkeit geht, kommt nicht zunächst der räsonierende, die Argumente hin- und herschiebende Kopf zum Zug, sondern der Unterleib. „Und seine Eingeweide glühten ihm zu ...", heißt die wörtliche Übersetzung der biblischen Gleichniserzählung, als der Vater seinen heimkommenden Sohn wieder sieht (Lk 15,20). Die im Darmhirn sich meldende Glut drückt eine leidenschaftliche und vitale Teilnahme von innen heraus aus. „Nun brennt nachts mein Eingeweide"[13], bekennt Rumi, als er vor Sehnsucht nach seinem Freund Shams wie verbrannt wurde. Wenn von Gottes Erbarmen die Rede ist, wird der hebräische Begriff „El harachamim" gebraucht. Das althebräische Wort „rachamim" ist eine Abstraktion des medizinischen Terminus für „Gebärmutter". Das ungeborene Kind spürt Wärme, Geborgenheit, Fürsorge, Schutz und Verbundenheit. „Ist nicht Ephraim mein teurer Sohn und mein liebes Kind? Denn sooft ich ihm auch drohe, meine Eingeweide rumoren für ihn, ich muss mich seiner erbarmen" (Jer 31,20) sagt Gott von sich selbst, oder auch: „Mein ganzes Mitleid brennt in mir: Ich lasse meinen glühenden Zorn nicht zur Tat werden" (Hos 11,8f). Es ist eine für Jesu Handeln kennzeichnende Eigenschaft, dass er von der Regung seiner Eingeweide angetrieben wird, barmherzig mit den Menschen umzugehen (z. b. der Schuldknecht Mt 18,27; der barmherzige Samariter Lk 10,33; oder die vielen orientierungslosen, müden und erschöpften Menschen, die keinen Hirten haben Mt 9,36). Diese Mitleidsregung Gottes ist kein jüdisch-christliches Sondergut. Jede der 114 Suren des Koran beginnt mit dem Wort „Im Namen Gottes des Allerbarmers und Barmherzigen". Das Wort „Rahma" (Barmherzigkeit), das an das hebräische Rachamin erinnert, kommt als Eigenschaft oder als Name Gottes mehr als 700 mal im Koran vor.

Fazit: Das enterische Nervensystem (ENS), das „Darm-Gehirn" moduliert Emotionen und bereitet auf dieser Basis mentale Prozesse des Kopfes vor. In der Bibel und im Koran hat dieser Ort in der Leibesmitte eine theologische Qualität. Wenn von mystischen Erfahrungen die Rede ist, kommt man an neurophysiologischen Erkenntnissen im Bezug auf das affektive Zentrum der Sinnlichkeit nicht mehr vorbei. Mystik verkörpert sich!

„Unser Abenteuer ist größer!" Von Gottesliebe, glücklicher Lebensführung und der Institutionskritik der Seelenschmiede

Vom Tropfen und vom Meer

Das Ziel der Mystiker, das Ent-Werden in der Liebe Gottes, wird verglichen mit dem Aufgehen von Salzkristallen im Meer. Zeit unseres Lebens werden wir es nicht in seiner Gänze erreichen, vielleicht auch nur ansatzweise. Aber wer je im Meer geschwommen ist, weiß, wie es schmeckt und sich anfühlt. Wer eine Ahnung bekommen hat, wie weit, tief und unendlich es ist, wird sich nicht mehr damit begnügen können, nur in einem Bach zu baden. Wer das Meer kennt, braucht dessen Zuflüsse nicht mehr wirklich. Seine Sehnsucht wird es vielmehr sein, am Strand zu wandern und sich in die Fluten zu werfen. In seiner Einheitsmystik geht Rumi noch weiter: „Ich sah empor, und sah in allen Räumen Eines; hinab ins Meer, und sah in allen Wellenschäumen Eines. Ich sah ins Herz, es war ein Meer, ein Raum der Welten, voll tausend Träum'. Ich sah in allen Träumen Eines. Du bist das Erste, Letzte, Äußre, Innre, Ganze"[1]. Und deshalb kann er von einem Gottsucher sagen: „Du bist kein Tropfen im Ozean. Du bist ein gesamter Ozean in einem Tropfen." Wer den Zugang zu einer solchen spirituellen Quelle hat, braucht die Wasserflasche nicht mehr. Genau diese Erkenntnis bezweckte auch Jesus, als er der Samariterin am Jakobsbrunnen sagte: „Wer von diesem Wasser trinkt, wird wieder Durst bekommen; wer aber von dem Wasser trinkt, das ich ihm geben werde, wird niemals mehr Durst haben; vielmehr wird das Wasser, das ich ihm gebe, in ihm zu einer Quelle werden, deren Wasser ins ewige Leben fließt" (Joh 4,13f.).

Unser Abenteuer ist größer!

Rumi lief ekstatisch-wütend, tanzend und dichtend durch die Straßen von Konya und rüttelte die Leute auf wie ein moderner Rapper in der Fußgängerzone. Er wollte ihnen zu verstehen geben, sie sollten sich bei Gott doch nicht mit dem traditionell angebotenen schalen Wasser zufriedengeben, wenn es eine unendlich sprudelnde, immer frische Quelle gebe! Bei einer solchen Gelegenheit sagte er: „Schau diese Trunkenheit, leg den Verstand weg! Schmeck den Wein! Achte nicht auf das, was andere sagen! Wir sind nicht hier, um Brot mit Gemüse zu essen, unser Abenteuer ist größer ... Der Mundschenk ist da, komm!"[2] Gott ist für ihn nicht eine Art beruhigendes Trostpflaster für Menschen, die mit ihrem Leben nicht mehr zurechtkommen. Vielmehr bekommt, wer Gott begegnet, eine neue Offenheit für diese Welt und eine klarere Erkenntnis für das eigene Leben.

Eine wichtige Frage lautet: Lebst Du in den Augen Gottes mit der Leidenschaft eines Trunkenen wirklich das Leben, zu dem du bestimmt bist, oder lässt du zu, dass es von zu vielen nebensächlichen, aus deinem Ego kommenden Impulsen und den Erwartungen anderer bestimmt wird? Je mehr Gewicht dieses „Oder" haben sollte, desto mehr fordert Rumi auf: „Versuche nicht, den Veränderungen zu widerstehen, die auf dich zukommen. Lass stattdessen das Leben durch dich leben. Und mach dir keine Sorgen, dass dein Leben auf den Kopf gestellt wird. Woher weißt du, dass die Seite, an die du gewöhnt bist, besser ist als die, die kommt?" Veränderungen kosten Kraft und sind besonders dann schwierig, wenn das Herz bislang an Dingen gehangen hat, die es zu verabschieden gilt.

„Klopfe nicht an irgendeine beliebige Tür wie ein Bettler. Streck deine lange Hand nach einer anderen Tür aus, jenseits dessen, wo du auf die Straße gehst und alle sagen: ,Wie geht es dir?', und niemand sagt: ,Wie geht es dir nicht?'" So lautet eine Ermahnung Rumis. Das wichtigste Motto für ihn lautet: „Wähle die Liebe. Ohne diese schöne Liebe ist das Leben nichts als eine Last."[3] Lebe also so, dass du dein Leben lieben kannst! Und gewinne dein Leben zurück, wenn es dir in dieser Hinsicht entgleitet. Dass eine solche Einstellung ein Konfliktpotential beinhaltet und man sich erhebliche Probleme mit Vertretern der bisherigen, als selbstverständlich angenommenen Handlungsweise einhandeln kann, hat Rumi selber erfahren, als er nach der Begegnung mit Shams über vieles anders dachte und es anders machte. Kritiklose „compliance" des Umfeldes darf man sich in der Regel nicht erwarten. Ähnlich erging es Jesus, als er an neuralgischen Punkten den Traditionalisten gegenüber bemerkte: „Ihr habt gehört" oder „die Alten sagten" und daraufhin sein „Ich-aber-sage-euch" (z. B. Mt 5,21; 34; 39) entgegenstellte. Es brachte ihm heftige Konflikte bis zum Tod ein.

Von der Liebe als einer institutionskritischen Seelenschmiede

Die aufgeklärtesten Jahrhunderte der muslimischen Zivilisation waren von einem Sufismus gekennzeichnet, der im Zeichen der Liebe Werte wie Humanismus, Mitmenschlichkeit und Philanthropie pflegte.[4] Es ist Ali Demir zuzustimmen, der Rumi hier eine kritische Vorreiterrolle zuerkennt, denn er habe es in seinem kulturellen Kontext vermocht, „das Konzept der Liebe für die Entwicklung einer Gesinnungsethik unter die koranische Herrschaftskonzeption"[5] zu bringen. Liebe ist ein performative Kraft. Sie verändert die Existenz und motiviert zu einem entsprechenden Handeln. Wer je dieses Wort gebraucht hat, um etwas ihm Zu-Innerstes zu beschreiben, wird eine Ahnung haben, worum es den Mystikern geht. Den Gegnern und Skeptikern hingegen wird es weiterhin suspekt bleiben. „Als es an der Zeit war, über Liebe zu schreiben, brach die Feder entzwei und das Papier riss", heißt ein treffendes Diktum von Rumi. Liebe wird dort eine institutionskritische Dynamik[6] entfalten, wo es darum geht, mit der Autorität einer sakralisierten klerikalen Macht formale Kriterien durchzusetzen, an deren gehorsamer Befolgung die Rechtgläubigkeit festgemacht wird.

Der Islam ist von den Denkschulen „Schariat" und „Tariqat" geprägt. Die erste beruht auf verpflichtenden Vorgaben: Normenlehre, Glaubensinhalte und Religionspraxis, Speise- und Kleidungsvorschriften oder Rechtsvorschriften. Die zweite beruht auf einer spirituellen Methodologie. Die „Tariqa" (Weg, Pfad, Methode) bezeichnet den geistlichen Weg, den der Sufi beschreitet, um über die Scharia hinaus zur Erkenntnis Allahs zu kommen. Das Verb „taraqa" bedeutet: „klopfen, pochen, hämmern, schmieden". Nach seiner folgenschweren Begegnung mit Shams betrat Rumi den Pfad der Tariqat. Als Shams endgültig verschwunden war, schloss Rumi eine intensive, sehr inspirierende zehnjährige Freundschaft mit dem Goldschmied Salaheddin Zarkubi bis zu dessen Tod. Er verheiratete sogar seinen Sohn Sultan Walad mit dessen Tochter und festigte so die Beziehung noch stärker. Das rhythmische Schlagen seines feinen Hammers veranlasste ihn, dass er im Kreis herumwirbelte. Es war für ihn ein letzter Weg in die geistige Freiheit. „Wer die Kraft des Reigens kennt, lebt in Gott", sagte er dazu. Goldschmiede tun genau das, was das Wort „tariqa" beinhaltet. Kreativ, genau, geduldig, ausdauernd und feinsinnig müssen sie sein. Fingerspitzengefühl brauchen sie genauso wie handwerkliches Geschick und eine gewisse Geschmeidigkeit. Sie schmelzen Gold und andere Edelmetalle und gießen sie in neue Formen. Die Arbeit des „Gold-Schmiedens" ist ein archaisches Bild. Es beschreibt treffend einen spirituellen Wandlungsprozess, den Weg zur persönlichen Transformation, zu tieferer Selbst- und Gotteserkenntnis. Salaheddin, zwar Analphabet und deshalb vom Konyaer Bildungsbürgertum gering geschätzt, aber ein Mann mit mystischen Erfahrungen, wurde Rumi zu einem neuen Lehrer und gewissermaßen zu seinem Spiegel.

Aus der Religion eine Angelegenheit der Liebe machen

Worin liegt nun genau das angedeutete institutions-kritische Potential der Mystiker? Mit Charles de Foucauld (1858–1916) könnte man es auf diesen gemeinsamen Nenner von Christentum und sufistischem Islam bringen: „Aus der Religion eine (Angelegenheit der) Liebe machen („Il a fait de la religion un amour"). Ein Blick in seine Zeit entlarvt die theologische Sprengkraft dieses harmlos anmutenden Satzes. Als der im Alter von 28 Jahren glaubenslos gewordene Charles in der Pariser Kirche St. Augustin um Unterweisung bat, schickte ihn der dortige Pfarrer gegen dessen Ansinnen kurzerhand erst einmal in den Beichtstuhl. Die Kirche gerierte sich zu seinen Lebzeiten als eine Moralagentur mit hohem Konformitätsdruck. Der unfreiwillige Verlust der politischen Macht im 19. Jahrhundert sollte durch moralische Kontrolle ausgeglichen werden.[7] So wollte die hierarchisch und zentralistisch sich neu organisierende Kirche in allen ethischen Fragen menschlicher Praxis zuständig sein. Friedrich Nietzsche (1844–1900), ein Zeitgenosse Foucaulds, beschrieb diesen Zustand so: „Dergestalt ging das Christentum als Dogma zu Grunde an seiner eigenen Moral; dergestalt muss nun auch noch das Christentum als Moral zu Grunde gehen – wir stehen an der Schwelle dieses Ereignisses."[8]

Die Motivation zu einem verordneten moralischen Verhalten beruhte auf einer doppelten Sanktion: Erlösung oder Verdammnis. Aufgrund der transzendenten Begründung (Gott will es so und er sieht alles) ist diese moralische Verpflichtung nicht hintergehbar und im Über-Ich verankert. Was wurde unter diesem Vorzeichen den Menschen nicht alles in skrupulanter Art und Weise eingebläut, in Beichtstühlen abgefragt und mit Bußübungen bestraft! Die Konzentration auf Moral läuft immer Gefahr, ins Pathologische abzugleiten. Es werden Gewissens-, Sünden-, Teufels- und Höllenängste suggeriert, um die Gläubigen zur Annahme der Doktrin zu bewegen. Was dabei herauskommt, ist bestenfalls – so Kierkegaard (1813–1855) – ein auf „moralische Wohlanständigkeit und ästhetischen Zierrat" reduziertes borniertes Christentum. Karl Rahner bestätigt dies: „Leider begreift ein durchschnittlicher Christ dies in aller Regel nicht. Er meint, es gebe einen ‚lieben Gott' und wir müssten uns anständig aufführen, dann lasse er uns in Frieden und in Glück leben."[9]

Die Religion der Mystiker ist keine Moralagentur

Das Prinzip der Liebe als intrinsisches Moment der Lebensführung, also einer von Gott selbst dem Menschen ins Herz gegebenen Fähigkeit, verfolgt einen anderen Ansatz. Sie will uns befähigen, das Potential der uns innewohnenden Kraft zu realisieren, denn wir haben eine gottverwandte Existenz („Gotteskindschaft" im Christentum). Paulus spricht davon, dass wir von „seiner Art" (Apg 17,29) sind. Wenn Gott in den Herzen der Menschen wohnt, muss das Prinzip Liebe als erkenntnisleitendes und korrigierendes Interpretament an jegliches kirchliche Dokument und Handeln herangetragen werden. Stets ist die Frage zu stellen: Wem dient das Ganze? Dem Machterhalt eines Systems und dessen Akteuren oder der Liebe? Paul Tillich betont zu Recht, dass ein Element der Mystik in jeder Religion vorhanden sei. Wo diese allerdings dauerhaft als Erfahrung fehle, bleibe nichts anderes als ein Lehrsystem oder eine moralische Schule übrig.[10] Unter dem Vorzeichen der Liebe Gottes ist Religion keine moralische oder asketische Bewegung (Sühne für moralisches Ungenügen), sondern eine mystische. Sie hat zwar eine Moral (Ethik), ist aber keine! Gott ist die Liebe, das ist der Kern aller Sufi-Mystik und das jesuanisch bezeugte Grundcredo der Christen. Das Drohen mit Belohnung und Strafe entspringt den Verzerrungen menschlichen Machtgehabes, kommt aber nicht aus Gott. Die Sufi-Mystikerin Rabia von Basra (717–801) wurde im Kontext religiöser Machtansprüche sehr deutlich: „Ich will Wasser in die Hölle gießen und Feuer ans Paradies legen, damit niemand mehr Gott aus Furcht vor der Hölle oder in Hoffnung aufs Paradies anbetet, sondern nur noch um Gottes Schönheit willen."

Das Lied der Rohrflöte:
Die Einleitung zum Mathnawi

Ein Seufzer der Seele

Das „Lied der Rohrflöte" („schi 'r-e ney") ist einer der berühmtesten Texte nicht nur der islamischen Dichtung, sondern auch der Religionsgeschichte. Mit ihm leitet Rumi sein großes Lehrgedicht, das „Mathnawi-e-Manavi" (oder auch „Mesnevi"), die „Doppelverse des Geistes" ein. Die ersten achtzehn Verse werden oft als Proömium bezeichnet, also ein einleitender Gesang, der von den altgriechischen Rhasopden vor einem großen Epos vorgetragen wurde. Dieses weithin bekannte Lehrstück des Sufitums ist ein Hohelied mystischer Gottesliebe im Sinne der Einheit von allem Seienden. Eine Legion von Versdichtern, Musikern und Künstlern aus dem persischen, indomuslimischen und türkischen Bereich und darüber hinaus haben an ihm Maß genommen und lassen sich bis heute davon inspirieren. In vielen Kulturveranstaltungen, die sich mit dem Sufismus beschäftigen, ist es ein Bestandteil des Programms. Benannt ist es nach der im gesamten Orient verbreiteten Versform „Mathnawi". Sie bezeichnet nicht nur den klassischen Zweizeiler mit einem Binnenreim, sondern eine ganze Literaturgattung. Rumis Schüler und späterer Nachfolger Husameddin Çelebi (1225–1284) schlug ihm vor, doch auch so ein Mathnawi zu verfassen, um sein ungeheures Wissen der Nachwelt zu erhalten.

Die ersten achtzehn Verse aus dem Turban geschüttelt

Da lüftete er den Turban heißt es, und herab fiel eine Schriftrolle mit den genannten Doppelversen. Es waren die einzigen, die er selbst geschrieben hatte. Deshalb stehen sie in besonderem Ansehen bei den Mevlevi-Derwischen. Alle weiteren diktierte Rumi seinem Schüler direkt in die Feder. Oft geschah dies bei nächtlichen Sitzungen, manchmal während des Drehtanzes, spontan auf der Straße, im Bad, in der Moschee oder nach langer Kontemplation. Die Verse strömten ohne Ende. Seine poetischen Inspirationen wurden nur einmal nach dem Ableben seines engen Freundes, dem Goldschläger Salaheddin Zarkubi, unterbrochen. Parallel dazu entstanden der „Diwan-i Shämsi Täbrizi" und das „Ruba'iyat"[1] mit zusammen fast 50.000 Doppelversen. Welch gewaltiges Werk dies ist, wird deutlich, wenn man es neben die Bibel und den Koran legt. Die Bibel umfasst etwa (je nach Zählung) 31.144 Verse (AT 23.186; NT 7.958)[2], der Koran 6.666.[3] Die Einschätzung des Diplomaten und österreichischen Pioniers der Orientalistik Joseph von Hammer-Purgstall (1774–1856) ist vielleicht eine der treffendsten Zusammenfassungen für dieses Buch: „Das ganze Matnawi ist ein langer Seufzer der von Gott, als ihrem Ursprung, getrennten Seele"[4]. Dieses Thema ist den verschiedenen Sufi-Gemeinschaften gemeinsam: die Distanz zur göttlichen Urheimat und die Sehnsucht, dorthin wieder zurückzukehren.

Die religiöse Zahlen-Symbolik

Zahlenmystik und Numerologien mit spirituellen Konnotationen wurden von den Sufis und anderen Religionen verwendet. Was in einer digitalisierten Welt als entbehrliche Subtilität erscheinen mag, Wörter auf ihre Klangsilben und auf ihr numerisches Äquivalent hin zu untersuchen, bildete für sie eine Quelle der Weisheit. Heute ist dieses Phänomen für kultur- und religionsgeschichtliche Forschungen von neuem Interesse.[5] Eine der zahlreichen Sufi-Bewegungen, die sich damit befassten, waren die „Lauteren Brüder von Basra" („,Ikhwan as-safa") im 10. Jahrhundert. Beeinflusst von neuplatonischem sowie pythagoreischem Gedankengut, studierten sie mit Buchstaben und deren Zahlenwerten die tieferen Zusammenhänge der Welt. Für den Melvana-Orden der „Tanzenden Derwische" hat die

Zahl Achtzehn eine vielfache Bedeutung: Das Eingangsgedicht hat achtzehn Verse. Wer Derwisch werden will, muss achtzehn Tage im Kloster dienen und achtzehn Arten des Küchendienstes erlernen. Nach den 1001 Tagen Vorbereitungszeit wird er mit einem achtzehnarmigen Leuchter in seine neue Zelle geführt, wo er achtzehn Tage zu meditieren hat. Auch war es Brauch, dass Besucher ihre Gaben in achtzehnfacher Zahl brachten. Im jüdischen Gottesdienst ist das Achtzehngebet („Schemone Esre") das Hauptgebet. Die jüdische Kabbalistik assoziiert die Zahl achtzehn mit dem Konzept des Lebens, denn die beiden Buchstaben, die diese Zahl bilden, bedeuten Leben. Dieser Ansatz korrespondiert auch mit dem Anspruch Jesu, dass er das Leben sei und wolle, dass alle es in Fülle hätten (Joh 10,10). Er heilte eine verkrümmte Frau, die eben genau seit achtzehn Jahren nicht mehr aufrecht gehen konnte (Lukas 13,10–17). Sie fand zurück in ihr eigenes selbstbestimmtes Leben. In der islamischen Gebetstradition ist die Achtzehn die Zahl der Konsonanten der Eingangsformel „Bismillāhi'r-rahmāni'r-rahīm" („Im Namen Gottes, des Allbarmherzigen").

„Höre!"

Diese ersten Verse beginnen nicht, wie man annehmen müsste, mit der „Basmallah", also jener Anrufung, mit der alles Tun in der islamischen Welt seinen Anfang nehmen sollte und mit der jede Sure des Korans (bis auf eine) beginnt. Das Mathnawi fängt mit dem Imperativ des Wortes „Hören" („bishnu") an. Rumi wäre jedoch nicht ein durch und durch islamischer Dichter, hätte er nicht auch auf diese Tradition geachtet. In genialer Weise lässt er den ersten Vers des Textes mit der Silbe „B" beginnen und schließt die letzte mit der Silbe „M" ab. Damit ist der Barmherzige und Allerbarmer nicht nur – wie in unserem Alltagsbewusstsein – latent im Hintergrund anwesend. Vielmehr umklammert er den gesamten Inhalt der darin erzählten Lebenserfahrungen, die zur Gänze nicht außerhalb, sondern in ihm stattfinden. Die Nähe zur Rede des Apostels Paulus auf dem Aeropag in Athen ist hier unübersehbar: „Denn in ihm leben wir, bewegen wir uns und sind wir (...): Wir sind von seiner Art" (Apg 17,28). Das Hören bezieht sich auch auf den 27. Namen Allahs, den Allhörenden (As-Sami), dem die Klagen seiner Menschen ans Ohr dringen.

„Hör auf der Flöte Rohr"

„Hör auf der Flöte Rohr, was es verkündet, hör wie es klagt von Sehnsuchtsschmerz entzündet." Es erzählt die Geschichte einer Trennung. So wie die Ney aus dem Schilf geschnitten wurde, so wurde auch der Mensch aus seiner ursprünglichen Einheit mit Gott ins irdische Leben, gleichsam wie in ein Exil gerissen, in ein verlorenes Paradies. Jenseits von Eden geht es seither um Liebe und Sehnsucht, Klage und Traum, Verlust und Tröstung. Dafür steht wie kein anderes Instrument die Flöte. Schon im klassischen Altertum war das Klagen der phrygischen Flöte berühmt. Ihre Wurzeln reichen zurück bis zum antiken Mythos des Hirtengottes Pan. Ovid erzählt in seinen Metamorphosen von der Fähigkeit dieser Flöte, dass sie als spezifisches Klageinstrument Verschwundenes in sublimierter Form wieder aufleben lassen kann.[6] Im Buch Hiob klingt diese Thematik ebenfalls an: „Meine Harfe ist eine Klage geworden und meine Flöte ein Weinen (Hiob 30,31)." Mozarts „Zauberflöte" inszeniert das Thema der Trennung durch die Entführung eines Mädchens. Der hinduistische Liebesgott Krishna spielt die Hirtenflöte, mit der er die Gopis, die Milch-Mädchen, verzaubert und sie in den Liebeswahn treibt. Er entzog sich ihnen immer wieder und die Mädchen erlitten – ähnlich wie Rumi mit Shams – Qualen der Trennung, die sie in den bewegenden Worten der „Gopi-Gita"[7] hoch-poetisch zum Ausdruck brachten.

Von Eins-Sein und Trennung

Von Trennung kann man tatsächlich nur dann sprechen, wenn man die Erfahrung des Eins-Seins und der Verbundenheit gemacht hat. Rumi verwendet an anderer Stelle für eine solche Erfahrung ein Stück Eisen, das im Schmelzofen so durchgeglüht wird, dass es sich als Feuer erfährt. Er erzählt deshalb mit der Stimme „dieser Flöte" seine eigene Geschichte – allerdings auf verschiedenen Ebenen. Nur vordergründig geht es um dieses Instrument, auf das das Publikum hören soll. Rumi wendet das Instrument vielmehr auf sich selber an und richtet sich an jene Menschen, die „um diesen Sinn" wissen. Wenn also Rumi selber diese Flöte ist, wer ist dann der, der so virtuos auf ihr spielt, dass er schreibt: „Der Liebe Feuer lodert in der Flöte"? Und dass der Klang, den sie aus ihrem Innersten erzeugen kann, die gleiche Qualität hat, nämlich „Feuer"? Dass also Input und Output identisch sind! Für Rumi ist es Shams, der auf ihm spielte und in ihm Tonfolgen erzeugte, die er in dieser Art vorher niemals kannte. Spieler und Instrument sind also eins durch den Klang. Das intonierte Leitmotiv – die Klage über die Trennung – ist gleichzeitig im Spieler als auch im bespielten Instrument. Das Instrument bringt es nicht nur durch seine besondere Beschaffenheit zum Ausdruck, sondern wird sich – indem es dies tut – über seinen eigenen Zustand bewusst. Das Klagen über die Trennung betrifft nicht nur beide gemeinsam, sondern sie sind Getrennte. Insofern sich Rumi in der bereits angesprochenen Eigenart orientalischer Dichtkunst auf zwei miteinander verschränkten Ebenen bewegt – der anthropologischen und der theologischen – ist der Flötenspieler nicht nur Shams, sondern auch Gott. Auch Gott klagt aus „Sehnsuchtsschmerz" über die Trennung, denn dieser Zustand betrifft immer alle Beteiligten: „Homo desiderium dei" – der Mensch ist die Sehsucht Gottes, sagte schon Augustinus (354–430).

„Ihr Lied riss uns den Schleier stets entzwei"

Die dichten Erfahrungen, die Rumi machte, motivieren ihn dazu, dass er seine Zeitgenossen dafür sensibilisieren will, dass alles, was wir in diesem Leben mit Liebe und Leidenschaft bezeichnen, auf die „Große Liebe" verweist. Dabei geht es ihm eben mitnichten darum, dass wir uns wie die Asketen von den weltlichen Dingen abwenden. Vielmehr preist er den berauschenden Wein, den Duft der Rosen, die Musik und achtet aufs Höchste die Frauen, die er als „Strahl Gottes" bezeichnet. Der springende Punkt bei ihm ist, dass wir sowohl beim Genießen des Schönen, Guten und Berauschenden, aber auch beim Erleiden des Schlimmen „hinter den Vorhang" schauen und die „Schleier" der Illusion wegziehen, anstatt konturenlos im einen wie im andern zu versinken: „Alles, was du siehst, hat seine Wurzeln in der unsichtbaren Welt. Die Formen mögen sich ändern, doch die Essenz bleibt dieselbe. Jeder wundervolle Anblick wird verschwinden, jedes süße Wort wird verklingen. Aber lass dich nicht entmutigen. Die Quelle, aus der sie kommen, ist ewig. Sie wächst unaufhörlich. Sie breitet sich aus. Sie schenkt neues Leben und neue Freude. Warum weinst du? Die Quelle ist in dir und die ganze Welt entspringt aus ihr."[8] Gerade weil Rumi in der temporären Liebes-Begegnung mit Shams die Erfahrung des Eins-Seins mit der „Großen Liebe" gemacht hatte, konnte er behaupten, dass unsere alltäglichen Sehnsüchte und Bedürfnisse in Wirklichkeit nur vordergründig unsere wahren Wünsche seien. Auch wenn sie erfüllt werden, bleibe trotz alledem ein Verlangen, das wir auf dieser Ebene nicht in den Griff bekommen werden. Um es zu befrieden, müsse man sich vielmehr mit dem auseinandersetzen, was wir mit dem psychologischen Konstrukt des „Ego" bezeichnen. Es bildet quasi eine Schnittstelle zwischen unserem wahren Selbst und der Realität „draußen." Insofern wir aus einem fragilen Ego leben, sind wir ständig im Zustand eines existentiellen Ungleichgewichts. Unser Selbstbild wird stets davon geprägt sein, was andere von uns halten oder über uns denken. Wenn wir nur auf das schauen, was die Außenwelt aus uns macht, verdunkeln wir unser wahres Ich. Kampf, Konkurrenz, Egoismus und das Bedürfnis, sich mit anderen zu vergleichen, sind die toxischen Folgen.

Trennung und Traumatisierung

Trennungen können Traumatisierungen mit schweren Folgestörungen auslösen. Bei Rumi wirkte schon die erste Trennung von Shams und dann in Folge die Vermutung, dass er nach der zweiten ermordet worden sei, wie eine Dissoziation. Sie gehört zu den schweren psychischen Zuständen einer posttraumatischen Belastungsreaktion. Von einem „zertrümmerten Herzen" ist die Rede, von „heißem Schmerz" und von „langen Tagen des Kummers". Und auch von „Straßen voller Blut" als Zeichen schwerer Verletzungen. In dieser dramatischen Situation kam er in seiner Alltagswirklichkeit nicht mehr zurecht und gebärdete sich wie ein Verrückter. Er suchte wie außer sich nach seiner verlorenen Identität und fand sie letzen Endes in seinem Innern wieder, indem er unermüdlich dichtete. Es wirkte für ihn wie eine Therapie. „Hört doch diesem Schilfrohr zu", heißt es, wie es eine Geschichte erzählt und über Trennungen klagt, indem es sagt: „Seit ich vom Schilfbett getrennt wurde, hat mein Wehklagen Mann und Frau zum Stöhnen gebracht." Es sind also allgemeine Erfahrungen von Menschen, auf die Rumi hier anspielt. Das Innere der Flöte ist das Bild einer Seele, die sich hohl anfühlt. Die Tonlöcher symbolisieren ihre Verwundungen. Erzählen und Klagen gehören in solchen Zuständen dazu und brauchen emphatisches Zuhören, das viele nicht aufbringen können: „In alle Kreise trug ich schon mein Klagen, gesellte mich zu Gut- und Schlechtgestellten; und jeder wähnte gleich, mein Freund zu sein und suchte nicht in mir drin mein Geheimnis." Es fehle ihnen an „Erleuchtung", schreibt Rumi, und wer dieses „Feuer", von dem er spricht, nicht in sich selber habe und deshalb verstehen könne, wovon er spricht, der „schleich sich fort!" „Wie geht es deinem Schmerz?" („kayf hi alimuk") lautet eine arabische Grußformel. Sie kann echt gemeint sein oder einfach so dahingesagt werden. Es gehört zu den zusätzlich belastenden Erfahrungen von traumatisierten Menschen, dass sie feststellen müssen: Es gibt schnell welche – „gleich" schreibt Rumi – die sich aus allen möglichen, durchaus auch gut gemeinten Motiven als Freunde anbieten, aber sie können nicht wirklich hinsehen und hinhören: „Aug und Ohr fehlt es an Erleuchtung". Sie machen sich nicht mit ihnen auf die Reise nach innen, nach diesem „in mir drin", an diesen Ort, wo es schwierig wird.

„Keiner darf die Seele jemals schauen": Abbilder und Spiegelbilder

Shams war für Rumi das Antlitz Gottes in Person, gleichsam dessen Epiphanie – und dies, obwohl er als Muslim in der Tradition des Bildlosen stand. Aus dem theologisch gebildeten Gottes-Denker mutierte Rumi zu einem berauschten Gottes-Seher. Shams wurde für ihn – so Scheich Süleyman Bahn – „das Spiegelbild Gottes. In ihm erkannte er den ewigen Geliebten."[9] Er realisierte damit, was auch Jesus über sich selbst und dann Paulus über ihn sagte: „Wer mich sieht, sieht den Vater" (Joh 14,9), denn: „Er ist das Bild des unsichtbaren Gottes" (Kol 1,15). Gleichzeitig gilt jedoch auch die Einschränkung: „Jetzt schauen wir in einen Spiegel und sehen nur rätselhafte Umrisse, dann aber schauen wir von Angesicht zu Angesicht" (1 Kor 13,12). Der beseligenden imaginären Vergegenwärtigung des Unsichtbaren wird alsbald der blanke Bildentzug zugemutet. Jesus sagt zu seinen Jüngern: „Selig sind, die nicht sehen" (Joh 20,29) und: „Es ist gut für euch, dass ich weggehe" (Joh 16,7). Das weitere Schauen, indem man den andern gleichsam griffbereit bei sich hat, ist für den Prozess vertiefter Gotteserkenntnis kontraproduktiv. Indem er sich ihnen entzieht, gebietet er der Aneignung des Visuellen Einhalt. Dieses darf nicht zur Fiktion oder zu einem angenehmen Trugbild werden, das man – in Anlehnung an Jacques Lacan's Begriff „jouissance"[10] für mystische Zustände – lustvoll goutieren könnte.

Dies vorausgeschickt, drängt sich hier die Parallele zum Verhalten von Shams auf. Dass er sich aus dem Staub machte, irritiert, es erscheint uns gefühllos, abstoßend und herzlos. Über Zeitpunkt und die Art und Weise mag man streiten.

Worüber jedoch ein Konsens besteht, ist die kompetente Haltung eines religiösen Führers, geistlichen Lehrers oder spirituellen Begleiters. Shams verstand sich als Rumis Mentor. Von ihm stammt dieser Ausspruch: „Wahre Mentoren sind so transparent wie Glas. Sie lassen das göttliche Licht durch sie hindurch scheinen." Ein solcher Mentor vereinnahmt nicht, hält nicht fest, macht andere nicht abhängig und übt nicht subtil Macht aus. Vielmehr setzt er den anderen frei in sein eigenes Dasein. Deshalb liegt eine seiner Grundfähigkeiten darin, sich entbehrlich zu machen. Insofern sich Shams seiner Verantwortung und seiner Rolle bewusst war und was er an spirituellen Prozessen in Rumi ausgelöst hatte, verschwand er nicht einfach deshalb von einem Tag auf den andern, weil ihm das Gerede und die Intrigen der Leute auf den Geist gingen. Vielmehr musste er dies tun, und zwar ohne lange Diskussionen und Erklärungen, damit Rumi auf seinem inneren Weg weiterkommen konnte. Wäre er länger geblieben, hätte er durch die Verzauberung im Dahinfliegen der Zeit den Eindruck einer trügerischen Sicherheit erzeugt, über die man verfügen könne. Es ist wie mit jedem Bild im Spiegel: nach einer gewissen Zeit wird es wieder verschwinden. Nicht endlos ist es und nicht zu fassen. Wenn Rumi davon schreibt, dass man die „Seele niemals schauen" könne – und damit meint er „das Ding an sich" (Immanuel Kant) oder die „Wirklichkeit, wie sie wirklich ist" – trifft das den Kern der Sache. Denn das, was wir in einem Spiegel-Bild oder Ab-Bild zu sehen vermeinen, ist eben nur ein Reflex dessen, was sich dahinter verbirgt und wie wir es subjektiv wahrnehmen. Eine biblische Erkenntnis bringt es so auf den Punkt: „Mit sehenden Augen werdet ihr sehen und werdet es nicht erkennen" (Mt 13,14). Nach dem „Zerbrechen" des Spiegels im Außen wendet sich der Blick gezwungenermaßen nach innen und der Betroffene erlebt einen großen Schmerz. Rumi konnte ihn transformieren und kreativ nutzen. Er wurde für ihn zu einer schier unerschöpflichen Ressource für seine dichterischen Meisterleistungen.

Gott – dialektisches Ineinsfallen der Gegensätze

Wir würden die Mystiker missverstehen, wenn wir sie alleine über die Erfahrung von Gottesnähe und Vertrautheit mit Gott definieren würden. Sie führen auch die Gottesferne gleichsam als eine „Leerstelle" des Glaubens drastisch vor Augen. Mechthild von Magdeburg berichtet über solcherart Erfahrungen: „Hierauf kamen die Seele und auch mein Leib in so große Finsternis, dass ich die Erkenntnis verlor und das Licht, und um die Vertrautheit mit Gott wusste ich nicht und die so sehr beseligende Liebe verließ mich auch."[11] Das abrupte Ende der Zweisamkeit erlebte Rumi nicht nur als Verlassen-Sein, sondern auch als ein Getrennt-Sein von Gott, das ihn zuinnerst verstörte. Die Frage, ob die intensive Episode mit Shams, die ihn aus seinen gewohnten Denkwegen herauskatapultierte, nur eine Illusion war, wird ihn längere Zeit umtreiben: „In unserem Kummer werden lang die Tage, sie gehn mit heißem Schmerz im gleichen Schritt", schreibt er. Solche Zeiten können zermürben und zu ergebnislosen Gedankenspiralen führen, wenn man nicht irgendwann damit beginnt, tatsächlich dem eigenen Prozess und seinen eigenen Erfahrungen zu trauen. Rumi hätte relativ problemlos in die Koordinaten seiner vorherigen Lehr- und Lebensformate zurückkehren und mit diesem Schritt die traditionell-bürgerlichen Erwartungen vieler erfüllen können. Hätte er dies getan, hätte man ihn längst vergessen! Dass ihm dies letztendlich widerstrebte, hängt entscheidend damit zusammen, dass ihm gerade im Gesamt seiner „verrückten" Auszeit inklusive der antagonistischen Erfahrungen etwas Grundlegendes vom Wesen Gottes aufgegangen ist: „Wenn du Mich nicht hinter jedem Paar von Gegensätzen mit einer einzigen Vision siehst, erkennst du Mich nicht." Diese Erkenntnis, die der Sufi a-Niffari bereits im 10. Jahrhundert formulierte, wird Rumi in unendlichen paradoxalen Narrativen verdichten. Größtmögliche Nähe und weiteste Distanz sind für ihn zwei Seiten der einen göttlichen Medaille. Gott ist fern und nah, fernnah gleichsam. Karl Rahner wird bestätigen, dass Gott „nicht bestimmt werden kann als dialektisches Nein zu einem erfahrenen bestimmten Ja, z. B. nicht als der bloß Ferne gegenüber einer Nähe, nicht als Antipol zur Welt, sondern daß er über solche Gegensätze erhaben ist."[12]

„Gift und Gegengift zugleich"

Rumi spricht von einem „Gift", das einen wie in einem Liebes-Fiebertaumel vollständig in Beschlag nimmt und von einem heilsamen „Gegengift", das alles wieder neutralisiert. Damit war ihm bekannt, was die Toxikologie heute auch weiß: es ist dasselbe Gift, das man braucht, um ein heilendes Gegengift herzustellen. Die zwei sind eins. Nur in zeitlicher Abfolge und Dosierung erscheinen sie als getrennte Substanzen: „Und ob es hundertmal dir droh' den Tod, doch sendet dir's auch Heilung in der Not."[13] Zwei Jahrhunderte, bevor Nikolaus von Kues (1401–1464), der geniale Interpret Meister Eckharts, den „Zusammenfall der Gegensätze" in Gott („coincidentia oppositorum") philosophisch formulieren und sich damit den Vorwurf der pantheistischen Häresie einhandeln wird, hat Rumi die Koinzidenz poetisch umschrieben. In Gott ist das Größte und das Kleinste identisch, weil er das Unendliche ist, das weder groß noch klein ist. Dies könne jedoch nur in einer „unbegreiflich begreifbaren Weise" begriffen werden. Diese Erkenntnisweise entzieht sich dem Bemühen des klassischen Rationalismus westlichen Zuschnitts, der sicheres Wissen nur durch logisch-rationale Deduktion zu erwerben vermag. „Das Bein des Logikers ist aus Holz", sagt Rumi, indem er sich ironisch gegen das exklusive Instrumentarium einer rationalisierenden Intellektualität wendet, die sich in einer langen Tradition mit dem Namen des Aristoteles verbindet: „Ein hölzernes Bein ist sehr wackelig"[14]. Der hochgelehrte Thomas von Aquin (1224–1274), ein Zeitgenosse Rumis und Meister der Scholastik, wird dies nach einer ihn sehr berührenden mystischen Erscheinung einige Monate vor seinem Tod bestätigen. Alles Theoretisieren sei letztlich ein leeres Strohdreschen – so seine Erkenntnis.[15] Mit dem Schreiben hörte er daraufhin auf.

„Tinte, Papier und Schreibstift zugleich"

Rumi vertritt eine holistische Weltsicht, ein metaphysisches Einheitskonzept: „Mein Raum ist raumlos, mein Zeichen die Zeichenlosigkeit, ist weder Körper noch Seele, ich bin nur ein Teil von Seinem Licht. Die Zweiheit habe ich verworfen, ich sah in beiden Welten Eines. Einen such' ich, Einen ruf' ich, Einen kenn' ich, Einen nenn' ich. Wenn in meinem Leben nur ein Hauch ohne Dich vergeht. Ab diesem Tag und dieser Stunde, für dieses Leben schäm' ich mich." Für ihn ist Gott in allen Dingen gegenwärtig. Umgekehrt befinden sich alle Dinge in ihrer Gesamtheit in Gott. Es gibt keine Zustände, die nicht miteinander korrelieren. Alles steht mit allem in Beziehung. Er formuliert dies unter anderem so: „Du bist der Schreiber und die Schrift bist du. Tint' und Papier und Schreibestift bist du. Du bist die Sternenschrift am Himmel dort. Im Herzen hier die Liebesschrift bist du. Das Blatt, das treibt, das ausgetriebne Lamm. Der Trieb, der Treiber und die Trift bist du. Du bist die Ruh', die Unruh bist du auch. Das Gift und auch das Gegengift bist du. Du Ebb' und Flut, Windstill' und Sturm und Meer. Schiffbruch und Schiff, und der drin schifft, bist du."[16] Nach Rumis Konzeption kann man weder sagen, dass Gott ist, noch kann man sagen, dass Gott nicht ist. Denn Gott ist der Grund allen Seins. Als unendliches Sein hat er kein Gegenüber, von dem man ihn abgrenzen kann. Daher verschwinden in ihm auch die Unterschiede der Begrifflichkeiten und Attribute. In ihm hören „dieses" und „jenes" auf, Gegensätze zu sein.

„Jeden ertränkt Sein Wasser. Nur den Fisch nicht."

Kurz vor dem Ende seines Proömiums bringt Rumi zusammenfassend auf den Punkt, worum es der Sufi-Mystik geht: um eine innere Gotteserkenntnis, die die Grenzen der rationalen Vernunft hinter sich lässt. Um der Bedeutung des obigen Zitats auf die Schliche zu kommen, bedarf es zunächst – wie so oft bei Rumi – der hermeneutischen Hilfe eines anderen Verses.

Diese Anregung liefert er mit dem Ausspruch: „Vernunft ist wie Schwimmen auf offenem Meer: Wird der Schwimmer nicht gerettet, so ertrinkt er am Ende." So exzellent seine Schwimmkunst auch sein mag, er wird sein Ziel niemals erreichen. Er wird vor Erschöpfung untergehen, wenn er sich nicht bescheidet, umkehrt und ein andere Art der Fortbewegung als Mittel der Erkenntnis wählt. In seiner Kritik des theoretischen Erkenntnisvermögens wird Immanuel Kant später zeigen, indem er auf die Seele anspielt, dass die Existenz Gottes eben nicht ein Gegenstand theoretischer Vernunfterkenntnis sein könne: „Es ist ein Gott in der Seele des Menschen", sagt er in seinem Spätwerk.[17] Ohne die Thematik hier zu vertiefen, sei zumindest darauf hingewiesen, dass die Seele keine vernunftwidrige oder vernunftlose Instanz ist. Ohne Vernunft wird jede Mystik, Spiritualität und Religiosität blind. Umgekehrt gilt aber auch, dass ohne Mystik jede aufgeklärte Vernunfterkenntnis austrocknet.[18] Meister Eckhart spricht im Rückgriff auf Platon und Aristoteles vielmehr von einer „anima intelligens"[19], einer „vernunftbegabten Seele", die niemals „ohne Gott" sei.[20] In diesem Zusammenhang bringt Rumi die Symbolik des Fisches[21] ins Spiel: „Jeden ertränkt Sein Wasser. Nur den Fisch nicht."

Der sich geschmeidig im Wasser bewegende Fisch symbolisiert in vielen Kulturen Fülle, Segen, Fruchtbarkeit, Freude und Vitalität. In Persien findet er sich variationsreich auf Kacheln und Keramiken. Für Rumi ist er die feinfühlige Seele des Mystikers – Blaise Pascal sprach von „esprit de finesse" –, die im Meer der Gotteserkenntnis schwimmt. Äußere „Formen und Gestalten sind die Schäume dieses Meeres. Tauche ein in diesen reinen sauberen Ozean. Spiele nicht einfach mit den Schäumen."[22] So lautet seine Einladung an die Menschen. Und an Gott gewandt formuliert er: „Weil du der Hüter unserer Seelen bist, wirf unsere Seelen ins Wasser. Du bist der Meister dieses Wassers, und das Wasser ist immer um dich herum."[23] Derselben Intuition folgend formuliert es eine Zeitgenossin Rumis, die Mystikerin Mechtild von Magdeburg (1207–1282/1294) so: „Der Fisch im Wasser kann nicht ertrinken. Der Vogel in der Luft nicht versinken."[24] Was die Mystiker mit dem Symbol des Fisches im Wasser ausdrücken bedeutet im Sinne einer poetischen Annäherung: Es gibt keine unüberbrückbare Kluft zwischen Gott und den Menschen. Er ist ihnen nicht ferne und steht ihnen nicht gegenüber. Vielmehr bewegen sie sich in ihm, ohne es zu wissen. Paulus spricht in seiner Rede auf dem Areopag in Athen davon, dass es möglich sei, Gott „tastend zu fühlen" (Apg 17,27)[25], da wir uns in ihm bewegen und er von niemandem fern sei.

„Dem sind die Tage lang, dem's täglich Brot fehlt"

Rumi hielt seine Reden nicht nur vor angehenden Sufis. Er sprach mit ungebildeten und gebildeten Frauen und Männern, Händlern, Handwerkern, Beamten und Fürsten, auch mit Christen und Juden. Was er ihnen anbieten wollte, sagt er gegen Ende des Proömiums und holt damit das Mystische und Religiöse auf die Ebene des Alltags herunter: tägliches Brot. An anderer Stelle wird er es so ausführen: „Erklär es so, in deiner Rede, dass selbst der Pöbel daraus noch Gewinn ziehen kann. Vollkommene Redner sind wie Speisemeister, ihr Tisch ist voll mit Speisen aller Art, damit kein Gast je ohne Essen bleibt und jeder die Nahrung findet, die ihm zusagt."[26] Dem ist nichts hinzuzufügen – außer jener Gruß, mit dem Rumi dieses Kapitel beschließt: „Salam" – Frieden!

Lachen verboten?
Sufismus kann Humor

Graue Miesepeter?

Manche Darstellungen von Sufis oder Mystikern generell kommen ziemlich romantisch idealisiert daher, frömmelnd und bieder, esoterisch verwässert oder wie ein mit zuckergussartigen religiösen Begriffen überzogener Kuchen. Man gewinnt den Eindruck, diese Leute seien mit einer gewissen Art von salbungsvoller Feierlichkeit den ganzen Tag mit Gottesliebe und hehren Themen beschäftigt und für das normale Leben nicht wirklich zu gebrauchen. Es seien humorlose, mitunter depressive Typen. Bierernste Spaßverderber, mausgrau, zum Lachen unfähig, und wenn, dann nur mit schmalen Lippen. Alles Mögliche trauen wir ihnen zu, nur nicht Humor. Und schon gar nicht, wenn es um den Islam geht. Mit solcher Art von weltfremden Hochreligiosen, namentlich den Mystikern, möchte oder könnte man in der Regel nicht allzuviel zu tun haben. Passen Glaube und Heiterkeit überhaupt zusammen? Oder widersprechen sie nicht geradezu dem religiösen Ernst, der strengen Moral und dem feierlichen Pathos? Gerade die Mystiker zeigen hier ein differenziertes Bild. Sufis messen dem Humor eine große Bedeutung bei und sind der Meinung, dass Witz und eine Portion Zynismus nie schaden können.[1]

„Besondere Erleuchtung"

Der in der sufischen Tradition stehende Nasreddin Hodscha, der im 13. Jahrhundert in der Provinz Konya gelebt hat (bzw. gelebt haben soll)[2], ist einer der größten und prominentesten Humoristen in der islamischen Geschichte.[3] Im Nahen Osten wird er als Held und Heiliger verehrt, seine Streiche erzählen sich die Leute bis heute in den Teehäusern. Sie regen zum Denken und zu geistiger Mündigkeit an. In der volkstümlichen Überlieferung hat er Züge eines Sozialrebellen. Von einem, der den Machthabern furchtlos die Stirn bietet und sie dem Gelächter preisgibt. Und das tut er so geschickt, dass man ihm dabei nichts anhaben kann. Rumi hat viele seiner Geschichten überliefert. Clownerie, Possenreißer, derbe Witze, stotternde Doktoren, geizige Kaufleute, Liebe, Lust und Eifersucht. Bei solchen Themen lebte das einfache Volk auf! Der Humor der Sufis betrifft nicht nur ihren Alltag, sondern auch metaphysische Erfahrungen. „Besondere Erleuchtung" war das Wort – so der renommierte Sufi-Experte Idries Shah –, das Rumi gebrauchte, um die Bedeutung des Humors im Hinblick auf die mystische Erfahrung zu betonen: „Wenn du eine besondere Erleuchtung haben möchtest, dann blicke in das Gesicht der Menschen. Und dann wirst du – wenn sie lachen – die Essenz der göttlichen Wahrheit entdecken."[4] Die Leichtigkeit des Seins, die wir empfinden, wenn wir von Herzen lachen, wenn es uns so richtig schüttelt und uns die Lebensfreude dabei schier aus den Augen tropft, haben offenbar mehr mit Gott zu tun, als die Verbissenheit mancher seiner strengen Gläubigen: „Gott ist ein Komödiant, der vor einem Publikum spielt, das zu ängstlich zum Lachen ist", polemisierte Voltaire (1694–1778) zurecht in seinen religionskritischen Streitschriften. Eine gewisse Gelassenheit im Religiösen, die während Jahrhunderten das lustvolle Spiel mit Worten prägte, wurde unter dem Einfluss der Moderne mit ihrem binären Denken zusehends vernachlässigt und bis in unsere Tage durch die Betonung von Tugend und Moral weitgehend ersetzt. Humor erschien suspekt, er wurde von fanatischen Glaubenshütern domestiziert oder unter dem Vorwand der Rechtgläubigkeit unterdrückt.

Humor und Satire

Humor ist im Verbund mit einer zuweilen ätzende Satire eine der ältesten literarischen Gattungen. Sogenannte „Gegenreden" waren eine Art Vorläufer der heutigen „Rap-Battles". Berühmte Dichter unterhielten ihre Zeitgenossen mit poetisch-satirischen Duellen. Sie trafen sich auf Markplätzen und schleuderten abwechselnd dem Kontrahenten gereimte Beleidigungen an den Kopf. Wessen Schmähgedicht besonders kreativ war, verließ den Platz als Sieger. Narrative Texte der arabischen Literatur kultivierten das ausufernde Lachen in zahlreichen Variationen. „Und er lachte", liest man, bis dass er entweder „auf den Rücken fiel", „den Boden mit den Füssen aufgrub" oder „sich die Hosen nass machte". Stets ist neben den künstlerisch raffinierten Ausdrucksformen eine große Menge von Kurzprosa in Form von Witzen, Schwänken, Klamauk, Parodie, Neckerei und Anekdoten zu finden. Ihre Bandbreite reicht von verdeckt politisch motivierter Kritik bis zu reinem Blödsinn, von humoristischer Verarbeitung selbst der heiligsten Dinge bis hin zu derben Zoten. Spott richtet sich mit Vorliebe gegen bigotte Geistliche, Scheinheilige, frömmlerische Prediger und gegen religiösen Fanatismus. Faruddin Attar, einer der Lehrer Rumis, nimmt dabei kein Blatt vor den Mund: „Schlösser habt ihr wie die Kaiser, Gewänder habt ihr hübscher als die Damen. Eure Eigenschaften würdig des Königs Schaddad. Größenwahn, Gier und zu gefallen der Welt. Dies alles sind eure Merkmale und Schlimmeres noch. Nur eines ist euch fremd: der Glaube Mohameds. Euch fesselt Brauch, Würde und Amt, ob Tag oder Nacht. Nur von einem seid ihr frei: vom Glauben Mohameds."[5]

Einer der Zwecke von Rumis Poesie besteht darin, seine Leser in ein sprachliches Spiel zu verwickeln, das ihre Intelligenz und ihren Einfallsreichtum durch semantische Rätsel, ironische Anekdoten und satirische Mehrdeutigkeit sowie mit humorvollen Einlassungen[6] testet. Am Ende sollten die erfolgreichen „Entschlüssler" mit dem Gefühl amüsierter Zufriedenheit belohnt werden. Verstörender Humor kann ein Weg zur Erleuchtung sein. Auch der große Mystiker Meister Eckhart spart nicht mit Komik in seinen Predigten.

Coleman Barks, renommierter US-amerikanischer Dichter und Übersetzer vieler Werke von Rumi und anderer iranischer

Dichter, der viel zur Popularisierung des Sufismus in der westlichen Welt beigetragen hat, erläutert zwei Gründe für die Beliebtheit Rumis: „Der Sinn für Humor in Rumis Poesie inspiriert die Leute." Und: „Die Leute suchen nach etwas, das wahrhaft menschlich ist."[7] Das persische Wort „tarab" bedeutet die höchste Art der Freude, die einen Menschen leicht und schwungvoll macht. Rumi erlebte diese Freude, die sich in seiner Lyrik durchzieht und ihn zum Tanz, Taumel und Jubel veranlasste. „Sitz nicht herum und warte", sagte er in lebensbejahender Weise. „Geh raus, spür das Leben. Berühre die Sonne und springe ins Meer." Es ist kein Zufall, dass es so viele Witze über religiöse Würdenträger gibt, denn mit ihnen gewinnen die Beharrungskräfte einer Religion menschliche Gestalt. Humor arbeitet sich an ihnen auf eine Weise ab, die vehemente Kritik nie erreichen könnte: Er nötigt zum Hinterfragen innerhalb des religiösen Systems und hilft dabei, die Gefahren einer verabsolutierten Religion abzuwehren. Der Religion tut Satire gut, sie braucht Witz und bedarf des Humors. Religion ohne Humor kann gefährlich werden.

„Das Denken beginnt mit dem Lachen"

„Das Denken beginnt mit dem Lachen"[8] – lautet eine alte Lebensweisheit, die in der persischen Tradition verwurzelt ist. Verbissenes Denken führt selten zu fruchtbaren Erkenntnissen. Zielführender ist es, wenn man entspannt und lächelnd an die Sache herangeht. Diese Haltung trifft sich mit einem Diktum von Dalai Lama, der behauptet: „Wenn Menschen lachen, sind sie fähig zu denken." Man spricht im Iran noch heute von den „lachenden Blumen", den „lachenden Pistazien", dem „lachenden Granatapfel" oder einer grünen Wiese, die „ein Lachen der Erde" sei. Deshalb ist eine von Rumis Devise: „Lache so viel, wie du atmest. Liebe, solange du lebst." Dies gilt auch für das Religiöse. Ernste Mienen, heruntergefallene Mundwinkel oder ein wie versteinert wirkender Blick sind kein Aushängeschild für eine menschenfreundliche Spiritualität und für einen Glauben an einen ebensolchen Gott. „Wir schulden Gott Dankbarkeit, nicht saure Gesichter", sagt Rumi und nimmt sich dabei selber ernst: „Es gibt viele Wege zum Göttlichen. Ich habe die Wege von Gesang, Tanz und Lachen gewählt." Idries Shah ergänzt, dass Rumi mit seiner spirituellen Literatur und mit seiner Lebenseinstellung all jenen säuerlich dreinschauenden Religionsvertretern widerspricht, die meinen, Humor störe nur ihre Belehrungen, die sie von sich geben.[9] Humor war vielmehr eine Lehrmethode im Sufismus, wie Gerrit Kleiböhmer nachweist."[10] Humorvoll werden in vielen kleinen „stories" die Konditionierungen und Begrenztheiten des menschlichen Denkens deutlich gemacht: „‚Wie absurd', sagte die Eintagsfliege, als sie das erste Mal das Wort ‚Woche' hörte", ist eine davon. „Was Gott zur Rose sagte und sie in voller Schönheit lachen ließ, sagte er zu meinem Herzen" – so Rumi – „und machte es hundertmal schöner."

Spiritual Grounding: Humor erdet die Mystik

Die Verbindung von Alltagshumor, Weisheit, Mystik und Selbsterkenntnis macht deutlich: Das Geheimnis des Lebens verbirgt sich nicht an besonderen heiligen Orten. Wenn es ein Versteck hat, dann ist es das Gewöhnliche, oft Übersehene, kaum Beachtete. Wir alle können Mystikerinnen und Mystiker werden, wenn wir im Alltag die Tiefenschichten des Lebens entdecken. Die „gusseisernen Begriffe" (Marica Bodrozic)[11], die sich in ihrer abstrakten Korrektheit so sehr auf der Seite des Richtigen wähnen, dass sie gar nicht mehr empfunden werden, höhlen mit der Zeit ihre Inhalte aus. Dies geschieht beispielsweise, wenn man bedeutungsschwer zwar über etwas spricht, etwa von Eins-Sein, Ent-Werdung, Auslöschen des Egos etc., ohne dass man gleichzeitig aufzeigt, wie diese Zustände alltagspraktisch erreicht werden können. Geschieht dies nicht, bleibt der Diskurs auf der Ebene des rein Akademischen, das sich durch eine ihm eigene Trockenheit auszeichnet. „Einiges verdorrte, weil es keinen Humor hatte" – fast so ähnlich steht es in der Bibel (vgl. Mt 13,20). „Humor" ist das lateinische Wort für Feuchtigkeit. Wie eine Pflanze selbst bei größter Hitze gedeiht, wenn sie ihre Wurzeln ins feuchte Erdreich hineintreibt, so nährt sich auch eine geerdete Mystik, das heißt eine bodenständige und damit alltagsfähige, durch die spirituelle Ressource des Humors. Nur was tief geerdet ist, kann auch weit gehimmelt sein! Diese notwendige Erdung verhindert das Abgleiten in moderne Formen des Doketismus. Es ist jene vom Konzil von Nizäa (325) verurteilte Irrlehre, der göttliche Logos habe bloß einen Scheinleib angenommen, um sich nicht mit dem realen menschlichen Fleisch dieser Welt zu beschmutzen. Unbewusst lebt der Doketismus vielfach dort weiter, wo sich besonders fromm dünkende Menschen oder esoterische Heilsversprecher in Scheinwelten bewegen und den Sinn für die Realität – und damit einhergehend oft auch den Humor – verlieren. Erinnert sei in diesem Zusammenhang an die pointierte Bemerkung von Johann Baptist Metz, der im Rückgriff auf Karl Rahner solche Art von Spiritualität im Rahmen der Kirche scharf brandmarkte: Es handle sich hier um eine „Verwechslung von Kirchlichkeit mit einem freud- und humorlosen Zelotentum."[12] Rumi war ein Meister einer sowohl geerdeten wie gottbezogenen und zugleich humorvollen Mystik: hoch charismatisch, innerlich frei und nicht gebunden an eine rigide Tradition. Als wirkmächtiges Antidot gegen orthodoxen Rigorismus, Buchstaben-Dogmatik und fanatische Militanz wird er von dessen Vertretern vehement abgelehnt.

„Wenn ein Papagei entflogen ist, was tue ich dann mit dem Käfig?"

Raus aus einem Leben im Käfig!

Kunstvoll ornamentierte, manchmal mit Kuppeln und feinem Schmuck versehene großvolumige Vogelkäfige wurden unter anderem in Mesopotamien, Ägypten, Persien, Griechenland, Rom, China, Indien und Babylon verwendet. Es sind richtige Hingucker, die auch heute noch in manchen orientalischen Hotels, Restaurants oder schmucken Innenhöfen stehen. Vögel wurden oft aus religiösen oder symbolischen Gründen gehalten, waren aber auch ein Zeichen von Reichtum und Adel. Vögel beherrschen nicht nur die Luft, sondern auch das Wasser und das Land. Sie sind für Rumi stets ein Symbol für die Sehnsucht der Seele nach Freiheit. Vögel kommen in seinen Dichtungen immer wieder vor: „O Vogel, der nach Freiheit girret." „Ich bin ein Vogel aus dem himmlischen Garten, nicht aus der Welt des Staubes." „Wenn du dich darauf besinnen könntest, dass du keine Krähe bist, sondern der mystische Fischadler, der sich niemals niederzulassen braucht, dann könntest du dort wandeln, mit Ihm." Der Mensch hat den Vogel angekettet und eingesperrt, um das Symbol für Freiheit ständig bei sich in der Wohnung zu haben. Domestizierte Freiheit hinter Gitterstäben – welch ein Paradoxon! Vögel wollen ihre Schwingen ausbreiten, flattern und fliegen, Blütennektar trinken. Für sie gehört das Fliegen zum Leben wie für uns das Atmen. Einige Papageienarten legen pro Tag bis zu 50 Kilometer zurück. Doch genau diese natürliche Fähigkeit wird ihnen in der Gefangenschaft geraubt. Lange eingesperrte Papageien zeigen ähnliche Symptome wie Menschen, die unter einer komplexen Posttraumatischen Belastungsstörung (PTBS) leiden, z. B. anhaltende Traurigkeit, explosive Wut, Isolation und Misstrauen.

Im religiösen Bereich sind eingesperrte Vögel ein Sinnbild für die negativen, einengenden Seiten der Religion. Rumi spricht öfters von einem „Seelenvogel" oder dem „Seelenpapagei", der wie ein „Häftling" eingesperrt ist.[1] Der Gläubige wird in einen Käfig aus Vorschriften, Traditionen, Lehrsystemen und Verboten gehalten und so in seiner ureigenen spirituellen Entwicklung gehemmt. Weil manche es von klein auf gar nicht anders gekannt haben, wird ihnen der Zustand erst spät, oder möglicherweise gar nicht bewusst. Rumi kannte solche Leute und schreibt über sie: „Mancher wähnt sich frei und sieht nicht die Bande, die ihn schnüren."[2] Katholisch-kirchlich eingelötete Gitterstäbe benennt Josef Sudbrack (1925–2010), ein bedeutender Mystikforscher unserer Zeit, so: „Moralisierung des Lebens", „Nicht-Ernstnehmen der individuellen Spiritualität" und „Intellektualisierung der theologischen Reflexion"[3]. Für die Sufis ist ihre Religion ein Weg zur spirituellen Freiheit. Die Inayatiyya[4] beispielsweise trägt den Namenszusatz: „Ein Sufi-Weg spiritueller Freiheit". Damit meinen sie keine Libertinage, sondern eine kritische Haltung im Blick auf äußere Vorschriften und eine innere Freiheit von der Abhängigkeit der Versuchungen des Egos. Die spanische Mystikerin Teresa von Ávila (1515–1582) konkretisiert dies so: „Wer Gott sucht (...) soll nur still in sein Inneres schauen. Dort wird er ihn finden. Das Innere des Menschen ist wie ein Kristall, in dessen Mitte Gott wie eine alles durchdringende Sonne wohnt. Das Tun des Menschen wird nicht wirksam, wenn seine Taten nicht aus dieser Mitte stammen."[5] Wer Gott findet, bekommt durch ihn die Freiheit zum eigenen Handeln jenseits äußerer Konditionierungen.

Von der inneren Freiheit, auch äußerlich frei zu sein wie ein Vogel

Papageien werden zum Sprechen abgerichtet, indem man ihnen lange genug Worte vorsagt, die sie nachsagen sollen. Eingesperrt und dressiert – so empfindet Rumi den unerleuchteten Gläubigen, bevor er mit dem Göttlichen in seiner Tiefe in Kontakt kommt. Wer den Weg der Reinigung von seinen Schattenanteilen geht, den Weg des Sich-Erinnerns an seine von Gott geschenkte wahre Natur und seiner Sehnsucht folgt, wird Freiheit erlangen. Dieses Ziel formuliert Rumi im Sinne eines großen Motivationsschubs so: „Du bist dem Käfig entkommen. Deine Flügel sind ausgebreitet. Flieg!" Bevor er tatsächlich entschweben kann, muss sich der Gläubige jedoch auf eine Reise in sein Inneres machen.

Der persische Sufi-Mystiker Fariduddin Attar (ca. 1136–1220/1221), dem Rumi in jungen Jahren begegnete, und der ihn in seine Lehre einwies, beschreibt diesen Weg in seinem berühmten Text „Die Konferenz der Vögel"[6] („Manṭiq aṭ-ṭair"). Mehr als irgendein anderer Autor hat Attar dem Suchen nach Freiheit und Transzendieren des irdischen Daseins Ausdruck verliehen. Im Zentrum der Handlung steht eine mystische Pilgerfahrt, die mit einem Gleichnis erzählt wird: Eine große Schar von Vögeln begibt sich auf die Suche nach dem großen mystischen Königs-Gottes-Vogel zum Qaf-Gebirge. Sie nennen ihn den Simurgh. Er ist ein in vorislamische Zeit zurückreichender mythologischer Vogel, der stets nur in einem Exemplar vorkommt und somit für das Eins- und Einzigsein („tauhid") Gottes steht. Einige Vögel sind jedoch skeptisch und äußern Bedenken, denn einen König haben sie bisher nicht vermisst und können an ihn nicht recht glauben. So will beispielsweise der Papagei nicht seinen sicheren Käfig verlassen.[7] Auf dieser Reise müssen sie den „Djihad" führen, jenen heiligen Kampf gegen die eigenen Schwächen (und nicht gegen die Ungläubigen!). Als die dreißig Tapfersten nach vielen Anstrengungen auf dem siebenstufigen Sufi-Pfad endlich am Ziel ankommen, finden sie dort nicht den König, nach dem sie gesucht haben, sondern sie erkennen, dass er in jedem von ihnen steckt. Ein hintergründiges philosophisches Sprachspiel liegt hier zugrunde. Das persische Wort Simurgh bedeutet getrennt geschrieben: dreißig Vögel. Der eine verbirgt sich in den vielen. Auch Rumi verwendet das Symbol von Vögeln, um diese innere Sehnsucht nach Freiheit zu beschreiben, die Gott schenkt: „Wenn Er dir die Eigenschaften Gabriels (Gabriel bedeutet die Macht Gottes) einpflanzt, wirst du wie ein junger Vogel den Weg hinauf in die Luft suchen. Erwartungsvoll blickend, dein Auge nach oben gerichtet, von der Erde entfremdet und in den Himmel verliebt."[8] Wer sich auf diese Reise in die Freiheit gemacht hat, wird für sich am Ende die Frage geklärt haben, die Rumi stellt: „Was tue ich dann mit dem Käfig?" Jenes äußere Gebilde, an dem man sich bislang festhalten konnte, das einem das Gefühl von Geborgenheit, Sicherheit und Schutz gab, wo man versorgt und in Glaubenssachen nicht nur belehrt und erzogen, sondern auch bevormundet wurde. Wer aufgrund seiner Gotteserfahrung den Mut zur Freiheit aufgebracht hat, wird ihn irgendwann nicht mehr brauchen und ablegen wie ein Kleidungsstück, das zu seiner Zeit wichtig war, das man aber jetzt – so Rumi – nicht mehr benötigt: „Im Winter verlangst du nach Pelzkleidung, aber wenn der Sommer kommt, wird sie dir zur Last und du legst sie achtlos beiseite. So ist es mit der Nachahmung der Lehre. Sie hält die Leute warm bis zu dem Tag, an dem die Sonne sie wärmt."[9] Die spirituelle Freiheit der Mystiker kontrastiert mit eben diesem Käfig, den die Glaubenshüter sorgsam überwachen und das birgt ein hohes Konfliktpotential.

Mystik, Recht und Freiheit[10]

Seit den Häresievorwürfen gegen eine ganze Reihe von als Ketzer bezeichneten Mystikern im Verbund mit ihrer Institutionsskepsis ist der Streit zwischen Vertretern der Mystik und jenen, die die strenge Dogmatisierung des Glaubens und die Juridifizierung seines praktischen Vollzugs betreiben, bis heute nicht verstummt. Das ist von der Sache her auch absolut erforderlich. Es gilt dieses Existential, dieses transzendental Offene im Menschen zu schützen, „das unvertretbare Innere der Erfahrungswirklichkeit"[11], wie es Karl Rahner nennt. Auf dem kleinkarierten Papier der kirchlichen Glaubensoberbehörde wurde im Detail abgemessen, was die Gläubigen zu glauben, zu tun oder zu lassen hatten. Nicht die von Gott geschenkte „Freiheit der Kinder Gottes" (Röm 8,21) muss sich rechtfertigen, sondern jene Versuche, sie normativ zu beschränken oder regulativ einzugrenzen. Es gilt der ermutigende biblische Zuspruch: „Zur Freiheit hat uns Christus befreit. Bleibt daher fest und lasst euch nicht von neuem das Joch der Knechtschaft auflegen" (Gal 5,1)! Die Mystiker bringen diese Freiheit nicht selbst hervor, es ist nicht das Produkt ihres Willens, sondern sie wächst ihnen durch den spirituellen Prozess zu. Durch äußeren Druck und Einschüchterungsversuche kann man sie ihnen jedoch auch nicht mehr nehmen.

Märtyrer und Märtyrerinnen einer Mystik der Freiheit

Den religiösen Zwängen ihrer Zeit setzt die Beginen-Mystikerin Marguerite Porète eine schier unerhörte spirituelle Courage der Freiheit entgegen! Auch sie nimmt Bezug zum Symbol eines Vogels: „Denn die Seele lässt sich dem Adler vergleichen, weil diese Seele hoch und immer höher fliegt, höher als alle anderen Vögel. Denn sie hat die Flügel der edlen Liebe. Sie sieht die Schönheit der Sonne klarer, den Strahl der Sonne und den Widerschein der Sonne und des Strahles, und dieser Widerschein erlaubt ihr den Genuss des Markes der hohen Zeder." Der erleuchtete Mensch genießt das innerste Mark des hohen Lebensbaumes. Ein so von Gottes Liebe ganz durchdrungener Mensch brauche sich nicht um den „Käfig" aus Tugenden, Bußübungen, Messen oder Predigten zu kümmern! Eine ganze Reihe von Thesen der Reformation nimmt sie Jahrhunderte vor Luther fast wörtlich vorweg. Wer sich zutiefst mit Gott verbunden weiß und dem Geist Jesu folgt, braucht letztlich die kirchlichen Lehren und Sakramente nicht unbedingt. Das war der Schmerzpunkt, auf dem sie beharrte. Wer sich radikal auf Gott verlässt, wächst auch über alle moralischen Vorschriften hinaus. Entscheidend war für sie: Erst wo der Mensch sich ganz Gott hingibt und sein Ego verabschiedet, wird er wahrhaft er selbst. „Vernichtigung" nennt sie das und trifft damit den zentralen gemeinsamen Punkt von christlicher und sufistischer Mystik.

Mit welcher Freiheit und welchem Mut ging sie in Paris mit ihrem inkriminierten Buch[12] in der Hand auf den Scheiterhaufen, anstatt es öffentlich zu zerreißen und damit ihre Überzeugungen zu widerrufen. Mit welcher Freiheit ließ sich der persische Mystiker al Halladasch einige Jahrhunderte vor ihr in Bagdad mit abgehackten Händen ans Kreuz binden und dann aufs Feuer werfen, anstatt seine innerste Gotteserfahrung vor dem Tribunal der Rechtgläubigen ins Gegenteil zu verkehren. Sie sind Märtyrer – wie so viele andere –, die lieber sterben wollten, als unter erzwungenem Gehorsam mit einer Lebenslüge weiterzuleben. Sie verstanden sich als von Gott autorisierte Theologen und Theologinnen jenseits der institutionellen Ordnung und verzichteten auf die exklusiv vermittelnde Stellung des Klerus. Auch wenn die „Berufung auf einen göttlichen Befehl" zum Ungehorsam führte, betonte auch Hildegard von Bingen gegenüber den kirchlichen Autoritäten die „unanfechtbare Autorität ihrer Vision". Weil sie die Alleinzuständigkeit des Klerus bei der Heilsvermittlung[13] relativierten, gerieten sie in den Verdacht der Häresie. Welchen Respekt haben wir doch ihnen zu zollen! Die inkriminierten Mystiker stehen nicht zuletzt in der Schicksalsgemeinschaft des Lebenszeugnisses Jesu, der vor seiner Verhaftung die Fluchtmöglichkeit ausschlug, beim Prozess seiner Überzeugung treu blieb und „aus freiem Willen" sein Leben hingab. Diese Freiheit von muslimischen oder christlichen Mystikerinnen und Mystikern, die auf einer unumstößlichen persönlichen Gotteserfahrung beruht, ist nicht hoch genug für die religiöse Freiheitsgeschichte insgesamt einzustufen! Welche Schuld haben jene auf sich geladen, die Leib oder Leben von im Glauben höchst engagierten Menschen schädigten oder ihre Biographien zerstörten, weil sie mit ihren aus der mystischen Erfahrung mit Gott nicht deckungsgleich in die lehramtlichen Schablonen passten.

Wider die „sekundäre Dressur": Glaubende sind keine Papageien

Rumis Bild vom entflogenen Papagei bekommt in Kombination mit einem berühmt gewordenen Diktum von Karl Rahner das Potential einer stets aktueller werdenden Sprengkraft. Im direkten Zusammenhang seines (viel zu) häufig zitierten Satzes, dass der Gläubige von morgen ein Mystiker sein oder eben nicht mehr sein werde, steht seine Aussage, dass „die bisher übliche religiöse Erziehung also nur noch eine sehr sekundäre Dressur für das religiöse Institutionelle sein kann", weil sie auf einer „bloß indoktrinieren Entgegennahme der christlichen Lehre"[14] beruht. Der Begriff „sekundär" bedeutet hier: zweitrangig, nachträglich hinzukommend, nicht-ursprünglich. Sekundär sind jedwedes religiöses Brauchtum oder fromme Folklore, liturgische Rituale, auswendig gelernte Bekenntnisformeln, nachgesprochene Gebete oder das rein formale Befolgen von religiösen und moralischen Verhaltensregeln. Solche Art von Dressur geißelt der Kirchenhistoriker Mariano Delgado als ein antidialogisches, elitäres und indoktrinierendes „Bankiers-Konzept"[15] des kirchlichen Establishments. Was Rahner im Grunde anzielt und womit die Mystiker mit ihm Hand in Hand gehen, ist die „Selbstermächtigung des religiösen Subjekts"[16]. Welche Erfahrungen sollte denn ein im Käfig erzogener und Zeit seines Lebens dressierter Vogel auf die Dauer machen, wenn er nicht den Mut aufbrächte, die Gunst des glücklichen Zufalls eines offen gelassenen Käfigtürchens zu nutzen und – „sich selbst ermächtigend" – in die Freiheit davonzufliegen! Dass damit auch Ängste verbunden sein können, weil man sich an die Bequemlichkeit des Käfigs längst gewöhnt hat, verdeutlicht Attar mit dem Papagei, der lieber in seiner bisherigen Behausung bleiben wollte. Abschließend ist allerdings auch anzumerken, dass nicht wenige auf halber Strecke stecken bleiben. Denn zahlreiche Freiheitserlebnisse und die damit verbundenen Gefühle bleiben an der Oberfläche. Die in den tieferen Schichten der Existenz angesiedelten Möglichkeiten der spirituellen Erfahrung werden kaum erreicht: „Wir erleben sie nicht durch bis zu dem Punkt, an dem sie aus Gott hervorströmen" – so der Jesuit Alfred Delp (1907–1945).

Von Liebe berauscht: Quantenphysik, ein göttlicher Mundschenk, biblischer Gratiswein und ein Rotweinbrunnen

Religiöses Reden über die Liebe ist manchmal wie leeres Stroh dreschen

Religiöse Narrative über die Liebe, besonders manche theologischen Abhandlungen und Predigten, sind ebenso richtig wie langweilig. Der überkommene Diskurs von der Gottesliebe, Nächstenliebe, Selbstliebe benutzt hehre Worte, hört sich jedoch ziemlich abgenutzt und hülsenartig an. Was mit Liebe zu tun hat, erscheint allzu bekannt und vertraut und hat die Sättigungsschwelle überschritten. Der Impuls am Ende von Predigten ist öfters ein moralisch-ethischer: Du musst mehr lieben. Du solltest entschieden mehr tun für die Caritas und die Umwelt. Du solltest die kirchlichen Vorschriften und Traditionen beachten und die Welt verbessern. Wenn die Leute das hören, winken sie schon nach ein paar Minuten ab. „Müssen tun wir gar nichts", sagen sie, „außer sterben". Und damit haben sie Recht. Viele Jahre dachte Rumi auch so. Er pflegte wie viele seiner theologischen Rechtsgelehrten-Kollegen eine Art von buchhalterischem Umgang mit der Religion und ihrer stärksten Kraft: der Liebe. Aber warum ist das in so vielen Fällen bis heute so? Warum ist gerade beim Thema Liebe keine größere Dosis Leidenschaft enthalten als in einer Beruhigungstablette? Warum klingt das Lied von einem „Gott, der die Liebe ist" so oft wie ein wohltemperierter „Fare-well-Song" bei einer Beerdigung? Mit der Aufforderung, sich doch wieder mehr um eine vitalere Liebe zu bemühen, würden wir genau in die Falle des soeben erwähnen moralischen Imperativs tappen. Rumis Antwort führt hier weiter: „Deine Aufgabe ist es nicht, nach der Liebe zu suchen. Vielmehr musst du jene Barrieren herausfinden, die du in dir selbst gegen sie errichtet hast." Eine davon ist in einem bestimmten theologischen Ansatz auszumachen, der über Generationen hinweg Ausbildung, Verkündigung und Erziehung beeinflusste.

Dominanz des Rationalismus: der statische Gott im Gegenüber-Stand

Viele Gottesbilder der Weltreligionen kommen ursprünglich aus einer mythologischen Wahrnehmung, die von der Einheit einer alles und alle umfassenden spirituellen Dynamik ausgeht. Die Menschen und die gesamte Schöpfung nehmen teil an der einen göttlichen Schwingung. Musikalische Anklänge davon finden sich etwa bei den swingenden Gospelkonzerten, wenn beim „Swing low" der enthusiastischen Sängerinnen und Sängern die Kirche bebt und es die Zuhörer von den Sitzen reißt. Sehr wohl wissend, dass der Verstand auf der Bühne der Sinneserfahrungen nur ein kleines Spektrum der Wirklichkeit erreichen kann, wurde theologiegeschichtlich das hier Gemeinte später in binären Oppositionen vermittelt. Geschuldet ist dies einem Cartesianisch geprägten theologischen Rationalismus der westlichen Denktradition und der abendländischen Philosophie, der sich in der aufkommenden Renaissance auf vernunftmäßige Deutung der Religion reduziert und damit eine Gegenposition zur Mystik und zum Mythischen einnimmt. „Die Mystik entzieht sich den etablierten Diskurspraktiken institutioneller Mächte. Daher wird sie auch nach ihrem Aufkommen von kirchlichen Instanzen bald marginalisiert."[1] Der protestantische Theologe Christoph Ammon (1766–1850) kritisierte diesen rationalistischen Diskurs als eine „unheilvolle dogmatische Extravaganz eines großen und kühnen, zuweilen aber einseitigen Geistes"[2].

Holzschnittartig und in gebotener Kürze benenne ich Konsequenzen, für die ein solcher Denkansatz mitverantwortlich ist. Nicht nur die alles durchdringende göttliche Gegenwart wurde in dualistischer Manier rationalistisch-objektivierend vergegenständlicht und von allem anderen getrennt, sondern in Folge alles Geschöpfliche auch. Hier der sündige Mensch, dort der liebende Gott. Hier ich, dort du. Hier wir, dort die Natur als Ausbeutungsobjekt. Hier die Zeit, dort die Ewigkeit. Hier die Schöpfung, dort der Schöpfer. Hier der Mensch, dort das Tier als Nutzobjekt. Hier der freie weiße Mann, dort der schwarze Sklave. Hier der Leib, dort die Seele. Hier die Immanenz, dort die Transzendenz. Hier die Naturwissenschaft, dort die Mystik. Hier die Moral, dort die Liebe. Am augenfälligsten zeigt sich der Schaden einer solchen Konzeption im Blick auf die Zerstörung der Umwelt und der damit einhergehenden Klimaveränderung. Auch in der theologischen Landschaft hat der Rationalismus Flurschäden hinterlassen. Durch eine zwar richtige formal-theologische Abstraktion im Zuge der vernunftmäßigen Begründung des Glaubens („fides quaerens intellectum"[3]) tragen wir zugleich Beschreibungen an Gott als Gegen-Stand der Religion heran, der sich in besonders starkem Maße gegen jede Objektivierung sträubt: gegen das Analysieren, Trennen und Zergliedern, gegen Entkörperlichung und Entsinnlichung, Formalisierung und Schematisierung. Es geht mir hier nicht darum, die Erfolge der Ratio zu schmälern, sondern auf deren gefährliche Einseitigkeit hinzuweisen. Ein mystagogisches „Umschalten" von einem vergegenständlichten Gottesbild zu einer innerlichen Gotteserfahrung überwindet die Performanz dualistischer Trennungsbilder. Es ist eine der spirituellen Aufgaben unserer Zeit, wieder ein Bewusstsein der Einheit der Wirklichkeit zu entwicklen. Damit kämen wir mit jener Leidenschaftlichkeit in Kontakt, mit der sich die Sufis der Liebe Gottes annähern. Sie sind überzeugt, dass sie sich in der gesamten Schöpfung manifestiert, alles umfasst, durchdringt und zusammenhält.

Mystische Erfahrungen und Quantenphysik

Als Buddha zur Erleuchtung kam, konnte er seine gewaltige Erfahrung nicht in Worten ausdrücken. Er schwieg, heißt es. Auf wiederholte Nachfrage antwortete er: Alles ist „Sūnyata".

Die aus dem Sanskrit stammende Sprachwurzel „swi" bedeutet: anschwellen, sich weiten, bewegen. Alles ist in Bewegung, im Werden, im Fließen, im Swingen. Alles ist mit allem verbunden. Jedes ist von jedem Ursache und Wirkung zugleich. Dinge als statische Einzelheiten zu betrachten, ist letztlich eine Täuschung der Sinneswahrnehmungen und des sie verarbeitenden Verstandes. Mystiker hingegen machen Erfahrungen, deren potentielle Plausibilität naturwissenschaftliche Erkenntnisse bestätigen. Die Quantenphysik erklärt: Alles ist Schwingung. Materie ist Energie. Alles, was wir physisch messen, ist nicht starr, sondern bildet sich permanent in einer unvorstellbaren Geschwindigkeit immer wieder neu. Der Kosmos befindet sich in einem ständig sich ausdehnenden Prozess. Das bedeutet: Wir können uns nicht als isolierte Wesen verstehen, denn wir haben immer schon teil an der gesamten Welt. Was an einem Ort geschieht, hat Auswirkungen auf alles Übrige. Der individuelle Mensch ist mit dem ganzen Universum und – unter dem Postulat der Existenz Gottes und der Prämisse des Schöpfungsglaubens – auch mit Gott verbunden, selbst wenn wir es im Alltagsbewusstsein so nicht wahrnehmen und wir uns schwer tun, dies überhaupt so zu denken. Trennung ist Illusion bzw. eine mentale Fiktion. Zeitgenössische Publikationen nähern die Weltbilder von Mystik und Quantenphysik an[4], ohne dabei jedoch die „eine Weltformel" und damit auch die schlüssige Beantwortung der Gottesfrage auf der Hand zu haben. Gleichwohl liefert die Quantenphysik paradigmatisch einen neuen Denkansatz, der dem Mystischen wesentlich näher kommt als der aristotelischen Logik. Es besteht ein Konsens darüber, dass das fragmentierende Räsonieren im Sinne eines trennenden Entweder-oder versagt. Fundamental sind nicht einzelne Teilchen, sondern Relationen, denn die Welt stellt sich als ein hoch komplexes, interdependentes Beziehungsgeschehen dar. Damit löst sich der jahrhundertealte Dualismus (Leib-Seele, Materie-Geist) definitiv auf. Die Hermeneutik der Gegensätze ist zwar eine notwendige Vorstellung, die wir für die Kommunikation brauchen, die „Realität" jedoch bildet sie mitnichten ab.

Rumi: es geht ums Ganze

An dieser Stelle kommt die Einheitsmystik Rumis ins Spiel: „Komm zur Besinnung! Wir sind die Betrunkenen der Einheit."[5] Seine Erkenntnis, die er aus seiner Begegnung mit Shams wie in einem biographischen „Urknall" gewonnen hatte, kann mit wenigen Sätzen zusammengefasst werden: Liebe ist göttliche Energie, sie ist die Hauptkraft des gesamten Universums. Durch sie steht jedes Teil mit allen anderen in einer Beziehung. Alles kommt von Gott, ist auf ihn ausgerichtet, ist mit ihm verbunden und hat nur durch ihn Bestand: „Wisse, die Wellen der Liebe lassen die Himmel kreisen. Ohne die Liebe würde die Welt erstarren und stillstehen."[6] „Jedes Teilchen, jedes Element der Welt liebt. Jedes Teilchen ist trunken von der Wiedervereinigung. Aber diese Liebenden geben dir ihre Geheimnisse nicht preis, denn ein Geheimnis wird nur dem enthüllt, der seiner würdig ist. Würden die Himmel nicht lieben, das Firmament wäre kaum so klar und rein. Würde die Sonne nicht lieben, ihrem Antlitz fehlte jedes Licht, jeder Glanz. Würden die Erde und die Berge nicht lieben, kein Grashalm würde auf ihnen wachsen. Wäre sich das Meer der Liebe nicht bewusst, es würde kaum so erzittern, es würde erstarren, in einer Position verharren."[7] Paulus würde es in einer Kurzformel so zusammenfassen: Ohne Liebe geht nichts und ohne sie ist alles nichts (vgl. 1 Kor 13).

In seiner unübertroffenen poetischen Eloquenz dreht sich Rumi in prismatischen Variationen um Spielformen der Liebe.[8] Wir würden ihm jedoch nicht gerecht werden, wenn wir seine Vierzeiler gerade über die Liebe ins oben erwähnte Betuliche, Feierlich-Fromme oder in die Domäne von lebensweisheitlichen Sprüchen auf Pralinenschachteln verfrachten würden. Diese verharmlosende schöngeistige Betrachtungsweise ist zum Großteil als Epiphänomen der Rumi-Rezeption[9] einer Epoche geschuldet, für die insbesondere Annemarie Schimmel, Friedrich Rückert, Johann Christoph Bürgel und Joseph von Hammer-Purgstall zu nennen sind. Sie haben zwar eine unbestreitbare und großartige Pionierarbeit geleistet, bewegten sich aber gerade im Blick auf diese Thematik doch sehr in den kulturellen Paradigmen ihrer Zeit. Ich gehe d'accord mit Ulrich Holbein, der diese Situation mit heftiger Ironie charakterisiert: Der deutschsprachige Rumi sei im europäisch spätromantischen Gefühlskreis verhaftet geblieben. Er sei hinter „den Schleiern eines muffigen Konfektions-Sufismus"[10] in eine sentimentalistische, kirchlich-fromme, liebenswürdigsalbungsvolle Erbauungslyrik verpackt. Er spricht von „kirchgang- und deutschunterrichtsgeschädigter Altbackenheit", die „in edler Ungiftigkeit" das Obszöne und Frivole ausblendet und den Dichter „vor den begrenzten Karren spirituell interessierter Normalverbraucher spannt"[11]. „Statt im mystisch-satirischen Elysium … stand nun ein humanisierter Correctness-Milchkaffee-Muckefuck-Rumi als Eidhelfer unsäglich ebenbürtig in der Gutmenschen-Clique."[12] Einige Versatzstücke, herausgeschlagen aus dem riesigen Steinbruch seiner Dichtung mögen uns verdeutlichen, wie Rumi tickte, wie er viele Grundsätze der förmlichen Religion überschritt, um zu betonen, dass nur eine Auflösung in die Liebesenergie Gottes jene Befriedigung geben kann, die er fand und immer intensiver suchte.

Ekstase, Wein, Rausch und Verzückung

„Der Liebende ist immerzu berauscht von der Liebe. Er ist frei, er ist verrückt. Er tanzt in Ekstase und Verzückung. Gefangen durch unsere eigenen Gedanken sorgen wir uns um jede Kleinigkeit. Doch wenn wir einmal von dieser Liebe trunken sind – was immer sein wird, wird sein."

„Ich sah den Freund; er schritt ums Haus im Kreise, auf seiner Laute schlug er eine Weise. Mit feuergleichem Schlag, ein süßes Lied spielt' er, vom Wein der Nacht berauscht, durchglüht."

„Schmückt ich mich, so schmückte stets Deine Liebe mich. Gestern sah ich einen Traum – ich behielt ihn nicht, doch ich weiß, dass ich berauscht von dem Lager wich."

„Ich weiß nichts andres als ‚o Er‘ und ‚o Er, der ist‘. Ich bin vom Becher der Liebe berauscht, die Welten sind aus meinem Blick geschwunden; ich habe kein Geschäft, als Geistes Gelage und wilde Zecherei. Habe ich einmal in meinem Leben einen Augenblick ohne dich verbracht, von dieser Zeit und von dieser Stunde will ich mein Leben bereuen."
„Geliebter, biete uns am frühen Abend Wein. Du bist das Licht unserer Augen. Kehr das Glas um. Jetzt ist die Zeit für deine Liebe. Mit all deiner Herrlichkeit, mein Sultan, sei bitte mein Mundschenk. Wir sind deine durstigen Trunkenen."[13]

„Vielleicht fehlt da ja etwas"

Das Gesamtpaket von Rausch, Ekstase, Sinnenfreuden, Tanz, Musik, Wein und rasenden Leidenschaften steht besonders im Islam im Widerspruch zu vielen koranischen Regeln. Das damit Gemeinte wird ins Paradies verlagert. Dort gibt es dann „Ströme von Wein, lieblich für die Trinkenden"[14]. Die poetischen Partituren Rumis erinnern stark an den im gesamten östlichen Mittelmeerraum präsenten dionysischen Kult, dessen Ursprung in Kleinasien, also der Wahlheimat Rumis, vermutet wird. Keiner der antiken Götter hatte einen so weitreichenden Einfluss auf die europäische Geistes- und Kulturgeschichte wie Dionysos. Der polymorphe Gott erschien als Gott des Taumelns und des Rausches, der seine Anhängerinnen – die Mänaden – zu orgiastischen Exzessen animierte, um sich mit ihm zu vereinigen. Als Gott der Ekstase ist Dionysos den Menschen näher als alle anderen Götter. Irdischer, geheimnisvoll, unberechenbar, sinnlich, leiblich. Er erzählt von der großen Sehnsucht des Menschen, sich aus seinem tiefsten Innern heraus zu etwas ganz anderem, erhaben Großen zu wandeln, Grenzen zu überschreiten und über sich hinaus zu wachsen. Und das – wie Mythen es zu tun pflegen – auf archetypische, also für jeden Menschen gültige, Weise. Der vom Wein Berauschte oder im ekstatischen Tanz Taumelnde verliert sich selbst in etwas anderes hinein, indem er die Subjekt-Objekt-Spaltung überwindet.

Die Ekstase wurde seit dem Mittelalter in der abendländischen Kultur mit Unvernunft, Irrationalität und undifferenzierter Wahrnehmung gleichgesetzt, negativ konnotiert, als heidnisch-dämonisch betrachtet, kirchlicherseits ausgegrenzt und mit dem Exorzismus behandelt. Dies hat dazu beigetragen, dass so gut wie keine religionsgebundene Tradition des Ekstatischen in Europa zu finden ist – mit Ausnahme des traditionellen Tarantismo-Rituals, das noch heute in Süd-Apulien als Erbe der griechischen Kolonisierung praktiziert wird. Als kirchlich-christliche Kernkompetenzen gelten eher Askese, Bußfertigkeit, Keuschheit, Kontemplation, Leidensfähigkeit und Opferbereitschaft. Wohin sind wir gekommen und wie weit haben wir uns von jener pfingstlichen Ursprungserfahrung entfernt, als die Apostel völlig durchglüht vom göttlichen Geist in fremden Sprachen daherlallten (griechisch: „lalounton") und sich in einer ekstatischen Art und Weise aufführten, dass die Umstehenden darüber lachten und der Meinung waren: „Sie sind vom süßen Wein betrunken" (Apg 2,13). Mit dieser Ekstase hat alles angefangen. Wo wir kirchenoffiziell inzwischen angelangt sind, lässt sich aus den Zeilen Papst Benedikts XVI. herauslesen, der über die Liebe meditierend auch von Ekstase spricht: „Ja, Liebe ist ‚Ekstase', aber Ekstase nicht im Sinn des rauschhaften Augenblicks, sondern Ekstase als ständiger Weg aus dem in sich verschlossenen Ich zur Freigabe des Ich, zur Hingabe und so gerade zur Selbstfindung, ja, zur Findung Gottes"[15]. Das Ekstatische wird vornehm domestiziert, temperiert und in eine ebenso glut- wie leidenschaftslos verschwurbelte Ästhetik aufgelöst. „Gut katholisch" also. Dazu passt als ironische Konterkarierung, was Alois Bierl unter dem Titel „Rausch und Religion in der Antike und heute" in der Münchener Katholischen Kirchenzeitung – und wohl deshalb – in gebotener Zurückhaltung formuliert: „Aber dieses Hingerissensein von der Religion, das Enthusiastische, das die Antike gekannt und gepflegt hat, das wäre etwas, über das auch Menschen von heute einmal nachdenken könnten. Vielleicht fehlt da ja etwas."[16]

Ein Schluck vom Gratiswein: Rumi, der Trunkenbold Gottes

Gott durch die Liebe nahe zu kommen ist für Rumi wie für die meisten Sufis der Weg zur wahren Erfüllung im Leben. Die Liebe ist für ihn ein Schlüssel, der alle Türen öffnet. Rumi ist sich bewusst, dass der Mensch auf der Welt im Exil lebt. Aber ein Schluck vom Wein der Liebe Gottes könne ihn dorthin zurückbringen, von wo er einst herkam: „Meine Seele stammt von woanders her, und dort zu enden ist mein Ziel. Dieses Betrunkensein begann in irgendeiner andern Schenke. Sobald ich wieder zu jenem Ort zurück gelange, werd ich völlig nüchtern sein. Aus eigenem Antrieb kam ich nicht hierher und kann nicht fort aus freien Stücken." Rumi zeigt sich in einem Zustand göttlicher Trunkenheit, die Worte verwischend, gepackt von ekstatischer Gewichtlosigkeit und sich für einen Rechtsgelehrten der Scharia völlig unorthodox aufführend: „In der Gegenwart des Mundschenks nüchtern zu bleiben ist absolute Gotteslästerung. Die Seele macht fortwährend Purzelbäume, weil der Wein kostenlos serviert wird. Werde der größte Trunkenbold vor Gott. Du wirst unübertroffen sein."[17]

Will Johnson beschreibt in der Einleitung zu Rumis Diwan-i Kebir (im Originaltitel: „The forbidden Rumi"[18]) diesen Mundschenk so: „Um uns bei diesem Unternehmen zu unterstützen, zieht Rumi die Hilfe des Mundschenks heran, der Person, die fortwährend den göttlichen Wein in die Münder aller ... Trunkenen gießt. Und er ermuntert den Mundschenk, noch immer mehr und mehr auszuschenken, bis er völlig ohnmächtig ist. Rumi will, dass wir alle göttliche Alkoholiker werden, trunken von den göttlichen Kräften, die durch unsere Körper fließen. Trink sie in dich hinein, fülle dich damit auf, bis du nicht mehr länger stehen kannst, und dann trink noch mehr. Wenn es darum geht, das Göttliche aufzusaugen, dann ist genug nicht genug. Trinke im Übermaß, dann mag das Königreich Gottes klar und deutlich erscheinen, nicht mehr unscharf, verschwommen oder unbestimmt."[19]

Vom Gratis-Wein in der Bibel: Jesus und der Mundschenk in Kana

Gratiswein kommt bereits im Alten Testament vor. Die Leute werden eingeladen mit Worten, die sich wie die zudringlichen Angebote orientalischer Marktschreier anhören: „Kommt her und kauft ohne Geld und umsonst Wein" (Jes 55,1). Wein ist der Inbegriff von Überfluss und Lebensgenuss jenseits der überlebensnotwendigen Grundbedürfnisse. Als Jesus sein erstes Wunder wirkt, produziert er Wein in Überfülle. In der Kana-Perikope (Joh 2,1–12)[20] ist im Grunde nicht die Hochzeits-, sondern einzig die Weinthematik zentral. Es heißt, dass Jesus zu einem fortgeschrittenen Zeitpunkt aktiv wurde, als die Partygesellschaft gewisse kritische Promillegrenzen in Schluckgeschwindigkeit schon längst überschritten und den gesamten Vorrat des gängigen Landweins intus hatte. Es war Ebbe im Fass. Er veranlasste, die großen Steingefäße großzügig „bis oben hin" zu füllen. Dann ließ er den Architriklinos, also den Mundschenk, wie einen Sommelier auftreten und den besseren Wein in abundanten Mengen präsentieren. Die biblischen Maßangaben sprechen hier von bis zu 720 Litern. Der Architriklinos kann sich nur wundern über diese Trinkfolge: Jeder normale Gastgeber serviert erst den guten Wein, und dann – ab 1 Promille aufwärts – den Fusel. Dann merkt's nämlich keiner mehr. Die Menge sei groß genug, um ein ganzes Bataillon Soldaten mehr als festlich zu bewirten. Die Fülle, die mit Jesus kommt, bleibt nicht im rein Geistigen, Platonischen, Transzendenten, Übersinnlichen oder Innerlichen hängen, man kann sie tatsächlich schmecken. Zum Feiern gehört die Verschwendung und zu einem Festmahl der Überfluss. Da wird nicht geknausert und gegeizt. Da kredenzt man lieber zu viel als zu wenig. Für asketische Gruppen der frühen Kirche wie für spätere Exegeten war es schwer vorstellbar, dass sich Jesus nicht nur unter die trunkenen Hochzeitsgäste einreihte, sondern durch seine mehr als großzügige Gratisspende Rausch und Trunkenheit und ausgelassenes Feiern weiter beförderte. Von einem ethisch bedenklichen, keineswegs notwendigen „Luxuswunder"[21] ist die Rede. Manche Bedenkenträger stoßen sich am Umsonst für den Wein: für die Grundnahrungsmittel wäre es noch nachvollziehbar, aber ein Gratis-Tischlein-deck-dich für Alkohol? Die Botschaft Jesu, der damit die „Herrlichkeit" Gottes offenbart, lautet: So ist Gott: nicht kleinlich, kein Pfennigfuchser, sondern über die Maßen großzügig. Denn es seien wahrhaft dionysische Weinmengen gewesen, wie sie etwa Pausanias (ca. 115–180) auch über dionysische Feste berichtet.[22] Dem dionysischen Rausch steht „der Weinspender Jesus" als „dionysischer Messias"[23] mit einem überschäumenden Becher gegenüber. Er überbietet im Rahmen einer kulturellen Kontextualisierung[24] den griechischen Gott, dessen Bedeutung in Palästina und Syrien während vieler Jahrhunderte vor und nach ihm präsent war[25], um ein Vielfaches.[26] Dass die Hochzeit, also das Fest der Liebe, ein eschatologisches Symbol ist, dass sie dafür steht, was „am Ende" oder „danach" kommt, so wie es Rumi für seinen Tod verstanden hat, sei hier nur am Rande erwähnt. Im Bild gesprochen heißt das: Wenn der erste Wein zu Ende ist, kommt noch ein besserer. Das Fest des Lebens ist dann nicht vorbei, sondern beginnt erst richtig. „Setze unsere Seelen auf den Rücken eines Rotweinpferdes", schreibt Rumi, „und schicke uns galoppierend zur Liebe."[27]

Der kostenlose Rotweinbrunnen

Es klingt wie eine Fake-Nachricht: In dem kleinen Dörfchen Caldari di Ortona in den italienischen Abruzzen fließt eine Weinquelle. Rund um die Uhr spendet sie Rotwein, und das völlig kostenlos![28] Es ist ein öffentlich zugänglicher Brunnen, der nie versiegt – keine Utopie, sondern Wirklichkeit, und das seit mehreren Jahren! Wer hier vorbeikommt, kann jeden Tag Wein zapfen, ohne etwas dafür zu zahlen. Auf dem „Cammino di San Tommaso", einer 316 Kilometer langen Route zwischen Rom und der Hafenstadt Ortona, die die Gräber der Apostel Petrus und Thomas verbindet, wird für Pilger aus aller Welt, die hier das Grab des Heiligen Thomas besuchen, die oben erwähnte Einladung Jesajas realisiert: „Kommt her und kauft ohne Geld und umsonst Wein". Nach den Strapazen eines langen Tagesmarsches sollen sie sich nach Belieben laben können. Spenden kann man geben, aber wer das nicht will, zahlt eben nichts und kann sein Glas nach Belieben nachfüllen. „Der Weinbrunnen ist ein Willkommen, der Weinbrunnen ist Poesie", promotet das Weingut. Diese Idee hätte direkt von Rumi, dem vom Wein der göttlichen Liebe trunkenen Dichter stammen können! Er hätte seine Freude daran. Und Jesus wahrscheinlich auch.

Dieser Brunnen kann ein wunderbares Real-Symbol dafür sein, dass der Glaube an Gott, wie ihn die Sufis leben und Jesus ihn bezeugt hat, das Gegenteil dessen ist, wie man ihn Menschen oft beigebracht hat: trocken, langweilig, schwer, verbissen, die Freiheit einhegend und einem die Leichtigkeit des Seins vergällend. Selbstredend geht es hier nicht um Alkoholgelage – aber man muss sich davor hüten, an dieser Stelle sofort das Augustinische Wort von der „nüchternen Trunkenheit" („sobria ebrietas") anzubringen, um alles wieder auf Null zu stellen im Sinne einer Liebe ohne wirkliche Ekstase. Sinnenhaft ist hier vielmehr anzuknüpfen an die mystischen Erfahrungen der Pfingstmenschen damals und vieler anderer in den Parallelen in den Weltreligionen: Da ging es nicht darum, intelligenter, einsichtiger, verständnisvoller, rationaler oder moralischer zu werden, sondern um „Gott-Trunkenheit"[29]. An diesem Brunnen wäre ein Toast mit den Versen eines Hymnus anzustimmen, den Edwin Hatch (1835–1889) komponierte: „Atem Gottes / Geist – Wein / Du machst uns trunken / du machst uns mutig – / Wir stoßen an: / Brüder, Schwestern – / an diesem Tag, / für dieses Leben."[30]

Interreligiöser Dialog und pastoral-praktische Zukunftsperspektiven

„Religion matters": Perspektiven zum interreligiösen Dialog

Die Vision eines respektvollen und friedlichen Miteinanders

Die Beschäftigung mit Rumi, dem Sufismus und seinen Anhängern darf nicht im luftleeren Raum bleiben, sondern ist in den größeren Zusammenhang der christlich-muslimischen Bemühungen um gegenseitige Verständigung einzuordnen. Wer in einer religiös und kulturell pluralen Gesellschaft den Frieden und den Zusammenhalt fördern möchte, muss den Dialog der Religionen und Kulturen stärken. Ansonsten hat er die „Zeichen der Zeit" nicht wirklich erkannt! Verschiedene Sufi-Bruderschaften beteiligen sich aktiv daran und formulieren Ziele. Das „Sufi-Zentrum Rabbanyyia" des Naqshbandiyya Ordens etwa erklärt vorneweg auf seiner Website: „Unsere Vision ist es, in einer Welt zu leben, in der sich alle Menschen, gleich welcher Herkunft oder Religionszugehörigkeit oder sonstiger Merkmale, respektvoll und friedlich miteinander begegnen. Der Dialog ist dabei ein wichtiger Faktor. Nur gemeinsam und im Dialog miteinander glauben wir daran, dass diese Welt extremistischen Strömungen in der Religion Einhalt gebieten kann."[1] Darüber hinaus nimmt der Orden am Programm „Update Deutschland" teil, das sich der Herausforderung stellt, strukturellen Rassismus zu bekämpfen. Mit dieser Ansage wird deutlich, dass sich die Mystik des Sufismus und die Person Rumis nicht auf eine in Watte gepackte „Soft-Core-Spiritualität" einengen und vom „Rest der Welt" isolieren lässt, was insbesondere jene gerne tun, die sich auf der Wohlfühlebene von bunten Lebensweisheiten bewegen. Sie verschanzen sich in in der Geborgenheit einer pseudo-spirituellen Blase, in der irrigen Meinung, Mystik, Gesellschaft und Politik hätten miteinander nichts zu tun. Darunter finden sich auch kirchliche Gegner des Dialogs gerade mit den Muslimen. Er schwäche die eigene Position, er verrate und vernebele die eigene Wahrheit und stärke den „Feind". Dadurch werde der Weg zu einem fragwürdigen Relativismus und zur Zerstörung der demokratischen Werte frei gemacht. Er sei blauäugig und leiste den „wahren Zielen" Andersgläubender Vorschub, nämlich dem weiteren Ausbreiten des Islam im Westen und der Muslimisierung unserer Gesellschaft.

Die Welt als Karawane

Der persische Theologe, Philosoph und Mystiker Al-Ghazali (1055–1111), einer der bedeutendsten Denker des Islams, der viel zur Anerkennung des Sufismus im Islam beigetragen hat, gibt uns ein inspirierendes Bild auf den Weg: „Diese irdische Welt ist eine Karawanserei auf dem Wege zu Gott und alle Menschen finden sich in ihr als Reisegenossen zusammen. Da sie aber alle nach demselben Ziel wandern und gleichsam eine Karawane bilden, so müssen sie Frieden und Eintracht miteinander halten und einander helfen und ein jeder die Rechte des anderen achten."[2] Über 900 Jahre nach seinem Tod haben wir bessere Chancen als je vorher, gemeinsame Schritte in diese Richtung zu unternehmen. Es wird stets darum gehen müssen, das friedliche Zusammenleben der Religionen hierzulande und darüber hinaus zu stärken. Angehörige verschiedener religiöser Traditionen müssen daher befähigt werden, Verbindendes zu entdecken, Unterschiede zu respektieren, füreinander einzustehen und gemeinsam zu handeln.

Zwischen Befürchtungen und Initiativen gegenseitiger Verständigung

Religionen waren und sind sowohl Quelle von Friedenssehnsucht und Verständigung als auch von Überlegenheitsansprüchen und Feindschaft gegenüber Andersgläubigen. Es ist fatal, wenn religiöse Gruppierungen den Eindruck vermitteln, dass sie im Grunde nur an einer aggressiven Selbstbehauptung gegenüber anderen interessiert sind. In der Öffentlichkeit wird tendenziell Gewaltaktionen mehr Aufmerksamkeit geschenkt, als Bemühungen um Ausgleich und Frieden. Selbstmordattentäter, terroristische Eiferer, fundamentalistische Hassprediger zerstören im Nu, was Hunderte von dialogbereiten religiösen Friedensarbeitern im Stillen aufgebaut haben. Der Islam ist im Empfinden vieler Zeitgenossen deshalb zu einer Größe geworden, die ihnen Angst macht. Er erscheint ihnen so, als sei ihm Gewalt „wesensimmanent" und bestehe großteils aus Islamisten, Salafisten und Djihadisten. Islam und Moderne und Demokratie seien eben nicht miteinander vereinbar. Solche vorgestanzten Negativschablonen bestimmen weitgehend den öffentlichen Diskurs, insbesondere in sozialen Medien. Narrative dieser Art mögen in Einzelfällen zum Teil berechtigt sein oder als diskriminierende Schutzbehauptungen dienen. Sie gehen allerdings nicht nur an der Lebenswirklichkeit vieler religiöser Muslime und Musliminnen vorbei. Sie übersehen überdies geflissentlich zahlreiche Initiativen zur Neuinterpretationen des Korans mit historisch-kritischen Methoden, liberale Denkströmungen und Reformbewegungen, die sich der Moderne öffnen, aber oft aus ihren eigenen Reihen angefochten werden. Inmitten der islamischen Welt findet seit einigen Jahrzehnten ein erbitterter Kampf zwischen Erneuerern und Traditionalisten statt, der seinen geistigen Schauplatz auch in der Konfrontation mit dem Westen findet.

„Weißt du, wer ich bin?" –
Belastbares Wissen ist Voraussetzung

Noch immer ist die zweitgrößte Weltreligion für viele eine große Unbekannte, die sich hinter der Fassade eines rudimentären Schulwissens verbirgt. Die Polyphonie dessen, was sich alles an kulturellen, geographischen, historischen und mentalitätsdifferenten Formen darstellt, wird selten wahrgenommen. Nichtsdestotrotz ist in den letzten beiden Jahrzehnten sehr viel an gegenseitiger Verständigung geschehen. Der interreligiöse Dialog hat deutlich an Dynamik gewonnen und sich mit seiner Ausbreitung über verschiedene Akteursbeziehungen und räumliche Ebenen zu einem komplexen Feld entwickelt. Es sind darüber hinaus viele Zentren und Initiativen entstanden, die das friedliche Miteinander der Religionen fördern. Beispielhaft zu nennen ist das „House of One" in Berlin, das „Haus der Weltreligionen im Weserbergland", das „Haus der Religionen" in Hannover oder das „Café Abraham" in Erlangen, initiiert von jüdischen, christlichen und muslimischen Studenten.

Interreligiöse Kommunikation erfordert die Bereitschaft, sich auf ein Interaktionsgeschehen einzulassen. Das ist wesentlich etwas anderes, als gegenseitige Belehrungs- oder Bekehrungsversuche vom Stapel zu lassen und dabei auf der eigenen Position wie ein Fels in der Brandung zu verharren. Das A und O eines gelingenden Dialogs ist die Auswahl des richtigen Partners. Weil es eine allseits akzeptierte Vertretung der deutschen Muslime nicht gibt, können Dialogwillige unversehens in einen Dschungel untereinander zerstrittener Verbände geraten. Gleichzeitig braucht die geistige Auseinandersetzung mit dem Islam neben der Klarheit über die eigene Identität ein belastbares Wissen und eine inhaltliche Orientierung. Ansonsten enden solche in argloser Gutmenschenart begonnenen Gespräche schnell in zwar salonfähigen, aber letztendlich seichten Kuschel- und Höflichkeitsdialogen ohne Biss. Zur inhaltlichen wie methodischen Kompetenzerweiterung ist zu diesen Zwecken als eines von vielen Beispielen das „Handbuch christlich-islamischer Dialog"[3] zu nennen. Dieses Standardwerk vermittelt ein fundiertes Grundlagenwissen mit zahlreichen Fachbeiträgen und ist als Online-Plattform frei zugänglich. Interessierten und Aktiven im christlich-muslimischen Dialog, Studierenden und Lehrpersonen, aber auch allen, die in Kirchen und muslimischen Verbänden, in sozialen Einrichtungen, in Verwaltungen oder im Bereich der Politik tätig sind, bietet es verlässliche und stets aktualisierte Informationen sowie Anregungen für die

Praxis. Nicht alle Dialogprozesse gelingen, umso mehr lässt sich gerade auch aus Scheitern und Sackgassen lernen.

Interesse des Staates

Zu erwähnen ist die Tatsache, dass neben Kirchen- und Moscheegemeinden auch der Staat ein großes Interesse an einem funktionierenden interreligiösen Dialog als wirksames Instrument für die integrative Gestaltung einer vielfältigen Gesellschaft hat. Diesen zu fördern ist ein wichtiges Anliegen des bzw. der Beauftragten der Bundesregierung für Migration, Flüchtlinge und Integration. Gelder zur Bildung und Ausbildung von Multiplikatoren, Haupt-und Ehrenamtlichen oder für Projekte werden zur Verfügung gestellt. Stellvertretend zu nennen ist hier das Projekt „Weißt du, wer ich bin?"[4] Es ist ein gemeinsames Vorhaben der drei großen Religionen für ein friedliches Zusammenleben in Deutschland. Es wird verantwortet von der Arbeitsgemeinschaft Christlicher Kirchen (ACK), dem Zentralrat der Juden und dem Koordinationsrat der Muslime (KRM). Das Projekt ist für die Jahre 2023 bis 2025 für die Begleitung von 80 interreligiösen Vorhaben neu aufgelegt worden und wird vom „Bundesministerium des Innern, für Bau und Heimat" gefördert. Damit sollen die ermutigenden Ansätze der letzten zwanzig Jahre weitergeführt werden. Es können Projekte mit bis zu 15.000 Euro gefördert werden, in denen mindestens zwei Religionsgemeinschaften zusammenarbeiten. Es wird deutlich: Die zunehmend institutionalisierten Formen des Dialogs zwischen Religionsgemeinschaften und staatlichen Akteuren sind ein gesellschaftlicher Gewinn, den man nicht kleinreden lassen darf.

„Was falsch ist, beunruhigt das Herz, aber die Wahrheit bringt freudige Ruhe." (Rumi)

Jede Weltreligion, insbesondere das Christentum, erhebt den Anspruch, wahr zu sein. Das bedeutet zunächst, dass deren

Anhänger die innere Sicherheit haben dürfen und auch haben müssen, nicht in die Irre zu gehen. Real existierende Religionssysteme sind allerdings stets „Dialekt", d. h. sie haben ihre historisch gewachsene, gesellschaftlich vermittelte Verfasstheit mit Riten, Mysterien, Bräuchen, Lehren und vor allem persönlichen Überzeugungen. Diese Traditionen sind in ihrer Unterschiedlichkeit nicht nur kritisch zu interpretieren, zu hinterfragen und zu respektieren, sondern auch auf Gemeinsamkeiten zu untersuchen. Dies gilt insbesondere dort, wo spirituell ansprechbare Menschen gemeinsame Fragen stellen: Was ist der Sinn unseres Daseins? Was bestimmt unser alltägliches Handeln und unseren Glauben – in sozialer, religiöser, kultureller, politischer Hinsicht? Wie können wir uns miteinander engagieren und voneinander lernen? Was hält unsere Gesellschaft zusammen? Wie kann menschliches Zusammenleben gelingen? Wie möchte ich als Einzelner behandelt werden? Und wie sollte ich demgemäß handeln? Was kommt nach dem Tod? Welche Wahrheit trägt mein Leben? Diese Wahrheit, die dem Herzen Ruhe verschafft, wird im Sinne Rumis immer persönlich gefärbt sein. Deshalb ist ihr im religiösen Austausch der Vorrang einzuräumen vor lehramtlichen Definitionen, die oft die Existenz – wenn überhaupt – nur peripher betreffen. Es geht darum, sprachmutig und sprachfähig über die eigenen Glaubenserfahrungen zu erzählen und sich empathisch in die der anderen einzufühlen, anstatt dozierend ins Abstrakte abzuheben. Wer würde schon behaupten, dass die Dynamik der innertrinitarischen Relationen sein Leben prägt oder die hypostatische Union von göttlicher und menschlicher Natur des inkarnierten präexistenten Logos sein Handeln motiviert?

Die Wahrheit im Fragment eines zerbrochenen Spiegels

In einer echten dialogbereiten Haltung kann man weder hinter vorgehaltener Hand davon ausgehen, die Praxis der eigenen Glaubensgemeinschaft sei letztlich doch richtiger und die eigene Lehre wahrer als die der anderen. Noch wird man behaupten, die eigenen Gläubigen seien im Grunde doch „heiliger" oder „gerechter" und es wäre besser, es gäbe die anderen im Grunde gar nicht. Man wird eine heilsimperialistische Aufwertung der eigenen und eine kolonialistische Abwertung der fremden Religion vermeiden. Dies setzt eine gewisse Selbstbescheidung voraus, denn es gilt anzuerkennen, dass die Wahrheit der jeweiligen Religion nicht unser Besitz ist. Dies gilt unbeschadet dessen, dass Angehörige einer Religion davon überzeugt sind und es sein müssen, dass ihr Glaube – auch angesichts einer historisch vielfach belasteten Praxis ! – ein wahrer ist! Darin liegt ein großer Unterschied!

Für Christen gilt die Aussage Jesu: „Ich bin die Wahrheit" (Joh 14,6). Christen bleiben jene, denen aufgetragen ist, diese Wahrheit zeitlebens in ihm zu „suchen" und bei ihm „anzuklopfen" (vgl. Mt 7,7) und nicht vorzugeben, sie hätten sie bereits in ihrer ganze Fülle und seien deren Verwalter. Rumi verwendet in diesem Zusammenhang folgendes Bild: „Die Wahrheit war ein Spiegel in den Händen Gottes. Er fiel und zerbrach in Stücke. Jeder nahm ein Stück davon, und sie sahen es an und dachten, sie hätten die Wahrheit." Das Ganze liegt jedoch nicht außerhalb des Fragments, sondern ist in ihm gegenwärtig. Paulus ergänzt: „Wir sehen jetzt durch einen Spiegel in einem dunklen Bild; dann aber von Angesicht zu Angesicht. Jetzt erkenne ich stückweise" (1 Kor 13,12f.). Die Hauptintention des Spiegel-Gleichnisses liegt darin, die Angehörigen verschiedener Religionen auf ihre eingeschränkte Erkenntnisfähigkeit hinzuweisen und zur Bescheidenheit anzuleiten. In der „komparativen Theologie der Religionen" wird eine solche Haltung als „doktrinale Demut"[5] bezeichnet. Für alle gilt in diesem Zusammenhang, was Ali Gazanfrani in seiner Einleitung zu Rumis „Diwan" dazu schreibt: „Nicht wenige Intellektuelle und Gelehrte haben, von einem Blitz aus heiterem Himmel der Wahrheit getroffen, ihr Wissen und ihren Intellekt in den Ozean des Entwerdens geworfen."[6]

Auf das riesengroße Fass „Wahrheitsansprüche, Erkenntnismonopol, Offenbarung, Dialog und Toleranz", das hier nicht geöffnet werden soll, kann an dieser Stelle nur hingewiesen werden. Dieses hochkomplexe Thema wird weiterhin eine intensive systematisch-theologische, fachlich kompetente wie streitfähige Beschäftigung und Auseinandersetzung von Spezialisten erfordern.[7] Eine etwaige Zielvorstellung, alle theologischen Differenzen ausräumen zu wollen, ist jedenfalls nicht nur aus pragmatischen, sondern auch aus religionstheologischen Gründen fragwürdig: Das Spannungsverhältnis von „schon" (ergangener Offenbarung und religiöser Glaubensgewissheit) und „noch nicht" (letzter Einsicht in deren Gehalt und deren Verhältnis zu anderen Wahrheitsansprüchen) ist nicht im endlich-zeitlichen Wissen vom Menschen her auflösbar, sondern steht unter einem eschatologischen Vorbehalt.

Streitkultur einüben

Inhaltliche Differenzen, Assymetrien und Konfliktlinien sind nicht aus Feigheit vor Verletzungen zu umschiffen, sondern ernst zu nehmen, genauso wie eigene Befürchtungen und die Ängste der andern. Themen wie Menschenrechte, Minderheitenschutz, Frauen- und Schwulenfeindlichkeit, männliches Macho-Gehabe, latente Feindbilder etc. müssen aufs Tablett, sonst verkommt der Dialog zu einer multireligiösen Schummelei im Sinne von Friede, Freude, Insch'allah. Unbequeme Fragen zu stellen gehört zum Setting eines zielführenden Dialogs, alles andere wäre eine konfliktscheue Duckmäuserei. Das mag die Kommunikation oder die Zusammenarbeit zwar erschweren, ist jedoch von der Sache her alternativlos. Nicht der Streit ist im Dialog das Problem, sondern die Diffamierung und Entwürdigung des anderen. Wenn fundamentalistisch oder reaktionär-konservativ gesinnte Gruppierungen auf beiden Seiten meinen, „die ganze Fülle der göttlichen Wahrheit" im Sinne eines überheblichen Exklusivismus für sich beanspruchen und mit der Gewalt eines dogmatischen Hammers durchsetzen zu müssen, disqualifizieren sie sich selbst im Blick auf die Grundsäulen der christlichen wie islamischen Religiosität. Dadurch engen sie sowohl die Liebe Gottes als auch seine Barmherzigkeit ein. Es kann auch mitnichten darum gehen, den katholischen Katechismus oder evangelische Bekenntnisschriften wie ein Kampfgeschütz in Stellung gegen den Koran zu bringen oder einzelne Suren aus ihrem Kontext zu reißen. Das Gleiche gilt allerdings auch in umgekehrter Weise! Vielmehr wird ein grundsätzliches Bewusstsein dahingehend zu fördern sein, dass etwas Wertvolles für unser gemeinsames Menschsein in unserer säkularen Gesellschaft und in der Schöpfung als bedrohter Umwelt verloren geht, wenn Gott als die Quelle des Lebens ausgeblendet oder zu einem Instrument der Machtausübung degradiert wird.

Schnittmengen bilden

In dieser Perspektive wird es bei allen bleibenden Differenzen große gemeinsame theologische und spirituelle Schnittmengen geben und geben müssen, insofern jene Wirklichkeit, die Christen mit Gott und Muslime mit Allah benennen, identisch ist. Interreligiöser Dialog ist von der Absicht getragen, die individuellen wie gemeinschaftlichen Erfahrungen praktizierten Glaubens zu teilen. Dabei eröffnet sich die Chance, die eigene Tradition klarer, adäquater und auf den gegenwärtigen Kontext bezogen neu zu formulieren. Im dialogischen Hinübergehen in die andere Symbol- und Begriffswelt und im Zurückkommen ins Eigene besteht die Möglichkeit, Religion als ein Leben unter dem Horizont des letzten Geheimnisses des Lebens geschichtlich neu lebendig werden zu lassen. Das meint mehr als eine berührungsarme Koexistenz in Vielfalt im Sinne von leben und leben lassen. Weil Gott keine Privatangelegenheit zur individualistischen Bedürfnisbefriedigung ist, wird es darüber hinaus ein Ziel sein, jenseits einer individuellen Erweiterung des Glaubenswissens, die menschliche, gesellschaftliche, geschichtliche und kosmische Realität im Blick auf diese göttliche Wirklichkeit zu verändern. Wenn die großen Schnittmengen gerade in der Mystik genauer entdeckt und kommuniziert werden, steckt in ihnen ein friedensförderndes Potential. Es fordert die Beteiligten heraus, daran mitzuwirken, die Religionen nicht mehr länger zur Durchsetzung von politischen und ökonomischen Interessen zu instrumentalisieren.

Mystik – ein chancenreiches Begegnungsfeld

Die Spiritualität der Mystik ist ein chancenreiches Begegnungsfeld, um Menschen einer anderen Religion in einer tieferen Dimension zu verstehen. Gerade die Sufis haben hier mit ihren vielen Parallelen zur christlichen Mystik ein großes Potential zu einem fruchtbaren und weiterführenden Dialog, wie Alberto Fabio Ambrosio umfangreich nachweist.[8] „In dieser Hinsicht sind Dialoge wahrhaft religiöse und spirituelle Werkzeuge, da sie auf das Denken, den Geist und die Seele von Menschen gerichtet sind und das Verständnis von Religionen als Friedensstifter zur Wirkung bringen wollen."[9] Im interreligiösen Dialog wiederholt sich manche Erfahrung, die in der innerchristlichen Ökumene der verschiedenen Kirchen gemacht wurde. Nach einer geschichtlichen Phase der „Vergegnung" (Martin Buber) mit Anklagen und Vorwürfen an die jeweils andere Seite hat die Begegnung mit selbstkritischen Einsichten begonnen.

Begegnungs-Lernen schafft die Möglichkeit zu einem „Dialog des Handelns"

Dialoge, die in Akademien stattfinden, sind hilfreich und wichtig. Sie fassen Themen auf wissenschaftlicher Ebene an und geben weiterführende Impulse. Ihre gesellschaftliche Reichweite ist jedoch begrenzt. Entscheidend wird es sein, diese Diskurse für die Basis fruchtbar machen. Eine der unabdingbaren Voraussetzungen dafür, dass man in einen Dialog eintreten kann, ist die Lust, mitunter auch der Mut zur Begegnung. Man kann zwar nie genug über fremde Kulturen und Religionen lernen, man muss aber über das Buchwissen und die Lehren hinausgehen zu jenen Orten, wo das Leben pulsiert. Wo Menschen unterschiedlicher kultureller Herkunft und religiöser Beheimatung leben, arbeiten, beten, lernen, feiern: Stadtviertel, Straßenfeste, Schulen, Kindergärten, Krankenhäuser, Pfarrgemeinden, Kirchentage, Vereine und Beratungsstellen stellen nur eine Auswahl an gemeinsamen Betätigungsfeldern dar. Man muss Schwellenängste überwinden und sich hintrauen zu fremden Menschen und Ritualen, zu Symbolen und Symbolhandlungen. Zu Kunst und Musik und Kultur. Zur Ästhetik von sakralen Räumen. Zu Essen und Trinken, zu gemeinsamen Festen, religiösen Feiern und Gebeten. Zu Geschichten und Erzählungen und zum Erleben von Gastfreundschaft.

Begegnungs-Lernen ist hierzu das Schlüsselwort. Begegnungen können Spaß machen, anregen, Horizonte erweitern und bereichern – natürlich auch verunsichern und irritieren. An der praktischen Erkundung der religiösen Landschaft geht jedoch kein Weg vorbei. Nur so können Vorurteile abgebaut und die Akzeptanz von kultureller und religiöser Vielfalt gefördert werden.[10] Erst die Hermeneutik des gelebten Lebens fördert die Fähigkeit, sich eine praktische interreligiöse Kompetenz zu erwerben und diese in gemeinsamen Projekten kooperativ vor Ort umzusetzen. Dialog ist nicht das Ziel, sondern ein gemeinsames Handeln nach dem Motto „Vom Ihr zum Wir". Dieser Erkenntnis tragen unter anderen wiederum eine ganze Reihe von spezialisierten akademisch-theologischen Einrichtungen Rechnung, die gerade die Begegnung in den Fokus nehmen. Genannt seien hier stellvertretend das „Institut für interkulturelle und interreligiöse Begegnung" der Theologischen Fakultät der Vinzenz Pallotti University[11] oder die Philosophisch-Theologische Hochschule St. Georgen mit ihrem Studienprogramm „Islam und christlich-muslimische Begegnung"[12].

„Das ginge eigentlich die ganze Welt etwas an"[13]

Dieses Schüler-Zitat spricht im Grunde in einem Satz aus, worum es heute geht: um unsere Welt. Der interreligiöse Dialog hat sich räumlich ausgeweitet und findet über die lokale und regionale Ebene hinaus auf nationaler und internationaler Ebene statt. Der Blick auf den größeren Horizont zu weiten, kann stärkend und inspirierend sein. Er mag jene ermutigen, die sich auf dem nicht immer leichten, manchmal auch frustrierenden und enttäuschenden Weg des Dialogs vor Ort machen. Stellvertretend für zahlreiche Initiativen und Organisationen, die auf diesem internationalen Feld tätig sind, seien abschließend die beiden folgenden Beispiele genannt. Ich führe sie deshalb an, weil sie in den 1.400 Jahren währenden hochgradig belastenden Beziehungen zwischen Christen und Moslems, die sich gegenseitig verteufelten und wechselseitig den Unglauben vorwarfen, ein historisches Novum auf offizieller Ebene sind.

„Ein gemeinsames Wort zwischen Uns und Euch"

Um die Notwendigkeit des Dialoges zwischen Muslimen und Christen hervorzuheben, sendeten im Jahr 2007 138 muslimische Gelehrte aus aller Welt und allen islamischen Richtungen einen offenen Brief an den damaligen Papst Benedikt XVI. und an „Führer christlicher Kirchen überall" mit dem bezeichnenden Titel „A Common Word between Us and You"[14] („Ein gemeinsames Wort zwischen Uns und Euch"): Es beginnt mit folgenden Worten: „Muslime und Christen machen gemeinsam mehr als die Hälfte der Weltbevölkerung aus. Ohne Frieden und Gerechtigkeit zwischen diesen beiden religiösen Gemeinschaften kann es keinen Frieden von Bedeutung in der Welt geben." Zum Schluss wird folgender Appell formuliert: „So lasset unsere Verschiedenheiten nicht Hass und Unfrieden zwischen uns verursachen. Lasset uns nur in Rechtschaffenheit und guten Werken wettstreiten. Lasset uns einander respektieren, fair, gerecht und freundlich miteinander umgehen und miteinander in ehrlichem Frieden, Harmonie und gegenseitigem Wohlwollen leben." Angesichts des unermesslichen Leids, das religiöse Streitigkeiten und Missverständnisse sowie Machtinteressen im Laufe der Geschichte auf beiden Seiten verursacht haben, ist diese historische Initiative in der Geschichte des interreligiösen Dialogs beispiellos. Sie erhielt deshalb im Jahr 2008 den Eugen-Biser-Preis der gleichnamigen Stiftung.[15] Die breite Rezeption und Diskussion dieses Dokuments findet sich auf der stets aktualisierten Website.

Von Rom nach Abu Dhabi: Scheich al-Tayyeb und Papst Franziskus

„Alles wirkliche Leben ist Begegnung". Dieses Zitat des jüdischen Philosophen Martin Buber (1878–1965) weist darauf hin, dass sich echte Begegnung nur mit einem Dialog „auf Augenhöhe" zwischen Menschen ereignen kann. Gute Begegnungen motivieren, fordern heraus, betreffen uns persönlich, verändern manche Ansichten, können mitunter nachhaltig sein. Ein solches Beispiel liefern Papst Franziskus und der ägyptische Großimam Scheich Ahmad al-Tayyeb. Der langjährige Rektor der Al-Azhar-Universität in Kairo ist nicht nur einer der wichtigsten Repräsentanten des sunnitischen Islam, sondern auch Vorsitzender des Weisenrats der Muslime. Im Jahr 2016 lud ihn der Papst zu einer Privataudienz ein. Im Jahr 2019 trafen sie sich wieder in Abu Dhabi. Seither verbindet sie eine tiefe Freundschaft und eine hohe gegenseitige Wertschätzung. Die Frucht dieser Begegnungen ist eine doppelte: Eine Enzyklika und ein gemeinsames Dokument.

Eine interreligiöse Begegnung als Hintergrund der Enzyklika „Fratelli tutti"[16]

Die Begründung, die Papst Franziskus anführt, weswegen er diese Enzyklika schreibe, ist ein historisches Novum: Sie entstand auf dem Hintergrund seines Treffens mit al-Tayyeb und ist damit die erste Enzyklika überhaupt, die sich auf das Ereignis einer interreligiösen Begegnung beruft. Er schreibt: „So habe ich mich ... besonders vom Großimam Ahmad al-

Tayyeb anregen lassen, dem ich in Abu Dhabi begegnet bin. Dort haben wir daran erinnert, dass Gott ,alle Menschen mit gleichen Rechten, gleichen Pflichten und gleicher Würde geschaffen und sie dazu berufen hat, als Brüder und Schwestern miteinander zusammenzuleben'".[17] Bedeutsam ist die Rezeption dieses Schreibens im muslimischen Kontext. Bereits ein Jahr später erschien die russische Ausgabe, übersetzt und herausgegeben von der wissenschaftlichen Gemeinschaft des „Muslimischen Internationalen Forums". Der Islam-Rat Russlands übernahm die Schirmherrschaft. Die Veröffentlichung markierte den Beginn einer Reihe von Bänden mit dem Titel „Interreligiöser Dialog".

Ein Sufi-Mystiker in einer päpstlichen Enzyklika

Seine Sensibilität für den Dialog mit den Muslimen ließ der Papst schon in seiner vorhergehenden Enzyklika „Laudato si'" (2015) erkennen, als er ausführlich den Sufi-Mystiker Al-Khawwas (gest. 1538) zitiert und ihn als „geistlichen Lehrer" bezeichnet. Bewusst wurde die Enzyklika am 18.6.2015, dem ersten Tag des islamischen Ramadan, veröffentlicht. Der Papst schreibt, ganz auf der Linie der Sufi-Mystik: „Das Universum entfaltet sich in Gott, der es ganz und gar erfüllt. So liegt also Mystik in einem Blütenblatt, in einem Weg, im morgendlichen Tau, im Gesicht des Armen."[18] Diese Aussage begründet er mit folgendem Text: „Ein geistlicher Lehrer, Ali Al-Khawwas, betonte aus eigener Erfahrung ebenfalls die Notwendigkeit, die Geschöpfe der Welt nicht zu sehr von der inneren Gotteserfahrung zu trennen. Er sagte: ,Man soll nicht von vornherein diejenigen kritisieren, welche die Verzückung in der Musik oder in der Poesie suchen. Es liegt ein feines Geheimnis in jeder Bewegung und in jedem Laut dieser Welt. Die Eingeweihten gelangen dahin zu erfassen, was der wehende Wind, die sich biegenden Bäume, das rauschende Wasser, die summenden Fliegen, die knarrenden Türen, der Gesang der Vögel, der Klang der Saiten oder der Flöten, der Seufzer der Kranken, das Stöhnen der Betrübten (…) sagen'"[19]. Bedeutende muslimische Gelehrte beriefen sich später darauf, Schüler dieses spirituellen Meisters gewesen zu sein, den sie ehrenvoll „Scheich" nannten und „mit ihm in einer Stunde mehr gelernt haben als in zehn Jahren Studium". Die erstmalige päpstliche Hervorhebung eines islamischen Mystikers im Rahmen eines Lehrschreibens als „geistlicher Lehrer" bedeutete für viele eine neue Dimension im interreligiösen Dialog.[20] Konservative Kreise hingegen äußerten harsche Kritik: Mit dem Zitat eines muslimischen Dichters sende der Papst falsche Signale in die Welt. Er spreche der religiösen Gleichgültigkeit das Wort und verrate damit die katholische Wahrheit.

Das „Dokument über die Geschwisterlichkeit unter den Menschen für den Weltfrieden und das Zusammenleben"[21]

Papst Franziskus und Scheich al-Tayyeb verabschiedeten das Dokument am 4.2.2019. Nach diesem historischen Treffen erklärte die Generalversammlung der Vereinten Nationen diesen Tag fortan zum „Internationalen Tag der Geschwisterlichkeit aller Menschen". Im Nachgang wurde das „Hohe Komitee für menschliche Geschwisterlichkeit" („Higher Committee of Human Fraternity" HCHF) errichtet, das die Gedanken des Dokuments weltweit bekannt machen und den interreligiösen Dialog auf allen Ebenen weltweit stärken soll. Für beide Unterzeichner ist das Ziel, dass die Religionen zu einem gemeinsamen Handeln kommen, um die schwerwiegenden Probleme in den Gesellschaften zu bearbeiten und zu lindern. Sie fordern dazu auf, eine „Kultur des gegenseitigen Respekts" zu fördern und formulieren dazu drei Impulse: Den Aufbau einer „Kultur des Dialogs als Weg", „die allgemeine Zusammenarbeit als Verhaltensregel" und „das gegenseitige Verständnis als Methode". Sie sind sich einig über die indiskutable Freiheit der Religionen, sowie der Verurteilung von theologisch nicht begründbarem religiösen Zwang und vom Hass auf andere. Der Pluralismus der Religionen entspreche „einem weisen göttlichen Willen". Dialog bedeutet für sie, „sich im enormen Raum der gemeinsamen geistlichen, menschlichen und gesellschaftlichen Werte zu begegnen", und vor allem, einen „sterilen Disput zu vermeiden". Dieses Dokument solle in allen Schulen, Universitäten und Bildungseinrichtungen behandelt werden! Wozu? Es gelte, „neue Generationen zu bilden, die das Gute und den Frieden bringen und überall das Recht der Unterdrückten und der Geringsten verteidigen."[22]

„Die Welt verschwindet, aber Gott bleibt" (Rumi) – Zukunftsoffene Mystik in Kirche und Sufismus

Steigendes Interesse an Mystik

Es besteht ein breiter Konsens darüber, dass seit einigen Jahrzehnten auf vielerlei Ebenen das Interesse an unterschiedlichen Formen der Mystik signifikant wächst. Die Gründe dafür sind komplex und können hier nicht vertieft werden. Es erscheint jedoch so, als brächen – in großen Umbruchszeiten der Geschichte ähnlich wie zu Lebzeiten Rumis – mystische Traditionen, die gerade in der Moderne eher marginalisiert wurden, allenthalben neu auf und forderten eine begradigte selbstgewisse Theologie heraus. Es verstärkt sich der Eindruck, als würde die Situation zunehmender Unsicherheit und Komplexität nachtraditionaler Erfahrungen, in die sich Menschen heute mehr und mehr gestellt sehen, eine existentielle Tiefendimension von Glaubensgewissheit erforderlich machen. Dieses Bedürfnis sei unter anderem dem Lebensgefühl unserer Zeit geschuldet – „einer struppigen Gegenwart, der die großen Utopien abhanden gekommen zu sein scheinen"[1]. Vertreterinnen und Vertreter einer wachen Mystik, die Johann Baptist Metz eine „Mystik der offenen Augen" genannt hat, werden sich nicht nur gemeinsam, sondern miteinander kooperierend der Frage stellen (müssen), welchen spezifischen Beitrag sie auf dem Hintergrund ihrer jeweiligen Traditionen leisten können, dass Glauben unter den Bedingungen der säkularisierten Postmoderne hierzulande noch möglich ist.[2] Konkreter formuliert: Wie „Gott in allen Dingen" (Ignatius von Loyola) unter diesen Vorzeichen und in radikaler Zeitgenossenschaft gesucht, „gefunden" und bezeugt werden kann und welche Konsequenzen dieses Finden und Bezeugen für das ethische Handeln zeitigt.

Wider eine pastoral-strategische und esoterische Vermarktung der Mystik

Lösungsvorschläge zur Bewältigung der Kirchen-, Religions-, Glaubens- und Gotteskrise sind zunehmend obsolet geworden. Diagnosen und Therapieansätze gibt es zuhauf und sie wiederholen sich in ähnlichen Wendungen. Die Verfallsdaten der Durchhalteparolen für sogenannte Neuaufbrüche seitens der kirchlichen Oberbehörden, die die Krise als Chance umdeuten wollen, überbieten sich immer schneller. Äußerst ambivalent wirken jedoch Versuche, „die" Mystik für Rettungsmaßnahmen der Kirche in prekärer Lage zu vereinnahmen. Dies gilt genauso für Akteure auf dem Sinnsuchermarkt, die sie in Form von Light-Versionen anbieten. „Mystik ist kein Deal", schrieb Dorothee Sölle. Sie ist keine Therapie für eine sich ihrem Ende zuneigende Volkskirche. Sie ist auch keine Art spiritueller Bypass, um ihr aus den selbstverschuldeten Krisenszenarien herauszuhelfen. Dazu sind inhaltliche wie strukturelle Lösungsstrategien auf jenen Ebenen zu entwickeln, auf denen die Probleme entstanden sind. Meister Eckhart hat das „sunder warumbe" als spezifischen Ausdruck einer mystischen Haltung charakterisiert. Es heißt wörtlich übersetzt: Ohne warum – also ohne Absicht und ohne Berechnung. Die Mystik wird sich weigern, in einer abenteuerlichen Sorglosigkeit pastoral verzweckt zu werden, nachdem andere Strategien entweder fehlgeschlagen sind oder von reformunwilligen Kirchenführern verweigert werden. Davor ist sie auch deshalb zu schützen, weil ein solches Ansinnen von ihrem Wesen her grundsätzlich nicht möglich ist. Jeder Versuch, sie instrumentalisieren zu wollen, ist aufgrund ihres passagären und unverfügbar-gnadenhaften Charakters zum Scheitern verurteilt. Michel de Certeau (1925–1986), französischer Geschichtstheoretiker und Mystikforscher, macht dieses Merkmal an der Person des Mystikers fest, ohne den es sie nicht geben würde: „Mystiker ist, wer nicht aufhören kann zu wandern und wer in der Gewissheit dessen, was ihm fehlt, von jedem Ort und von jedem Objekt weiß: Das ist es nicht. Er kann nicht hier stehen bleiben und sich nicht mit diesem da zufriedengeben."[3] Es werden stets Einzelne und kleine Gruppen sein, die sich davon anregen lassen, aber keine neue Massenbewegung im Sinne dessen, was man oft mit dem illusorischen Wunsch einer „Neuevangelisation" einfordert. Gotteserfahrung war von Anbeginn die wichtigste Quelle für das Christentum. Wo diese Quelle versiegt, laufen auch alle institutionellen Bemühungen der Kirche ins Leere. Diese sind allerdings nötig, um den Weg zur Quelle offen zu halten, anstatt diesen restriktiv zu verbauen. Wo sich Kirche wieder darauf besinnt, tut sie das, worum es in einer Religion grundsätzlich geht: Das „Geheimnis, das wir Gott nennen" (Karl Rahner) nicht nur in der Welt präsent zu halten, sondern Erfahrungsräume zu erschließen. Es ist eine Didaktik gefordert, die durch das biblische „Nadelöhr" oder „die enge Pforte" in eine zu erwandernde Landschaft führt, die aller Menschen Heimat ist und dennoch den meisten fremd geworden ist.

Nur am Rande erwähnt seien seltsam anmutende Blüten, die esoterische Geschäftsmodelle austreiben, indem sie vom „Boom" der Mystik und vom steigenden Interesse am Sufismus profitieren möchten. Nach einer kurzen theoretischen Einführung zu Rumi an einem Abend im Kulturzentrum einer Kleinstadt wird den Teilnehmern angeboten, sich als Derwische zu verkleiden und den Wirbeltanz auszuprobieren. Die Veranstalterin, die sonst u. a. als orientalische Bauchtänzerin, Schamanin, Erdheilerin und Pranatherapeutin praktiziert, bietet Sufi-Crashkurse an, wohlweislich offeriert als „frei von Glaubenssystemen". Das ist gleichsam eine Pseudo-Mystik to go. Ein inszeniertes Surrogat für das Echte, losgelöst von Islam und Allah, in dem der Sufismus doch seit seinen Anfängen verwurzelt ist. Hier zeigt sich ein irenischer Synkretismus[4] ohne inhaltliche Verankerung in einem geschichtlich gewordenen Religionssystem, wie es für viele Spielarten des New Age charakteristisch ist. Für mich ein No-Go! Wenn das „innerste Pünktlein" fehlt, von dem ich in der Einleitung gesprochen habe, bzw. das „Licht Mohammeds", dreht man sich „sportlich" zwar um sich selbst. Das kann mitnichten eine nachhaltige Lösung sein.

„Spirituell, aber nicht religiös und nicht säkular" – eine Signatur der Postmoderne

In Europa werden wir Zeitzeugen einer grundlegenden Transformation in der Glaubensgeschichte des Christentums. Es gilt anzuerkennen: „Wir leben nicht in einer Ära des Wandels, sondern erleben den Wandel einer Ära" (Papst Franziskus). Diese Transformation kennzeichnet sich dadurch, dass sie Ausdifferenzierung getrennter religiöser und säkularer Wertsphären immer weiter vorantreibt. Als Konsequenz davon wurde die gesellschaftliche Normativität von lehrhaften Vorstellungen und Autoritätsansprüchen der Kirche massiv geschwächt. Das traditionelle Monopol auf das Religiöse hat sie definitiv verloren. Diese Prozesse haben den Raum eröffnet für eine Pluralisierung des religiösen Feldes und die Entstehung eines deregulierten religiösen Marktes. In dieser Gemengelage gibt es zunehmend mehr Menschen auf der Suche nach einer neuen Ganzheit, nach einer versöhnenden Synthese der Antinomien und nach der Überwindung der transzendentalen Obdachlosigkeit. Im Bewusstsein dieser Lagebeschreibung wird das traditionell kirchliche Christentum herausgefordert, eine inhaltliche Wende zu vollziehen. Die klare Ansage für die Marschrichtung lautet: Weg von Religion als einem Lehrsystem von zu glaubenden übernatürlichen Wahrheiten und hin zu Spiritualität, zur Mystik als existentieller Tiefendimension des Glaubens. Auf diese Kurzformel bringt es der tschechische Religionsphilosoph und Soziologe Tomáš Halík.[5] Damit resümiert er die Sehnsucht vieler Menschen, über sich selbst und die Welt hinaus mit dem Unbedingten, dem Grund, mit Gott bzw. dem Göttlichen in Kontakt zu kommen. Der israelitische Forscher Boas Huss kennzeichnet die religiöse Signatur und kulturelle Formation vieler Zeitgenossen in der Postmoderne so: „Spiritual, but not Religious, but not Secular."[6]

Er bezeichnet damit einen religionssoziologischer Trend, der in den USA mit „SBNR"[7] ein geläufiges Akronym erhalten hat. Viele Menschen zögern heute, ihre Identität und ihre sozialen Praktiken als religiös oder säkular zu bezeichnen und ziehen es vor, sich als „spirituell" zu bezeichnen. Im Unterschied zu früheren Zeiten, in denen Spiritualität eng mit der Religion verbunden angesehen wurde, wird sie heute zunehmend davon losgelöst und jenseits von kirchlichen Gemeinschaften definiert. Man spricht von spirituellen Wanderern, Pilgern und Vagabunden, von einem „believing without belonging"[8] – einer von der britischen Soziologin Grace Davie (* 1946) geprägten Formel. Wir sollten uns nichts vormachen: Unter solchen Zeitgenossen gibt es auch hierzulande viele, die zwar (noch) zur Kirche gehören, obwohl sie innerlich längst auf der Pilgerschaft sind!

„Zeichen und Werkzeug für die innigste Vereinigung mit Gott"

Mystik ist ein möglicher Weg, um wieder dorthin zu kommen, womit es angefangen hat: dass Menschen Gotteserfahrungen machten und sie mit anderen teilten. Damit käme die Kirche zum entscheidenden Punkt, weshalb es sie überhaupt gibt. Sie ist das „Zeichen und Werkzeug für die innigste Vereinigung mit Gott wie für die Einheit der ganzen Menschheit"[9]. Mit diesen Worten beginnt die Dogmatische Konstitution des Zweiten Vatikanischen Konzils „Lumen gentium" über die Kirche. Diese Kurzformel bringt nicht nur das Wichtigste auf den Punkt, sondern es ist genau das, was die Mystiker – die christlichen wie die Sufis – anstreben, „die innigste Vereinigung mit Gott". Im Sinne des antiken Dichters Pindar (ca. 522–446 v. Chr.), der in seinen „Pythischen Oden" den Rat gibt „Werde, der du bist!", gilt diese Aufforderung auch für die Kirche. Das Zeichen, das sie ist, muss sie immer wieder neu realisieren, sonst ist es belanglos wie ein verwitterter Wegweiser am Straßenrand.

Räume eröffnen für die Möglichkeit von Gotteserfahrungen

Damit Kirche in der Gestalt ihrer Orts- und Personalgemeinden das Zeichen der „innigsten Vereinigung mit Gott" setzen kann, braucht es dort „fluide Räume" oder auch „intermediäre Orte", wo in absichtsloser und ergebnisoffener Weise Gotteserfahrungen ermöglicht und miteinander kommuniziert werden können. Und dies nicht nur für die eigenen glaubensnahen Mitglieder, sondern gerade auch für die oben erwähnten interessierten kirchenfernen „Schwellen-Menschen", für die religiösen Pilger und Vagabunden, die sich in einer Halbdistanz zum Institutionellen befinden. Man verweist in diesem Zusammenhang zwar gerne auf die Eucharistie als den genuinen Ort für diese innigste Vereinigung mit Gott. Sei sie doch „Quelle und Höhepunkt"[10] („fons et culmen") des gesamten christlichen Lebens. Wenn man sich jedoch endlich ehrlich machen würde im Blick auf den real existierenden Gottesdienstvollzug, müsste man zugeben: Höhepunkte und Quellen sehen anders aus! Man hat sich an flache Erhebungen in der Größenordnung der Norddeutschen Tiefebene genauso gewöhnt wie an dünne Rinnsale, die da und dort aus dem Erdreich heraussickern. Wer von einem spirituellen Durst getrieben ist, um die irdische Realität zu durchstoßen und die göttliche Sphäre zu berühren, wird sich in der Regel kaum (mehr) dort einfinden, sondern sich woanders auf die Suche begeben.

„Duc in altum" – Fahr hinaus, wo es tief ist

„Duc in altum" – so lautet in der lateinischen Version der Vulgata die Anweisung Jesu an seine Jünger im Boot (Lk 5,1–11). Die aktuelle Einheitsübersetzung formuliert sie als Aufforderung hinauszufahren, „wo es tief ist". Tiefe und Weite korrespondieren miteinander, genauso wie Seichtheit und Enge. Jesus stellt mit dieser Anweisung das traditionelle Wissen und gewohnte Handeln seiner Jünger in Frage und drängt sie, sich doch darauf einzulassen, es noch einmal anders, nämlich tiefergehend im Offenen zu probieren. Nicht das Traditionelle und das Gewohnte, eben nicht ein Mehr desselben mit den bisherigen Fehlversuchen sind in diesem Kontext die Bedingungen für Gotteserfahrungen. Man muss sich vielmehr hinauswagen ins Weite, ins Universale, in das Andere mit seinen „Anders-Orten", und zwar ohne den ideologischen Imperialismus im Hinterkopf, letztlich doch schon wieder zu wissen, wo es hingehen muss. Wer so tickt, der kann es gleich sein lassen und weiterhin in den bekannten seichten Gewässern in der sicheren Ufernähe bleiben. Auf dem Hintergrund eines fragil gewordenen Miteinanders in unserer multikulturellen Gesellschaft und angesichts der Krisen von Religion und Kirchen im Abendland können die Mystiker der Sufis im Sinne des obigen Bibelzitats einen tiefen-orientierten spirituellen Beitrag leisten. Bei alledem muss man sich jedoch immer darüber im Klaren sein, dass auch der Sufismus in seiner Pluralität und interreligiösen Offenheit im europäischen Kontext nie ein populärer Mainstream des Islam hierzulande werden wird und seine eigenen Auseinandersetzungen mit anderen islamischen Strömungen zu führen hat. Diese nüchterne Einschätzung bewahrt einerseits vor möglichen Enttäuschungen, kann aber auch dazu führen, sich in gemeinsamen Themen zu unterstützen.

Mystagogie, Anklopfen bei den anderen und die Ökumene der Mystiker

Mystagoginnen und Mystagogen, die Erfahrungen auf dem mystischen Weg gemacht haben und diese vermitteln können, sind mit ihrer Expertise eine große Hilfe. Mit Karl Rahner ist hier zu verdeutlichen: Mystagogie importiert Gott nicht von außen ins Leben hinein, sondern eröffnet einen Erfahrungshorizont, in dem man damit rechnet, dass sich Gott „ereignen" kann.[11] Im Sinne der bereits angedeuteten notwendigen Wiedergewinnung einer „Mystagogie für alle" wäre es nach

Rahner wichtig, „dass die Menschen ein inneres, persönlich erlebtes, erlittenes und unmittelbares Verhältnis zu Gott bekommen können".[12] Die Zeiten, in denen man in theologischer Selbstgenügsamkeit meinte, man könne alles aus sich selbst heraus und mit den eigenen Mitteln richten, sind allerdings vorbei. Aufgrund der funktionalen Differenzierung der Moderne kann das mystische Reden über Gott sinnvollerweise nur polykontextual verortet und interspirituell erfolgen. Daher ist gerade auf dem Feld der Mystik ein besonderes Augenmerk darauf zu legen, selbstreferentielle Dynamiken aufzusprengen und sich zu vergewissern, welche Fragestellungen und Antwortversuche auch in anderen Religionen relevant sind. Theologie in Einbahnstraßen zu betreiben erweist sich zunehmend als eine Sackgasse. Der Aufbruch zu einer größeren Ökumene der Religionen ist daher eines der „Zeichen der Zeit".

Deshalb lohnt es sich, bei denen anzuklopfen – in unserem Fall bei den Sufis –, die spirituelle Erfahrungen damit haben und bereit sind, diese zu teilen. Allerdings muss man etwaige psychische Schwellenängste überwinden. Man muss sich aus der eigenen Komfortzone und dem gewohnten Terrain heraus trauen, wo man den bisherigen Heimvorteil nicht mehr ausspielen kann. Man wird die Unsicherheit und vielleicht auch die anfängliche Beklemmung zulassen müssen, wenn man in das Haus einer anderen Religion geht, sich dort als Gast einfindet und die Spielregeln der andern beachten muss. Man wird sich anfragen, herausfordern, faszinieren und irritieren lassen müssen und mit neuen Fragezeichen nach Hause gehen. Man wird neugierig und offen von den anderen lernen wollen, ohne es gleich bei der nächst passenden Gelegenheit für das Eigene wieder zu vermarkten. Die Inschrift auf Rumis letzter Ruhestätte enthält seine universale Einladung an alle, die ihr ganzes Sein auf Gott ausrichten wollen und die die Sufis bis heute jedem zusprechen: „Komm, komm, wer immer du bist." Sie deckt sich mit dem Wort Jesu: „Kommt und seht" (Joh 1,39).

Von der Reise zu Anders-Orten und vom Zurückkommen

Zu Beginn des Buches habe ich von der Notwendigkeit eines theologischen „Anders-Orts" (Michel de Certeau), einem „locus theologicus alienus" gesprochen. Ich habe mich an solche tatsächlichen Orte begeben und Sie, die Leserinnen und Leser, auf eine literarische Reise mit vielen Reflexionen und Hintergrundinformationen mitgenommen. Jede einzelne dieser Reisen hat mich nicht nur bereichert, sondern auch verändert und inspiriert. Sie führten mich an Grenzen und darüber hinaus. Ohne ein solcher Grenzgänger geworden zu sein, wäre mir Rumi nicht begegnet und der Sufismus auch nicht. Ich würde es vermissen! „Das Reisen führt uns zu uns selbst zurück", formuliert Albert Camus. Dort muss sich zeigen, was wir unterwegs gelernt haben. Die islamische Theologin Hamideh Mohaghehgi sagt dazu: „Es ist ein Wagnis, in die Sphäre einer anderen Tradition mit der Absicht einzudringen, wieder in das Eigene zurückzukommen. Denn es gibt immer ein Danach, wenn man sich ernsthaft mit anderen Traditionen beschäftigt. Diese Beschäftigung verändert den Blick sowohl auf die eigene Religion als auch auf die Religion der anderen. Vor allem kann der Blick auf die eigene Religion und Tradition für eine Unsicherheit sorgen, der man sich in Glaubensfragen eher entziehen möchte."[13] Genau in solch einem Setting liegt jedoch auch ein kreativer Reiz! An den dazu gewonnenen Einsichten, die mein theologisches Denken beeinflusst haben, habe ich Sie teilhaben lassen. Es ist mir eine fremde Welt aufgegangen, von der ich nur ahnen kann, dass wir erst am Anfang stehen, um die Bedeutung der Mystik und den Beitrag des Sufismus angesichts der multiplen Herausforderungen der Zukunft zu entdecken.

Zu guter Letzt

„Alles, was du gelesen hast, soll dir ermöglichen, jedes Buch zu schließen.

Jede Seite, die du je umgeblättert hast, hätte dir dabei helfen sollen, den Schleier vor deinem herrlichen Blick abzustauben – zu zerreißen.

Alles Gerede und alle Wörter sind nur ein Vorspiel. Ich habe jetzt etwas anderes für uns vor. Schließe jetzt das Buch!"[1]

Rumi

Anmerkungen

Die 18 Eingangsverse aus dem Mathnawi

1. Übersetzung von Otto Höschle, in: https://chalice-verlag.de/rumi-masnawi-mathnawi-deutsche-uebersetzung/. Siehe dazu auch die von Otto Höschle passgenau zum 750. Todestag Rumis erstellte Gesamtausgabe des Masnawi: Dschalal ad-Din Rumi, Masnawi. Gesamtausgabe in zwei Bänden. Erster Band, Buch I-III. Aus dem Persischen von Otto Höschle, Xanten 2020, S. 21f.

Hinführung

1. So z. B. Bischof Feige in seiner Predigt am Dreikönigstag 2023: https://www.katholisch.de/artikel/42937-bischof-feige-es-ist-zeit-fuer-eine-wiederkehr-der-religion (abgerufen am 07.01.2023).
2. So lautet das vom Vatikan am 27. Oktober 2022 veröffentlichte Arbeitsdokument für die kontinentale Phase der Weltsynode.
3. Navid Kermani, Jeder soll von da, wo er ist, einen Schritt näher kommen. Fragen nach Gott, München 2022.
4. Vgl. Herbert Hartl, Charles de Foucauld (1858–1916) – Pionier der interreligiösen Begegnung, in: Petrus Bsteh, Brigitte Proksch (Hrsg.), Wegbereiter des interreligiösen Dialogs, Wien 2012.
5. Vgl. Jean François Six, Abenteurer der Liebe Gottes. 80 unveröffentlichte Briefe von Charles de Foucauld an Louis Massignon, Würzburg 1998.
6. Vgl. Louis Massignon, La passion d'al-Hosayn-Ibn-Mansour al-Hallaj, martyr mystique de l'Islam, exécuté à Baghdad le 26 mars 922. Étude d'histoire religieuse. 2 Bände, Paris 1922. Erweiterte Neuausgabe in 4 Bänden, Paris 1975. – Neudruck Paris 2010.
7. Vgl. Christian S. Krokus, Charles de Foucauld, Louis Massignon, Catholic Spirituality and Islam, in: Victor Edwin SJ, Brother to all. The Life and Witness of St. Charles de Foucauld, New York 2022.
8. Vgl. Hans Vöcking (Hrsg.), Nostra Aetate und die Muslime. Eine Dokumentation, Freiburg 2010, S. 11.

9. Vgl. Hans Vöcking (Hrsg.), Nostra Aetate und die Muslime. Eine Dokumentation, Freiburg i. Br. 2010. „Mit Hochachtung betrachtet die Kirche auch die Muslim, die den alleinigen Gott anbeten, den lebendigen und in sich seienden, barmherzigen und allmächtigen, den Schöpfer des Himmels und der Erde". Nostra Aetate Art. 3.

10. Vgl. Alberto Fabio Ambrosio, Danza coi Sufi. Incontro con l'Islam mistico, Cinisello Balsamo (Milano) 2013, S. 24.

11. Vgl. hierzu die historisch ausführlichen Differenzierungen: Thomas Naumann, Feindbild Islam. Historische und theologische Gründe einer europäischen Angst – gegenwärtige Herausforderungen: https://www.uni-siegen.de/phil/evantheo/mitarbeiter/naumann/dokumente/feindbild_06_druckfsg.pdf / (abgerufen am 16.02.23).

12. Johannes Boldt, Gotttrunkene Poeten. Juan de la Cruz und die Sufi-Mystik, Münster 2013.

13. Annemarie Schimmel, Mystische Dimensionen des Islam, Aalen 1979, S. xvii.

„Wir haben gehört, Gott ist mit euch" – Gott suchen mit anderen: ein Ortswechsel

1. Der missionarische Auftrag der Kirche, Gemeinsamer Hirtenbrief der deutschen Bischöfe, 24.09.2004: https://www.dbk.de/presse/aktuelles/meldung/der-missionarische-auftrag-der-kirche. Siehe dort auch die folgenden Zitate.

2. https://www.dbk.de/presse/aktuelles/meldung/der-missionarische-auftrag-der-kirche

3. https://www.dbk.de/fileadmin/redaktion/diverse_downloads/presse_2021/FVV2021-Dokumentation-Studientag_Was-der-Kirche-heute-aufgegeben-ist-18-05-2021.pdf, S. 11f. = „Was der Kirche heute aufgegeben ist – Studientag zu Erfahrungen mit Kirchenaustritt und Kirchenverbleib", Studientag am 24. Februar 2021 in der Frühjahrs-Vollversammlung der Deutschen Bischofskonferenz – digital. Auf die gleiche Erkenntnis kommt Bischof Heinz Lederleitner von der Altkatholischen Kirche Österreichs in seinem Bischofswort „Kirche sein heute und morgen: Das bedeutet, dass es heute mehr als früher auf die spirituelle – mysti-

sche Erfahrung ankommt, damit junge Menschen den christlichen Glauben ergreifen können. Ergreifen kann man ja nur das, wovon man „ergriffen ist", was einem innerlich etwas bedeutet." www.altkatholiken.at/neuigkeiten/2020/05/bischofswort-mai-2020 (abgerufen am 27.02.2023).

4. Hans-Josef Klauck, Der Bruch zwischen Theologie und Mystik, in: Franziskanische Studien 52 (1970), S. 53–69.

5. Meister Eckhart, Reden der Unterweisung. Ins Neuhochdeutsche übertragen von Josef Quint, Frankfurt a. M. 1963, S. 60.

6. Dschalal ad Din Rumi, Masnawi. Gesamtausgabe in zwei Bänden. Erster Band. Buch I-III. Aus dem Persischen von Otto Höschle, Xanten 2020, S. 13f.

7. Vgl. dazu die Einleitung von Otto Höschle in: Dschalal ad Din Rumi, Masnawi. Gesamtausgabe in zwei Bänden. Erster Band. Buch I–III. Aus dem Persischen von Otto Höschle, Xanten 2020, S. 13f.

Vor der Begegnung mit dem Sufismus: Theologie an einem „Anders-Ort"

1. Hans-Joachim Sander, Fundamentaltheologie – eine Theologie der Andersorte der Theologie. Stellungnahme zu Bernhard Körner (2010), in: https://www.schoeningh.de/display/book/edcoll/9783657769704/B9783657769704_s005.xml.

2. Vgl. Christian Bauer, Kritik der Pastoraltheologie. Nicht-Orte und Anders-Räume nach Michel de Certeau und Michel Foucault, in: Ders., Michael Hölzl (Hrsg.), Gottes und des Menschen Tod? Die Theologie vor der Herausforderung Michel Foucaults, Mainz 2003, S. 181–216.

3. Michel Foucault hat den Term zum ersten Mal in einer Vorlesung erwähnt, die 1984 in der Zeitschrift *Architecture, Mouvement, Continuité* herausgegeben wurde mit dem Titel „Des Espaces Autres". Vgl. auch: Michael Foucault, Andere Räume, in: Karlheinz Back (Hrsg.), Aisthesis: Wahrnehmung heute oder Perspektiven einer anderen Ästhetik, Leipzig 1992, S. 34–46.

4. Den katholischen Begriff der *loci theologici* erarbeitete Melchior Cano in seinem Werk *De locis theologicis Libri XII (1563)*. Mi-

chael Seewald, Loci-theologici-Lehre, in: Cornelia Dockter, Martin Dürnberger, Aaron Langenfeld, Theologische Grundbegriffe. Ein Handbuch, Paderborn 2021, S. 106f. Nach Peter Hünermann sind heute die nichtchristlichen Religionen, die Gesellschaft, die Kultur, die Wissenschaft neue loci alieni.

5. Vgl. Christian Bauer, Nicht ohne die Anderen?,: https://www.feinschwarz.net/200-jahre-katholische-theologie-in-tuebingen/ (abgerufen am 01.02.2023).
6. Vgl. dazu das Konzept von Homi Bhabha, Die Verortung der Kulturen, Tübingen 2000. Der Begriff des „Dritten Raumes" hat sich in den sogenannten postkolonialen Theorien, vor allem der Kultur- und Literaturwissenschaften und der Kunst etabliert.
7. Vgl. Barbara Greutter, Wie Führungskräfte den „Dritten Raum" für interkulturelle Teams gestalten: https://www.hrtoday.ch/de/article/wie-f-hrungskr-fte-den-dritten-raum-f-r-interkulturelle-teams-gestalten (abgerufen am 25.02.2023).

Rumi und der Sufismus

1. So die NZZ: https://newsv1.orf.at/070928-17077/?href=https%3A%2F%2Fnewsv1.orf.at%2F070928-17077%2F17078txt_story.html (abgerufen am 03.03.2023).
2. Maulana ist ein oft unter Muslimen verwendeter Ehrentitel, dessen Ursprung auf das Arabische „wali" (Statthalter, Meister) zurück geht. Er kann vereinfacht als „unser Meister" übersetzt werden.
3. Samir H. Köck, Coldplay. Die britischen Hymniker schmachten wieder, in: https://www.diepresse.com/4879693/coldplay-die-britischen-hymniker-schmachten-wieder (abgerufen am 19.06.2023).
4. https://www.fragrantica.de/Parfum/Ensar-Oud/Rumi-71120.html.
5. https://www.galerie-rumi.de/teppich-im-raum/.
6. So Tom R. Schulz, Dramaturg an der Elbphilharmonie bei einem dreitägigen Sufi-Festival in Hamburg: https://folker.world/live-dabei/sufifestival-in-hamburg/ (abgerufen am 20.03.2023).

7. https://todayspointonline.com/why-is-rumi-still-the-most-read-poet-in-the-usa / (abgerufen am 24.06.2023).

8. Jawid Mojaddedi, „Einführung". Rumi, Jalal al-Din. Der Masnavi. Buch Eins. Oxford University Press (Kindle Edition) 2004, S. xix.

9. Jawid Mojaddedi, „Einführung". Rumi, Jalal al-Din. Der Masnavi, Buch Eins. Oxford University Press (Kindle Edition) 2004, S. xii – xiii.

10. Coleman Barks, The essential Rumi, New York 1995.

11. Vgl. Sundeela Fayyz, Why is Rumi still the most read poet in the USA?: https://todayspointonline.com/why-is-rumi-still-the-most-read-poet-in-the-usa / (abgerufen am 03.03.2023).

12. Coleman Barks, The Soul of Rumi, A New Collection of Ecstatic Poems, San Francisco 2001.

13. https://ich.unesco.org/fr/RL/le-sema-crmonie-mevlevi-00100 (abgerufen am 08.03.2023).

14. Jane Ciabattari, Why is Rumi the best-selling poet in the USA?: https://www.bbc.com/culture/article/20140414-americas-best-selling-poet (abgerufen am 04.03.2023).

15. Mojadeddi ist ein Erforscher des frühen und mittelalterlichen Sufismus an der Rutgers University in New Jersey und ein preisgekrönter Rumi-Übersetzer.

Was versteht man unter Sufismus?

1. Al-Malik al-Kamil wird immer der Protagonist der Verhandlungen bleiben, die 1229 ohne Blutvergießen zum Abkommen mit Friedrich II. geführt haben. Im Austausch gegen einen zehnjährigen Waffenstillstand überließ al-Kamil Friedrich Jerusalem, Bethlehem, Nazareth und andere Dörfer auf dem Weg nach Jerusalem, während die Muslime die Kontrolle über ihre eigenen heiligen Stätten, über Haram al-Sharif behielten und gleichzeitig Nutzen aus einer gewissen Selbstständigkeit ziehen konnten. Diese Begegnung hat noch heute großen Nachhall. Bei seinem Besuch in den Vereinigten Arabischen Emiraten (vom 3. bis 5. Februar 2019) unterzeichnete Papst Franziskus mit dem Großimam von d'Al-Azhar Ahmed al-Tayyeb das „Dokument über die Brüder-

lichkeit aller Menschen für ein friedliches Zusammenleben in der Welt". Bei der Rückkehr von dieser Reise betonte Papst Franziskus, wie sehr das Vorbild dieser Begegnung vor 800 Jahren seine Schritte geleitet hatte: „Zum ersten Mal hat ein Papst sich auf die Arabische Halbinsel begeben. Und die Vorsehung hat gewollt, dass es ein Papst mit dem Namen Franziskus ist, 800 Jahre nach dem Besuch des heiligen Franz von Assisi beim Sultan al-Malik al-Kamil. Ich habe während dieser Reise oft an den heiligen Franziskus gedacht: Er hat mir geholfen, das Evangelium, die Liebe Jesu Christi im Herzen zu tragen, während ich die verschiedenen Augenblicke des Besuchs erlebt habe. In meinem Herzen war das Evangelium Christi, das Gebet zum Vater für alle seine Kinder, besonders für die Ärmsten, für die Opfer des Unrechts, der Kriege, des Elends... Das Gebet, dass der Dialog zwischen Christentum und Islam der entscheidende Faktor für den Frieden in der heutigen Welt sein möge." (Generalaudienz vom 6. Februar 2019).

2. Annemarie Schimmel, Sufismus. Eine Einführung in die islamische Mystik, München ⁶2018, S. 17.

3. August Tholuck, Sufismus, sive theosophia Persarum pantheistica, Berlin 1821.

4. https://semazen.net/mahmud-erol-kilic-tasavvuf-islam-dininin-arkeolojisidir/ (abgerufen am 22.04.2023).

5. Annemarie Schimmel, Sufismus. Eine Einführung in die islamische Mystik, München ⁶2018, S. 8.

6. Annemarie Schimmel, Die Mystische Dimension des Islam. Die Geschichte des Sufismus, Köln 1985.

7. Alberto Fabio Ambrosio, Danza coi Sufi. Incontro con l'Islam mistico, Cinisello Balsamo (Milano) 2013, S. 23.

8. Vgl. dazu die analytische Studie von Jawid Mojaddedi, Beyond Dogma. Rumi's Teachings on Friendship with God and Early Sufi Theories, Oxford University 2012.

9. Vgl. https://bazar-andalus.de/al-andalus/ueber-den-sufismus/ (abgerufen am 02.03.2023).

10. Arnold Hottinger zitiert bei: Güneş Merdan, Über die Grundlagen der islamischen Mystik. In: *HIKMA* – Journal of Islamic Theology and Religious Education 4 (2012), S. 73–90, hier 87.

11. Kenan Rifai, Listen. Commentary on the Spiritual Couplets of Mevlana Rumi, Translation by Victoria Holbrook, Louisville o. J.
12. Vgl. z. B. in Deutsch und Englisch zugängliche Publikationen: Cemalnur Sargut, Beauty and Light. Mystical Discourses by a Contemporary Female Sufi Master, Louisville o. J.; Cemalnur Sargut, Höre. Gespräche über Sufismus, Nefes Verlag Istanbul 2021.
13. Vgl. Dilek Güldütuna, Betrachtung des Weiblichen im Sufismus des 20. Jahrhunderts. Kenan Rifai und das Weibliche als Spiegel der göttlichen Wirklichkeit, München 2021.
14. Zit. nach Marian Brehmer, Islamische Mystik, Die Sufis verstehen: https://de.qantara.de/inhalt/islamische-mystik-die-sufis-verstehen?nopaging=1 (abgerufen am 27.12.2022).

Begegnungen mit dem Sufismus in Deutschland, Indien, Türkei, Usbekistan und Bulgarien

1. Das Enneagramm ist ein altes spirituelles Modell der Selbsterkenntnis, der inneren Heilung und des seelischen Wachstums. Im Jahre 1989 haben es der amerikanische Franziskaner Richard Rohr und der evangelische Pfarrer Andreas Ebert im deutschsprachigen Raum einer breiten Öffentlichkeit zugänglich gemacht. Das Buch avancierte zum Standardwerk, wurde über 500.000 mal verkauft und in zahlreiche Sprachen übersetzt: Richard Rohr, Andreas Ebert, Das Enneagramm. Die 9 Gesichter der Seele, München.
2. https://mevlana-ev.de.
3. Hinweise verdanke ich unter anderem: Michael Albus, Mystik im Hinterhof. Ein Derwischkloster in Nürnberg, in: https://www.owep.de/artikel/332-mystik-im-hinterhof; Raimund Kirch, In einem Hinterhof tanzen die Derwische, in: https://mevlana-ev.de/nuernberger-zeitung-nov-2004-2/; Heiko Rehmann, Wirbelnd nach Gott streben, in: https://mevlana-ev.de/frankfurter-allgemeine-maerz-2005-2/; Volkan Altunordu, Ekstatischer Weg zu Gott – Derwische des Mevlevi-Ordens zeigen ihr Tanz-Ritual auf AEG, in: https://mevlana-ev.de/nuernberger-nachrichten-dez-2016/.

4. 1973 erfolgte eine Begegnung von Wolf Bahn (*1944) mit Scheich Süleyman Hayati Dede, welcher anschließend sein Lehrer wurde. 1981 erfolgte die Ernennung zum Kalife (Vertreter des Scheichs). Nach dessen Ableben wurde er 1995 Kalife von Scheich Hüseyin Top aus Istanbul. Im Jahr 2001 wurde er durch das Oberhaupt des Mevlevi-Ordens Faruk Hemdem Çelebi Efendi zum Scheich und Vertreter des Ordens in Deutschland ernannt.

5. Vgl. Martin Buber, Auf die Stimme hören. Ein Lesebuch, München 1993.

6. Victoria Landmann, Das Ritual der Mevlevi-Derwische. Religion und Rituale in der zeitgenössischen türkischen Kunst, in: https://www.grin.com/document/538666 (abgerufen am 22.06.2023).

7. Siehe dazu die Ausführungen im Exkurs: Neurophysiologische Anatomie mystisch-intuitiven Erkennens.

8. Vgl. https://www.neuroscienze.net/music-and-non-ordinary-states-of-conscience/(abgerufen am 06.03.2023).

9. Mit Hypofrontalität wird die Minderaktivität von Nervenzellen in den präfrontalen Hirnlappen definiert. Sie bezeichnet „in neueren Studien häufig eine absolute Reduktion des aufgaben-bezogenen frontalen Blutflusses oder, im Zusammenhang mit fMRT-Untersuchungen, eine verringerte Signalstärke in frontalen Arealen, die eher auf die Oxygenierung des Blutes als auf den Blutfluss an sich zurückzuführen ist." Zit. nach Ann-Christine Ehlis, Hirnelektrische Hypofrontalität bei schizophrenen Patienten und ihre Bedeutung für die Auswahl der neuroleptischen Medikation, Dissertation Würzburg 2007, S. 27: https://opus.bibliothek.uni-wuerzburg.de/opus4-wuerzburg/frontdoor/deliver/index/docId/2271/file/ehlisdiss.pdf.

10. Llewellyn Vaughan-Lee ist Sheikh des Naqshbandiyya-Mujaddidiyya Sufi Ordens und Begründer des Golden Sufi Centers in Kalifornien, USA.

11. Llewellyn Vaughan-Lee, The Circle of Love, Inverness 1999, zit. nach: https://goldensufi.org/de/das-unsichtbare-zentrum/(abgerufen am 06.06.2023).

New Delhi – Ein Abend in der Dargah von Nizamuddin Auliya

1. Vgl. dazu die Einsichten von Hazrat Inayat Khan, Musik und kosmische Harmonie aus mystischer Sicht, 2013. Der große indische Musiker und Mystiker Hazrat Inayat Khan (1882–1927) brachte als erster Sufi-Meister den Sufismus zu Beginn des vorigen Jahrhunderts in einer unserer Zeit angepassten Form in die westliche Welt. Er ist der Begründer der internationalen Sufi-Bewegung und des internationalen Sufiordens.
2. 23 Lieder des Sufi-Meisters Jelal-ad-Din Rumi, „Maulana" (1207–1273) in Friedrich Rückerts Übersetzung, zit. nach: http://12koerbe.de/bienengold/rumi.htm#Einstmals%20sprach%20unser%20Herr%20Dschelaladdin%20dieses (abgerufen am 09.05.2023).

Istanbul – Derwischtanz und Sufi-Musik an einem „Anders-Ort"

1. Anregungen verdanke ich u. a. Sebastian Hesse, Sufismus in der Türkei. Wirbeltanz im Wartesaal, in: https://www.weltseher.de/wirbeltanz-im-wartesaal/ (abgerufen am 15.04.2023).
2. Vgl. zum Folgenden: Roland Rottenfußer, Alles ist Musik: https://zeitpunkt.ch/fileadmin/download/ZP_111/Alles-ist-musik_Rottenfusser_ZP111.pdf (abgerufen am 24.04.2023).
3. Hazrat Inayat Khan, Musik – Aus mystischer Sicht, hrsg. von Aeoliah-Christa Muckenheim, Weidenstadt [2]1996, S. 12.
4. Vgl. zum Folgenden Annemarie Schimmel, Musik und Tanz – das Kreisen der Welten, in: https://chalice-verlag.de/rumi-sufismus-annemarie-schimmel-musik-tanz-mystik/ (abgerufen am 14.05.2023.
5. https://zeitpunkt.ch/fileadmin/download/ZP_111/Alles-ist-musik_Rottenfusser_ZP111.pdf, S. 9.
6. Mevlana Jelaleddin Rumi, Divan-i Kebir, Bd. 23, Die unbotmässigen Gedichte von Rumi über Liebe, Ketzerei und Rausch. Übertragung ins Deutsche von Peter Finckh, Norderstedt 2013, S. 66.

7. Zit. nach Andrew Harvey, Erik Hanut, Der Duft der Wüste. Das Herz der Sufi-Mystik, Freiamt 2003, S. 38.

8. https://goldensufi.org/de/informationen/die-elf-prinzipien-des-naqshbandi-pfades / (abgerufen am 18.05.2023).

Buchara – Ursprung der „Schweigenden Derwische"

1. Vgl. dazu und zum Folgenden: Die elf Prinzipien des Naqshbandi-Pfades, in: https://goldensufi.org/de/informationen/die-elf-prinzipien-des-naqshbandi-pfades/ (abgerufen am 30.04.2023).

2. https://goldensufi.org/de/informationen/die-elf-prinzipien-des-naqshbandi-pfades/.

3. https://www.sufi-zentrum-rabbaniyya.de/.

Plovdiv: Der Weg zu Gott führt durch die Küche

1. Die Zahl 1001 ergibt sich aus dem arabisch/osmanischen Wort „riza".Es bedeutet in diesem Zusammenhang den Zustand der inneren Zufriedenheit des Schülers gegenüber allem, was ihm auf dem Wege widerfährt. Siehe: https://www.mevlevi.de/sufitum-weg/die-tschile / (abgerufen am 13.05.2023).

2. https://www.mevlevi.de/die-mevlevihane / (abgerufen am 13.05. 2023).

3. Vgl. https://www.uni-wuerzburg.de/aktuelles/einblick/single/ news/fuer-eine-theologie-die-aus-der-kueche-kommt-1 / (abgerufen am 10.04.2023).

4. Vgl. https://goldensufi.org/de/weder-vom-osten-noch-vom-westen-die-reise-der-naqshbandiyya-mujaddidiyya-von-indien-nach-amerika/ (abgerufen am 09.04.2023).

5. Christian Bauer, „Lerne am Herd die Würde des Gastes". Für den missionarischen Ortswechsel einer ‚Geh-hin-Kirche', in: Diakonia 41 (2010), S. 351–358.

6. Zit. nach Alberto Fabio Amrosio, La confrérie de la danse sacrée. Les derviches tourneurs, Paris 2014, S. 197.

7. Vgl. Adrian Portmann, Kochen und Essen als implizite Religion. Lebenswelt, Sinnstiftung und alimentäre Praxis, 2003, Internationale Hochschulschriften Band 398, E-Book (PDF).

8. Mevlana Jelaleddin Rumi, Divan-i Kebir, Die unbotmässigen Gedichte von Rumi über Liebe, Ketzerei und Rausch. Übertragung ins Deutsche von Peter Finckh, Norderstedt 2013, S. 80.

9. In einer Nachdichtung von Friedrich Rückert, http://12koerbe. de/bienengold/rumi.htm#Die%20hin%20zur%20Kaaba%20pil gern%20gehn (abgerufen am 04.06.2023).

10. Waltraud Herbstrith, Artikel Meditation/Mystik. III. Christlich, in: Hans Waldenfels (Hrsg.), Lexikon der Religionen, Freiburg 1987, S. 398.

11. C. G. Jung, Erinnerungen, Träume, Gedanken. Aufgezeichnet und herausgegeben von Aniela Jaffé, Düsseldorf-Zürich [13] 2003, S. 327.

12. Mevlana Jelaleddin Rumi, Divan-i Kebir, Die unbotmässigen Gedichte von Rumi über Liebe, Ketzerei und Rausch. Übertragung ins Deutsche von Peter Finckh, Norderstedt 2013, S. 119.

13. Vgl. zur Geschichte der Arbeiterpriester: https://arbeitergeschwister.wordpress.com/intern/intern-werkstatt/veit-strassnerarbeiterpriester-gesichte / (abgerufen am 03.06.2023).

14. Vgl. Andrea Mandonico, Nazareth nella spiritualità di Charles de Foucauld. Un luogo, un'esperienza, un simbolo, Padova 2005.

Konya – Rumi und der Tod als Hochzeitsnacht

1. Maulana Dschelaladdin Rumi, Von Allem und vom Einen. Aus dem Persischen und Arabischen von Annemarie Schimmel, München [2] 2022, S. 11.

2. Vgl. dazu die apokryphen Paulusakten in: https://de.wikipedia. org/wiki/Thekla_von_Ikonium; https://religion.orf.at/stories/ 3203675 / (abgerufen am 01.05.2023).

3. https://www.mevlana.ch/category/deutsch/mevlana-celaleddinrumi/mevlanas-leben/mevlanas-lebensabschnitte/ (abgerufen am 01.05.2023).

4. Zit. nach: https://www.santmat-diewahrheit.de/das-leben-unddie-lehren-von-maulana-rumi/leben_rumi_de_5.html (abgerufen am 27.02.2023).

5. Vgl. zum Folgenden: Esther Voswinckel Filiz, Der kreisende Himmel über Konya. Tranceformen der Sufis zwischen Uni-

versum und Untergrund. Ein Feldbericht, in: https://mediarep.
org/bitstream/handle/doc/14899/ZFK_2015_2_139-144_Vos
winckel_Filiz_Himmel_ueber_Konya_.pdf?sequence=4 (abgerufen am 01.05.2023); Peter Sich, Wirbelnd zu Gott, in: https://
www.torial.com/fr/peter.sich/portfolio/517807 (abgerufen am
02.05.2023).

Rumi – Biographie, Charakteristik seiner Dichtkunst, historische Einordnung

1. Transliminalität („über die Schwelle gehen") ist ein psychologi-
sches Konzept, das vom australischen Psychologen Michael Thal-
bourne (1955–2010) entwickelt wurde.
2. Vgl. Alberto Fabio Ambrosio, Danza coi Sufi. Incontro con
l'Islam mistico, Cinisello Balsamo (Milano) 2013, S. 28f.
3. Vgl. zum Folgenden: Ulrich Holbein (Hrsg.), Rumi. Sei Sonne,
sonst bleibst du Fledermaus. Ausgewählte Texte, Wiesbaden 2013,
S. 13–20.
4. Vgl. Thomas Ruhe, Paulus – Fanatiker, Apokalyptiker, Netz-
werker: Seine Bedeutung in seiner Befremdlichkeit, Norderstedt
2002, S. 47.
5. Annemarie Schimmel, Rumi, München 1978, S. 173.
6. Zit. nach Kenan Ergün, Das Menschen- und Weltbild bei Maw-
lana Dschalaladdin ar-Rumi, Diplomarbeit Wien 2024, S. 19:
https://rw-ktf.univie.ac.at/fileadmin/user_upload/i_religionswiss/
Das_Menschen-_und_Weltbild_bei_Mawlana_Dschalaladdin_
ar-Ru_mi__Kenan_Ergun_2014_.pdf.
7. Diwan, Vers 1375, zit: nach Ashraf Sheikhalaslamzadeh, Philosophie der Liebe bei Jalal ad-Din Rumi, in: polylog, Zeitschrift
für interkulturelles Philosophieren 18 (2007), S. 69. Dort auch
das nächste Zitat.
8. Zit. nach Kenan Ergün, Das Menschen- und Weltbild bei Maw-
lana Dschalaladdin ar-Rumi, Diplomarbeit Wien 2024, S. 20:
https://rw-ktf.univie.ac.at/fileadmin/user_upload/i_religionswiss/
Das_Menschen-_und_Weltbild_bei_Mawlana_Dschalaladdin_
ar-Ru_mi__Kenan_Ergun_2014_.pdf.

9. Zit. nach: https://www.mevlana-ev.de/cbcms/index.php/hz-mevlana-rumi.

10. Tag und Nacht tanzte mein Vater, Verse von Sultan Walad, dem Sohn Rumis, aus dem Englischen übersetzt von Dieter Halbach, in: http://www.rumiprojekt.de/gedichte.html (abgerufen am 22.05.203).

Rumi – ein orientalischer Wortmagier: Lesen, Deuten und Verstehen

1. Andrew Harvey, Die Lehren des Rumi. Weisheiten des Herzens. Aus dem Englischen von Giovanni und Ditte Bandini, München 2001, S. 12.

2. Vgl. Johann Christoph Bürgel, Allmacht und Mächtigkeit. Religion und Welt im Islam, München 1991, S. 242 ff.

3. https://jesuitenkirche-innsbruck.at/at/1710-ignatius-und-paulus (abgerufen am 18.02.23).

4. Annemarie Schimmel, Sufismus. Eine Einführung in die islamische Mystik, München [6]2018, S. 55.

5. Annemarie Schimmel, Sufismus. Eine Einführung in die islamische Mystik, München [6]2018, S. 48.

6. Moulana Jalaluddin Balkhi-Rumi, Diwan-e-Shams, Band 1, Gedichte 1–100, aus dem Persischen übersetzt von Peter Finckh und Farnoosh Taherloo, Norderstedt 2020, S. 14.

7. Annemarie Schimmel, Sufismus. Eine Einführung in die islamische Mystik, München [6]2018, S. 55.

8. Moulana Jalaluddin Balkhi-Rumi, Diwan-e-Shams, Band 1, Gedichte 1–100, aus dem Persischen übersetzt von Peter Finckh und Farnoosh Taherloo, Norderstedt 2020, S. 19.

Mystik in epochalen gesellschaftlichen Umbrüchen: das 13. Jahrhundert

1. Vgl. dazu ausführlich: Wolfram Drews, Christian Scholl (Hrsg.), Transkulturelle Verflechtungsprozesse in der Vormoderne, Berlin 2016.

2. Geschichtswissenschaftlicher Begriff von Fernand Braudel.

3. Vgl. dazu ausführlich: Nikolas Jaspert, Die Reconquista: Christen und Muslime auf der Iberischen Halbinsel, München 2019.

4. Ibn al-'Arabi, in: Das Wunder von al-Andalus. Die schönsten Gedichte aus dem Maurischen Spanien. Aus dem Arabischen und Hebräischen übersetzt von Georg Bossong, München 2005, S. 151.

5. Zitiert nach Karlheinz Deschner, Kriminalgeschichte des Christentums. Band 7. Das 13. und 14. Jahrhundert, Reinbek 2003, S. 443 f.

6. Marguerite Porète, Der Spiegel der einfachen Seelen. Mystik der Freiheit, Göttingen 2011.

7. Für den Westen entdeckt wurde er durch den französischen Orientalisten Louis Massignon (1883–1962). Seine vierbändige Dissertation erschien 1922. Vgl. im deutschen Sprachraum u. a.: Wolfgang Günter Lerch, Tod in Bagdad oder Leben und Sterben des Al-Halladsch. Historischer Roman, Düsseldorf 1997; Al-Halladsch, „O Leute rettet mich vor Gott". Worte verzehrender Gottessehnsucht. Ausgewählt, übersetzt und eingeleitet von Annemarie Schimmel, Freiburg 1985; Al-Halladsch, Märtyrer der Gottesliebe. Leben und Legende. Ausgewählt, übersetzt aus dem Arabischen, Persischen, Türkischen, Sindhi, Siraiki und Urdu und eingeleitet von Annemarie Schimmel, Köln 1968.

8. Vgl. https://de.wikipedia.org/wiki/Liste_von_Erdbeben#13._ Jahrhundert (abgerufen am 10.05.2023).

9. Vito Fumagalli, Wenn der Himmel sich verdunkelt. Lebensgefühl im Mittelalter, Berlin 1999.

10. Moulana Jalaluddin Balkhi-Rumi, Diwan-e-Shams, Band 1, Gedichte 1–100, aus dem Persischen übersetzt von Peter Finckh und Farnoosh Taherloo, Norderstedt 2020, S. 19.

Tropfen aus Rumis mystischem Ozean

1. Elif Shafak, Die vierzig Geheimnisse der Liebe, Zürich 2013.

2. Vgl. Alberto Fabio Ambrosio, Danza coi sufi. Incontro con l'Islam mistico, Cinisello Balsamo (Milano) 2013, S. 110–132.

3. Gottfried Bachl, G., Der beschädigte Eros. Frau und Mann im Christentum, Freiburg-Basel-Wien 1989, S. 72.

4. Ibn Arabi, Der Übersetzer der Sehnsüchte. Liebesgedichte aus dem arabischen Mittelalter. Aus dem Arabischen von Stefan Weidner, Salzburg 2016.

5. Mevlana Jelaleddin Rumi, Divan-i Kebir, Bd. 23, Die unbotmässigen Gedichte von Rumi über Liebe, Ketzerei und Rausch. Übertragung ins Deutsche von Peter Finckh, Norderstedt 2013, S. 30f.

6. A. a. O., S. 38.

7. A. a. O., S. 42.

8. A. a. O., S. 47.

9. A. a. O., S. 61.

10. Vgl. zum Folgenden: Melanie Christina Mohr, Homoerotische Dichtung im Islam, „Der Liebe verfallen, dem Wahnsinn zur Beute" (2016): https://de.qantara.de/inhalt/homoerotische-dichtung-im -islam-der-liebe-verfallen-dem-wahnsinn-zur-beute (abgerufen am 19.01.2023).

11. Ali Ghandour, Liebe, Sex und Allah. Das unterdrückte erotische Erbe der Muslime, München 2019.

12. Vgl. dazu ausführlich: Thomas K. Gugler, Wahre Liebe, Gottesliebe und Homoerotik in der klassischen indo-islamischen Kultur, in: Südasien 2 (2013), S. 27–30.

13. Vgl. dazu Ali Ghandour, Liebe, Sex und Allah. Das unterdrückte erotische Erbe der Muslime: https://www.deutschlandfunkkultur. de/ali-ghandour-liebe-sex-und-allah-erotische-poesie-und-100. html (abgerufen am 19.01.2023); Ali Ghandour, Sex und Erotik bei den muslimischen Gelehrten, Hamburg 2015.

14. James, Delaney Rumi. The Homoerotic Sufi Saint, in: Cross Currents 69 (2019), S. 365–383; Mahdi Tourage, Rumi and the Hermeneutics of Eroticism, Leiden 2007. Der Artikel mit demselben Titel erschien später in: Association for Religion and Intellectual Life (2019), S. 365ff.

15. So Sheikh Eşref Efendi, Sufi-Zentrum Rabbanyia Neukölln.

16. https://germany.mto.org/.

Gott näher als die Halsschlagader: ein „Anders-Ort" in uns

1. Der englische Originaltext (There is a longing) und die Musik stammen von Anne Quigley (1973). Der Pfarrer und Liedermacher Eugen Eckert hat das Lied 1986 ins Deutsche übertragen.

2. Michael Schneider, Mystik. Zwischen Denken und Erfahrung, Köln 1997, S. 6.

3. Vgl. z. B. Eva Karl, Soma und Psyche im Spiegel des Menschenbildes, in: Psychotherapie-Wissenschaft 7 (2) 2017, S. 11–17.

4. Sure Kâf, 50:16. Vgl. Mouhanad Khorchide, „Ich bin dem Menschen näher als seine Halsschlagader" (Sure 50,16), Gott und Mensch im Dialog, in: Andreas Renz u. a. (Hrsg.), „Der stets größere Gott". Gottesvorstellungen in Christentum und Islam, Regensburg 2012, S. 72–90.

5. „Großer Gott klein", in: Kurt Marti, Schon wieder heute. Ausgewählte Gedichte 1959–1980, Darmstadt 1984.

6. Zit. nach Annemarie Schimmel, Al-Halladsch- „O Leute, rettet mich vor Gott", Freiburg 1985, S. 34.

7. Michael Gershon, Der kluge Bauch. Die Entdeckung des zweiten Gehirns, München 2001.

8. Die Polyvagaltheorie ist Porges Lebenswerk. Für Psychologie, Pädagogik, Medizin und andere Wissenschaften liefert sie bahnbrechende Erkenntnisse und eröffnet völlig neue Möglichkeiten. Stephen W. Porges, Die Polyvagaltheorie. Neuropsychologische Grundlagen der Therapie. Emotionen, Bindung, Kommunikation und ihre Entstehung, Paderborn 2010; Stephen W. Porges, Die Polyvagaltheorie und die Suche nach Sicherheit. Traumabehandlung, soziales Engagement und Bindung, Lichtenau/Westfalen [3]2019.

9. Gregor Hasler, Die Darm-Hirn-Connection. Revolutionäres Wissen für unsere psychische und körperliche Gesundheit, Stuttgart 2020.

10. Die Anzahl wird von 100 Millionen bis 500 Millionen angegeben.

11. Vgl. zum Folgenden: https://www.researchgate.net/profile/Markus-Launer/publication/344155191_Rationalitat_Heuristik_Intuition_Bauchgefuhl_Antizipation_RHIBA_-_Suderburger_Arbeitspapiere_Working_Paper_No_10/links/5f7834bc299bf1b

53e099cf3/Rationalitaet-Heuristik-Intuition-Bauchgefuehl-An
tizipation-RHIBA-Suderburger-Arbeitspapiere-Working-Paper
-No-10.pdf (abgerufen am 29.01.23).

12. Antonio R. Damasio (1996), The somatic marker hypothesis
and the possible functions of the prefrontal cortex. Philosophi-
cal transactions of the Royal Society of London. Series B, Biolo-
gical sciences, 351(1346), S. 1413–1420. https://doi.org/10.1098/
rstb.1996.0125; Antonio R. Damasio, Descartes' Irrtum. Fühlen,
Denken und das menschliche Gehirn, Berlin 2004.

13. http://www.zeno.org/Literatur/M/Rumi,+%C7%A6al%C4%8
1l+o%E2%80%99d-din/Lyrik/Gedichte+des+Sams+aus+T%C
3%A4bris+(Auswahl)/%5BScheint+der+Mond+-+ich+weiss+es+
nimmer%5D.

„Unser Abenteuer ist größer!"
Von Gottesliebe, glücklicher Lebensführung und der
Institutionskritik der Seelenschmiede

1. http://12koerbe.de/bienengold rumi.htm#Einstmals%20sprach%
20unser%20Herr%20Dschelaladdin%20dieses: (abgerufen am
09.05.2023).

2. Zit. nach: Diwan-e-Shams, Band 1, Gedichte 1–100, Moulana
Jalaluddin Balkhi-Rumi, aus dem Persischen übersetzt von Peter
Finckh und Farnoosh Taherloo, Norderstedt 2020, S. 17.

3. Mevlana Jelaleddin Rumi, Divan-i Kebir, Bd. 23, Die unbot-
mässigen Gedichte von Rumi über Liebe, Ketzerei und Rausch.
Übertragung ins Deutsche von Peter Finckh, Norderstedt 2013,
S. 77.

4. So die These von Syed Qamar Afzal Rizzi, Die stärkste Waffe des
Islam ist die Liebe, Zeit online, 20.02.2017: https://escholarship.
org/content/qt4qr0x826/qt4qr0x826_noSplash_c092e180662a97
6c91d3397c848bbb67.pdf?t=krnba2 (abgerufen am 17.02.2023).

5. Ali Demir, Die Moderne. Von Muhammad zu Atatürk: eine Ana-
lyse des türkischen Pfades in die Moderne anhand der Theorie des kommunikativen Handelns von Jürgen Habermas, Wien
2016, S. 125.

6. Vgl. Theologie jenseits der institutionellen Ordnung: Marguerite Porète, in: Peter Gemeinhart, Tobias Georges (Hrsg.), Theologie und Bildung im Mittelalter, Münster 2015, S. 439–454.

7. Vgl. dazu Stephan Goertz, Katholizismus: in der Falle der Moral?, in: https://www.feinschwarz.net/katholizismus-in-der-falle-der-moral/ (abgerufen am 14.02.2023).

8. Friedrich Nietzsche, Zur Genealogie der Moral. Eine Streitschrift, Ditzingen 1988, zit. nach Michael Rasche, Die Krise der katholischen Kirche, in: https://michaelrasche.eu/die-krise-der-kirche-teil-iii/ (abgerufen am 09.05.2023).

9. Paul Imhof, Hubert Biallowons (Hrsg.), Karl Rahner, Glauben in winterlicher Zeit. Gespräche mit Karl Rahner aus den letzten Lebensjahren, Düsseldorf 1986, S. 21.

10. Der Hinweis auf das Zitat Tillichs findet sich in: https://philosophie-indebate.de/1789/schwerpunktbeitrag-2/ (abgerufen am 14.02.23).

Das Lied der Rohrflöte: Die Einleitung zum Mathnavi

1. Ruba'iyat-e Rumi, Die Vierzeiler von Moulana Jalaluddin Rumi, Edition Shershir, Herrliberg 2015.

2. Vgl. https://etgladium.files.wordpress.com/2016/10/versstatistik-der-gesamten-bibel2.pdf (abgerufen am 08.05.2023).

3. https://www.gaiq-center.com/was/wie-viele-verse-hat-der-koran.html (abgerufen am 14.05.2023).

4. Joseph von Hammer-Purgstall, Zwei Abhandlungen zur Mystik und Magie des Islams, Wien (Österreichische Akademie der Wissenschaften) 1974, S. 28.

5. Vgl. dazu z.B. Laura V. Schimmelpfennig, Reinhard G. Kratz (Hrsg.), Zahlen- und Buchstabensysteme im Dienste religiöser Bildung, Tübingen 2019.

6. Ovid, Metamorphosen, zit. nach Gustav Schwab, Die schönsten Sagen des klassischen Altertums, München 1958, S. 20f.

7. Diese Dichtung findet sich in: https://wiki.yoga-vidya.de/Gopi_Gita (abgerufen am 15.05.2023).

8. Rumi, zit. nach Jonathan Star, Shahram Shiva (Hrsg.), Das Lied der Liebe, München 2005, S. 190.

9. Süleyman Bahn in: https://www.mevlana-ev.de/cbcms/index.php/hz-mevlana-rumi (abgerufen am 19.05.2023).

10. Rolf Kühn, Mystik und jouissance als „ex-sistenter" Gottesbezug bei Jacques Lacan. Im Vergleich mit der Radikalisierten Phänomenologie als „Lebensmystik". Literaturhinweis in: https://dialnet.unirioja.es/servlet/articulo?codigo=8180782 (abgerufen am 19.05.2023).

11. Mechthild von Magdeburg, Das fließende Licht der Gottheit. Zweisprachige Ausgabe. Aus dem Mittelhochdeutschen übersetzt und hrsg. von Gisela Vollmann-Profe, Berlin 2010, IV, S. 2.

12. Fußnote: K. Rahner, „Frömmigkeit früher und heute", in: Ders., Schriften zur Theologie VII, Einsiedeln [2]1971, S. 22f.

13. Rumi, Das Gleichnis von Salomo und den Vögeln, in: Mathnavi, zit. nach: http://www.eslam.de/manuskripte/buecher/mesnevi/mesnevi_gleichniss_von_salomo_und_den_voegeln.htm (abgerufen am 20.05.2023).

14. Rumi, Mathnawi, Buch 1, Vers 2128.

15. „Alles, was ich geschrieben habe, kommt mir vor wie Stroh im Vergleich zu dem, was ich gesehen habe." Zit. in: James A. Weisheipl, Thomas von Aquin, Sein Leben und seine Theologie, Graz 1980, 293f.

16. In der Übersetzung von Friedrich Rückert, in: http://www.deutsche-liebeslyrik.de/rumi/rumi148.htm (abgerufen am 15.05.2023).

17. Vgl. zu allem: Gerhard Schwarz, Est Deus in nobis. Die Identität von Gott und reiner praktischer Vernunft in Immanuel Kants „Kritik der praktischen Vernunft", Berlin 2004, S. 10ff.

18. Vgl. Hubertus Mynarek, Mystik und Vernunft, 2. überarbeitete und erweiterte Auflage, Münster 2001.

19. Vgl. dazu Helmut Meinhart, Intellectus. Begriff und Funktion in der vorthomistischen Tradition, bei Thomas von Aquin und in den Eckhart-Predigten der „Erfurter Hauspostille", in: Jan H. Heinrichs (Hrsg), Wahrheit in Wissenschaft und Ethik. Festschrift zu Ehren von Winfried Franzen, Paderborn 2008, S. 155–184.

20. „Vom edlen Menschen". Zit. nach Dietmar Mieth (Hrsg.), Meister Eckhart, Olten 1979, S. 101.

21. Mahdi Radjaie, Brennofen der Mystik. Mystische Symbole auf persischen Kacheln und Ziegeln, in: SPEKTRUM IRAN 28. Jahrgang, Heft 1 (2015), S. 55–71.

22. Mevlana Jelaleddin Rumi, Divan-i-Kebir. Die unbotmässigen Gedichte von Rumi über Liebe, Ketzerei und Rausch. Übertragung ins Deutsche von Peter Finckh, Norderstedt 2013, S. 78.

23. Mevlana Jelaleddin Rumi, Divan-i-Kebir. Die unbotmässigen Gedichte von Rumi über Liebe, Ketzerei und Rausch. Übertragung ins Deutsche von Peter Finckh, Norderstedt 2013, S. 29.

24. Mechthild von Magdeburg, Das fließende Licht der Gottheit, übertragen von W. Oehl, Kempten 1907.

25. Das griechische Wort „psaelaphein" übersetzt Martin Luther mit „fühlen".

26. Dschalal ad-Din Rumi, Masnawi, Gesamtausgabe in zwei Bänden, Erster Band, Buch I–III, aus dem Persischen von Otto Höschle, Xanten 2020, Verse 1894 ff.

Lachen verboten? Sufismus kann Humor

1. Idries Shah, Special Illumination. Examining the role and the place of humour in Sufi thought, ISF Publishing 2018.

2. Es ist nicht sicher, ob er wirklich gelebt hat oder ob er ein personifiziertes Konglomerat der volkstümlichen Tradition war. Nichtsdestotrotz befindet sich sein Mausoleum in Sksehir.

3. Vgl. z. B. Ulrich Marzolph (Hrsg.), Nasreddin Hodscha, 666 wahre Geschichten, München 2015.

4. Zit. nach Idries Shah, Special Illumination. The Sufi Use of Humour, in: https://en.wikipedia.org/wiki/Special_Illumination:_The_Sufi_Use_of_Humour.

5. Faruddin Attar, zit. nach: https://www.deutschlandfunk.de/persischer-poet-fariduddin-attar-weder-ketzer-bin-ich-noch-100.html (abgerufen am 23.02.2023).

6. Wojciech Skalmowksi, Humor in Rumi's Ghazals, in: Orientalia Lovaniensia Periodica 30 (1999), S. 83–96.

7. https://en.mehrnews.com/news/16557/Rumi-poetry-sense-of-humor-inspires-Americans-Barks (abgerufen am 24.05.2023).

8. Manucherer Jamali, Gita Yegane Arani-May, Das Denken beginnt mit dem Lachen. Die unsterbliche Kultur des Iran, London 2009.
9. Vgl. Idries Shah, Special Illumination. The Sufi Use of Humour, in: https://en.wikipedia.org/wiki/Special_Illumination:_The_ Sufi_Use_of_Humour.
10. Gerrit Kleiböhmer, Humor als Lehrmethode im Sufisms am Beispiel der Geschichten um Hodscha Nasreddin, https://russisch. fb06.uni-mainz.de/files/2018/08/Hausarbeit_Sufismus_Kleiboeh mer.pdf. Erschienen auch im Akademiker Verlag, Saarbrücken 2018.
11. Marica Bodrociz, Poetische Vernunft im Zeitalter gusseiserner Begriffe, Berlin 2019.
12. Johann Baptist Metz, Fehlt uns Karl Rahner? Oder: Wer retten will muss wagen, in: Karl Rahner, Strukturwandel der Kirche als Aufgabe und Chance. Mit einem Vorwort von Johann Baptist Metz, Freiburg 1989, S. 41.

„Wenn ein Papagei entflogen ist, was tue ich dann mit dem Käfig?"

1. Vgl. Dschalal ad-Din Rumi, Masnawi. Gesamtausgabe in zwei Bänden. Erster Band. Buch I-III. Aus dem Persischen von Otto Höschle, Xanten 2020, Nr. 1540; 1544; 1575.
2. Enthalten in: Heimann Jolowicz (Hrsg.), Der poetische Orient. Enthaltend die vorzüglichsten Dichtungen. Übersetzt von Friedrich Rückert, Leipzig 1853, o. S.
3. Josef Sudbrack, Frömmigkeit/Spiritualität, in: Peter Eicher (Hrsg.), Neues Handbuch theologischer Grundbegriffe, Band 2, München 1991, S. 124–133, hier 125 f.
4. https://sufisardegna.org/sufismus/.
5. Zitiert nach: https://www.deutschlandfunk.de/auf-der-suche-nach-innerer-freiheit-die-mystik-teresas-von-100.html (abgerufen am 26.05.2023).
6. Die Konferenz der Vögel ist eine große mystische Dichtung aus der Masnawī-Gattung, die zu den bedeutendsten Werken der persischen Literatur zählt. Farid ud-Din Altar, Die Konferenz der Vögel. In der Übersetzung von Katja Völker, Wiesbaden 2011.

7. Farid ud-Din Altar, Die Konferenz der Vögel. In der Übersetzung von Katja Völker, Wiesbaden 2011, S. 44 f.

8. Mathnawi, Buch 6, Vers 2997 f., zit. nach Ulrich Holbein (Hrsg.), Rumi. Sei Sonne, sonst bleibst du Fledermaus. Ausgewählte Texte, Wiesbaden 2013, S. 89.

9. Idries Shah, Wege des Lernens. Die spirituelle Psychologie der Sufis, München 1985, S. 19.

10. Siehe ausführlich dazu: Dietmar Mieth, Britta Müller-Schauenburg (Hrsg.), Mystik, Recht und Freiheit. Religiöse Erfahrung und kirchliche Institutionen im Spätmittelalter, Stuttgart 2012.

11. Karl Rahner, „Frömmigkeit früher und heute", in: Ders., Schriften zur Theologie VII, Einsiedeln [2]1971, S. 22.

12. Der grausame Feuertod der nordfranzösischen Begine konnte allerdings nicht verhindern, dass ihre Schrift „Der Spiegel der einfachen Seelen" über Jahrhunderte hinweg ein Bestseller wurde. In mehreren Sprachen fand er anonym in ganz Europa Verbreitung und übte einen kaum zu überschätzenden Einfluss auf das religiöse Denken weit über ihre Zeit hinaus aus. Meister Eckhart etwa ist erkennbar von diesem Buch inspiriert.

13. In der katholischen Kirche gilt bis heute, dass „die verbindliche Auslegung des Glaubensgutes [...] allein dem lebendigen Lehramt der Kirche, das heißt dem Nachfolger Petri, dem Bischof von Rom, und den Bischöfen in Gemeinschaft mit ihm [obliegt]". Deutsche Bischofskonferenz (Hrsg.), Katechismus der katholischen Kirche. Kompendium, München 2005, S. 29.

14. Karl Rahner, „Frömmigkeit früher und heute", in: Ders., Schriften zur Theologie VII, Einsiedeln [2]1971, S. 22. Obwohl Rahner diese Worte in den 1960er Jahren im Umfeld des II. Vaticanums verfasst hat, wirken sie immer noch wie in unsere Tage hineingeschrieben.

15. Mariano Delgado, Befreiung durch Erziehung? Überlegungen zum Gespräch zwischen Paolo Freires Pädagogik und der Theologie, in: Thorsten Knauth, Joachim Schröder (Hrsg.), Über Befreiung. Befreiungspädagogik, Befreiungsphilosophie und Befreiungstheologie, Münster–New York–München–Berlin 1998, S. 227–240, hier 235.

16. Dieser Begriff stammt von Christoph Bochinger.

Von Liebe berauscht: Quantenphysik, ein göttlicher Mundschenk, biblischer Gratiswein und ein Rotweinbrunnen

1. Dominik Finkelde, Michel de Certeaus Metatheorie der Mystik, in: Janez Percic, Johannes Herzgsell (Hrsg.), Große Denker des Jesuitenordens, Paderborn 2016, S. 121–134, hier 134.

2. Zit. nach: https://de.wikipedia.org/wiki/Theologischer_Rationalismus. Ammon war Vertreter eines Suprarationalismus, also einer Denkart, nach welcher man eine von Gott unmittelbar und übernatürlich mitgeteilte Erkenntnis glaubt, die als solche schlechthin über die Vernunft erhaben ist.

3. Anselm von Canterbury (1033–1109) formuliert in der Vorrede zum „Proslogion" mit einem vielzitierten Satz eine der Grundpositionen der Scholastik, mit der er das Verhältnis von Glaube und Vernunft bestimmt: „Fides quaerens intellectum" – „Glaube, der nach Einsicht sucht".

4. Vgl. z.B. Renée Weber, Alles Leben ist eins. Die Begegnung von Quantenphysik und Mystik, Amerang 2019; Joanna Maria Otto, Quantenphysik und Meister Eckhart. Die mystische Dimension der Natuwissenschaft, Amerang 2019; Andreas Losch, Frank Vogelsang (Hrsg.), Wissenschaft und die Frage nach Gott. Theologie und Naturwissenschaft im Dialog. Mit einem Geleitwort von Harald Lesch, Bonn 2018.

5. Mevlana Jelaleddin Rumi, Divan-i Kebir, Bd. 23, Die unbotmässigen Gedichte von Rumi über Liebe, Ketzerei und Rausch, Übertragung ins Deutsche von Peter Finckh, Norderstedt 2013, S. 91.

6. Mesnevi, Bd. 5, Nr. 3854.

7. Divan-i Kebir, Bd. 6, Nr. 2674.

8. Auf wissenschaftlicher Ebene vgl. z.B. Barbara Lorenz, Der Liebesbegriff in der islamischen Mystik: https://unipub.uni-graz.at/obvugrhs/content/titleinfo/1562159/full.pdf; Ashraf Sheikhalaslamzadeh, Philosophie der Liebe bei Jalal ad-Din Rumi, in: polylog, Zeitschrift für interkulturelles Philosophieren 18 (2007), S. 63–76.

9. Michael Hofmann, Friedrich Rückert und die deutsche Mevlana-Rezeption, in: https://core.ac.uk/download/pdf/14522905.pdf.

10. Ulrich Holbein (Hrsg.), Rumi. Sei Sonne, sonst bleibst du Fledermaus. Ausgewählte Texte, Wiesbaden 2013, S. 68.

11. Ulrich Holbein (Hrsg.), Rumi. Sei Sonne, sonst bleibst du Fledermaus. Ausgewählte Texte, Wiesbaden 2013, S. 71.

12. Ulrich Holbein (Hrsg.), Rumi. Sei Sonne, sonst bleibst du Fledermaus. Ausgewählte Texte, Wiesbaden 2013, S. 72.

13. Mevlana Jelaleddin Rumi, Divan-i Kebir, Bd. 23, Die unbotmässigen Gedichte von Rumi über Liebe, Ketzerei und Rausch, Übertragung ins Deutsche von Peter Finckh, Norderstedt 2013, S. 55.

14. Koran, 47. Sure.

15. Enzyklika Deus Caritas est von Papst Benedikt XVI. an die Bischöfe, an die Priester und Diakone, an die gottgeweihten Personen und an alle Christgläubigen über die christliche Liebe, in: https://www.vatican.va/content/benedict-xvi/de/encyclicals/documents/hf_ben-xvi_enc_20051225_deus-caritas-est.html, Nr. 6.

16. https://www.mk-online.de/meldung/rausch-und-religion / (abgerufen am 11.06.2023).

17. Mevlana Jelaleddin Rumi, Divan-i Kebir, Bd. 23, Die unbotmässigen Gedichte von Rumi über Liebe, Ketzerei und Rausch, Übertragung ins Deutsche von Peter Finckh, Norderstedt 2013, S. 103.

18. Das Werk lautet im Original The Forbidden Rumi. The Suppressed Poems of Rumi on Love, Heresy, and Intoxication. Translations and Commentary by Nevit O. Ergin and Will Johnson, Rochester, Vermont 2006.

19. Mevlana Jelaleddin Rumi, Divan-i Kebir, Bd. 23, Die unbotmässigen Gedichte von Rumi über Liebe, Ketzerei und Rausch, Übertragung ins Deutsche von Peter Finckh, Norderstedt 2013, S. 16.

20. Vgl. dazu ausführlich, besonders auch hinsichtlich der Fragestellung: Ist die Perikope symbolisch, literal, biographisch, historisch etc. zu deuten: Ansgar Wucherpfennig, Die Hochzeit zu Kana. Erzählperspektive und symbolische Bedeutung, in: TheoPhil 79 (2004), S. 321–338. Verfügbar auch unter: https://www.sankt-georgen.de/fileadmin/user_upload/personen/Wucherpfennig/wucherpfennig3.pdf. Siegfried Bergler, Von Kana in Galiläa nach Jerusalem: Literarkritik und Historie im vierten Evangelium (Münsteraner Judaistische Studien 24) Münster/Berlin 2009.

21. Margarete Berger, Das Luxuswunder von Kana und der Bezug zur johanneischen Missionsarbeit. Überlegungen zu Joh 2,1–11 im Kontext johanneischer Wundergeschichten, München 2013.

22. Pausanias, Beschreibung Griechenlands: „Unter den Göttern verehren die Eleer den Dionysos ganz vorzüglich und sagen auch, der Gott besuche sie bei dem Feste der Thyien. Der Ort, wo sie das Fest feiern, mit Namen Thyia liegt etwa acht Stadien von der Stadt. Die Priester bringen drei Kessel und stellen sie leer in eine Kapelle nieder, in Gegenwart der Bürger und der Fremden, wenn sich etwa welche in der Stadt befinden; dann legen die Priester und wem von den übrigen es sonst noch beliebt, ihr Siegel an die Türe der Kapelle. Am folgenden Tage kann jeder die Siegel untersuchen, und wenn sie in die Kapelle kommen, finden sie die Kessel mit Wein angefüllt. Daß sich dies auf die erzählte Weise verhalte, beteuerten mir die angesehensten Eleer und auch Fremde eidlich; denn ich selbst war zur Zeit des Festes nicht da. Auch die Andrier sagen, alle zwei Jahre fließe bei ihnen am Feste des Dionysos von selbst Wein aus dem Heiligtume. Wenn man dies den Griechen glauben muß, könnte man ebensowohl auch alles das annehmen, was die Äthioper oberhalb Syene von dem Sonnentische erzählen (vgl. Herodot III 18)", in: Pausanias Beschreibung Griechenlands, übers. v. J.H.C. Schubart (Langenscheidtsche Bibliothek sämtlicher griechischen und römischen Klassiker in neueren deutschen Muster-Übersetzungen 37), Berlin [2]1885, VI 26,1–2.

23. M. Hengel, „Der ‚dionysische‘ Messias: Zur Auslegung des Weinwunders in Kana (Joh 2,1–11)", in: M. Hengel, Jesus und die Evangelien: Kleine Schriften V (hrsg. von C.-J. Thornton; WUNT 211, Tübingen 2007), S. 568–600, hier 568.

24. Diese Hypothesen werden kontrovers diskutiert. Vgl. zusammenfassend: Peter Wyck, Jesus gegen Dionysos? Ein Beitrag zur Kontextualisierung des Johannesevangeliums: https://occammeet spooh.files.wordpress.com/2014/07/wick-jesus-und-dionysos.pdf (abgerufen am 12.06.2023).

25. Wie nah dieser Kult der Umwelt des Neuen Testaments (rein räumlich gesehen) war, zeigt ein Dionysos-Mosaik in einem großen römischen Wohnhaus in Sepphoris, 8 km entfernt von Kana.

26. Peter Pilhofer, „Dionysos und Christus. Zwei Erlöser im Vergleich," in: Peter Pilhofer (Hrsg.), Die frühen Christen und ihre Welt. Greifswalder Aufsätze 1996–2001. Mit Beiträgen von Jens Börstinghaus und Eva Ebel, Tübingen 2002), S. 73–91, hier 83.

27. Mevlana Jelaleddin Rumi, Divan-i Kebir, Bd. 23, Die unbotmässigen Gedichte von Rumi über Liebe, Ketzerei und Rausch. Übertragung ins Deutsche von Peter Finckh, Norderstedt 2013, S. 54.

28. https://www.welt.de/vermischtes/article158787698/Warum-ein-italienisches-Dorf-eine-kostenlose-Weinquelle-hat.html (abgerufen am 08.06.2023).

29. Mariano Delgado, Abraham Kustermann (Hrsg.), Gottes-Krise und Gott-Trunkenheit. Was die Mystik der Weltreligionen der Gegenwart zu sagen hat, Würzburg 2000.

30. Dorothee Sölle, Loben ohne Lügen, Berlin 2000, S. 26, frei übertragen nach der Version von Edwin Hatch, „Breathe on Me Breath of God" (1886). Auch verfügbar in musikalischer Version: https://www.youtube.com/watch?v=MmkzSjs9eAw.

Interreligiöser Dialog und pastoralpraktische Zukunftsperspektiven

1. https://www.sufi-zentrum-rabbaniyya.de/seite/483908/interreligi%C3%B6ses.html (abgerufen am 06.06.2023).

2. Al-Gazzali, Das Elixier der Glückseligkeit. Aus den persischen und arabischen Quellen in Auswahl übertragen von Hellmut Ritter, München ⁵1993, S. 75.

3. https://handbuch-cid.de/. https://www.vaticannews.va/de/kirche/news/2023-03/christlich-muslimisch-dialog-online.html.

4. https://www.weisstduwerichbin.de/aktuell/aktuelle-meldungen/(abgerufen am 07.06.2023).

5. Klaus von Stosch, Komparative Theologie als Wegweiser in der Welt der Religionen, Paderborn 2012, S. 156 f.

6. Zit. nach Ali Gazanfari, Gipfel der Liebe. Ausgewählte Vierzeiler von Rumi. Persisch Deutsch, Leipzig 2009, S. 10.

7. Vgl. dazu als einführende Information: Werner Thiede, Die Wahrheit ist exklusiv. Streitfragen des interreligiösen Dialogs, Gießen 2014.

8. Vgl. dazu ausführlich: Alberto Fabio Ambrosio, Quand les Soufis parlent aux Chrétiens. A la rencontre d'un Islam fraternel, Montrouge 2016; Anselm Grün, Ahmad Milan Karimi, Im Herzen der Spiritualität. Wie sich Muslime und Christen begegnen können, hrsg. von Rudolf Walter, Freiburg i. Br. 2019.

9. https://handbuch-cid.de/was-ist-mit-dialog-gemeint/ (abgerufen am 05.06.2023).

10. Christian Espelage, Hamideh Mohagheghi, Michael Schober (Hrsg.), Interreligiöse Öffnung durch Begegnung. Grundlagen – Erfahrungen – Perspektiven im Kontext des christlich-islamischen Dialogs, Hildesheim 2021.

11. https://vp-uni.de/university/institute-forschung/institut-fuer-interkulturelle-und-interreligioese-begegnung-iiib/. Zu nennen ist auch das „Institut für das Studium der Religionen und den interreligiösen Dialog" in Freiburg/Schweiz.

12. http://www.sankt-georgen.de/studium/studienprogramme/islam-und-christl-muslim-begegnung/.

13. https://www.bmbwf.gv.at/Themen/schule/bef/sb/interrelig_dia log.html (abgerufen am 08.06.2023).

14. https://www.acommonword.com/lib/downloads/gemeinsames_wort.pdf.

15. Antwort der Eugen-Biser-Stiftung auf den Offenen Brief „A Common Word Between Us and You" von muslimischen Wissenschaftlern und Würdenträgern, hrsg. von Eugen Biser und Richard Heinzmann, Stuttgart 2009.

16. Enzyklika „Fratelli tutti" des Heiligen Vaters Papst Franziskus über die Geschwisterlichkeit und die soziale Freundschaft (2020): https://www.vatican.va/content/francesco/de/encyclicals/documents/papa-francesco_20201003_enciclica-fratelli-tutti.html.

17. Fratelli tutti, Nr. 5.

18. Enzyklika „Laudato si'" von Papst Franziskus über die Sorge für das gemeinsame Haus (2015), Kap. 233, zit. nach: https://www.vatican.va/content/francesco/de/encyclicals/documents/papa-francesco_20150524_enciclica-laudato-si.html.

19. Enzyklika Laudato si', Fußnote 159, zitiert nach Eva de Vitray-Meyerovitch (Hrsg.), Anthologie du soufisme, Paris 1978, S. 200.

20. Michael Blume, Franziskus und Ali Al-Khawwas – Der Papst rühmt einen islamischen Sufi in seiner Enzyklika Laudato Si': https://scilogs.spektrum.de/natur-des-glaubens/franziskus-ali-al-khawwas-der/ (abgerufen am 23.04.2023).

21. Ökumenische Information 7, 12. Februar 2019, S. 17–22; www.forhumanfraternity.org.

22. Alle Zitate in: www.forhumanfraternity.org.

„Die Welt verschwindet, aber Gott bleibt" (Rumi) – Zukunftsoffene Mystik in Kirche und Sufismus

1. Christian Bauer, Katholische Intellektualität? Akademikerpastoral in den Abenteuern der Gegenwart, zit. nach: https://www.uibk.ac.at/theol/leseraum/texte/1068.html#_ftn46 (abgerufen am 14.06.2023).

2. Arno Lohmann (Hrsg.), Beiträge „mystischer" Traditionen in den Weltreligionen zu einer ganzheitsorientierten Spiritualität der Gegenwart, Bochum 2016. Die Herausforderungen der Moderne betreffen insbesondere die Muslime. Vgl. dazu in diesem Band den Beitrag von Shaik-ul Mashaik Mahmud Khan Youksine, Der Sufismus in der islamischen Kultur und seine Herausforderung für die Moderne, 122–133.

3. Michel de Certeau, Mystische Fabel. 16. bis 17. Jahrhundert, Berlin 2010, S. 487. Vgl. auch: Dominik Finkelde, Michel de Certeaus Metatheorie der Mystik, in: Janez Percic, Johannes Herzgsell (Hrsg.), Große Denker des Jesuitenordens, Paderborn 2016, S. 121–134, hier 134.

4. Vgl. dazu Alberto Fabio Ambrosio, Sufismo, Milano 2018, S. 118.

5. Tomáš Halík, Der Nachmittag des Christentums. Eine Zeitansage, Freiburg i. Br. 2022, S. 16.

6. https://eusp.org/en/news/spiritual-but-not-religious-but-not-secular-spirituality-and-its-new-cultural-formations.

7. http://www.facebook.com/SBNR.org.

8. Grace Davie, Religion in Britain since 1945. Believing without belonging, Oxford 1994.

9. https://www.vatican.va/archive/hist_councils/ii_vatican_council/documents/vat-ii_const_19641121_lumen-gentium_ge.html.

10. Lumen Gentium 11, https://www.vatican.va/archive/hist_councils/
ii_vatican_council/documents/vat-ii_const_19641121_lumen-gen
tium_lt.html.
11. Vgl. Karl Rahner, „Frömmigkeit früher und heute", in: Ders.,
Schriften zur Theologie VII, Einsiedeln ²1971, S. 22 f.
12. Paul Imhof, Hubert Biallowons (Hrsg.), Karl Rahner, Glauben in
winterlicher Zeit. Gespräche mit Karl Rahner aus den letzten Lebensjahren, Düsseldorf 1986, S. 21.
13. Hamideh Mohagheghi, Denkbewegungen an der Grenze. Replik
auf Klaus von Stosch aus islamwissenschaftlicher Sicht, in: Klaus
von Stosch, Sabine Schmitz, Michael Hofmann (Hrsg.), Kultur
und Religion. Eine interdisziplinäre Bestandsaufnahme, Bielefeld
2016, 157–162, hier 157.

Zu guter Letzt

1. Zit. nach: https://www.neueakropolis.at/philo-ecke/philosophie-
wissen/527.php

Quellen

S. 11/12: Otto Höschle, Masnawi – Gesamtausgabe in zwei Bänden:
Erster Band: Buch I–III, 2020, © Chalice Verlag.

Bildquellen

S. 7: Imaginäres Porträt Rumis, Indien, 17. Jh., Museum of Fine
Arts, Boston.
S. 211: Bild des alten Rumi aus Afghanistan © Shutterstock Lizenz:
2186694667.